2015/2016 全球金融发展报告

长期融资

世界银行 著
中国财政经济出版社 组织翻译

中国财政经济出版社

本书是世界银行的员工在外部专家协助下完成的。本书的发现、阐释和结论为作者的观点，未必反映世界银行执行董事或他们所代表的国家的观点。

世界银行不保证本书数据的准确无误，并对任何人引用其中的数据引起的后果不承担任何责任。本书所附地图的疆界、颜色、名称和其他资料，并不表示世界银行的任何部门对任何地区的法律地位的看法，也不意味着对这些疆界的认可或接受。

图书在版编目（CIP）数据

2015/2016 全球金融发展报告：长期融资 / 世界银行著；中国财政经济出版社组织翻译．—北京：中国财政经济出版社，2016.4
ISBN 978－7－5095－6630－5

Ⅰ．①2…　Ⅱ．①世…　②中…　Ⅲ．①金融市场－融资－研究报告－世界－2015～2016
Ⅳ．①F831.5

中国版本图书馆 CIP 数据核字（2016）第 035259 号

责任编辑：孙　腾　　　　　　　　责任校对：徐艳丽

中国财政经济出版社出版
URL：http：//www.cfeph.cn
E－mail：cfeph@cfeph.cn

社址：北京市海淀区阜成路甲 28 号　邮政编码：100142
北京财经印刷厂印刷
889×1194 毫米　16 开　12.75 印张　226 000 字
2016 年 4 月第 1 版　2016 年 4 月北京第 1 次印刷
定价：63.00 元
ISBN 978－7－5095－6630－5/F·5334
图字：01－2015－7534
（图书出现印装问题，本社负责调换）
质量投诉电话：010－88190744
打击盗版举报热线：010－88190492、QQ：634579818

目　录

前言 …… ix

致谢 …… xi

缩略语和术语 …… xv

概述 …… 1

第一章　概念框架、特征事实和政府的角色 …… 21

第二章　企业和家庭对长期融资的使用：决定因素及影响 …… 41

第三章　市场对长期融资的作用 …… 75

第四章　作为长期融资提供者的银行及非银行金融机构 …… 105

统计附录 …… 143

附录 A　2011—2013 年金融系统特征变量基础数据 …… 145

附录 B　长期融资的关键指标 …… 161

参考文献 …… 169

专栏

专栏 0.1 本报告传达的主要信息 …… 3
专栏 0.2 从业者对长期融资的看法：全球金融发展晴雨表 …… 5
专栏 0.3 多边发展银行在动员长期融资方面的作用 …… 12
专栏 0.4 本报告导览 …… 13
专栏 1.1 基础设施在经济发展中的作用 …… 23
专栏 1.2 理解长期融资使用的概念框架 …… 25
专栏 1.3 长期融资的中介及市场 …… 26
专栏 1.4 发展银行和长期贷款：两种方法 …… 36
专栏 1.5 利用信贷担保减少长期贷款风险 …… 37
专栏 2.1 全球金融危机后的企业长期融资与投资 …… 44
专栏 2.2 全球金融危机影响了企业的杠杆率和信贷期限吗？ …… 46
专栏 2.3 如何解释不同国家的企业信贷期限变化 …… 48
专栏 2.4 合约执行与长期融资的使用：来自印度债务追缴法庭的证据 …… 50
专栏 2.5 信用信息分享对贷款期限的影响 …… 50
专栏 2.6 美国的信息不对称及长期信贷的使用 …… 52
专栏 2.7 短期信贷和良好治理：它们互为替代还是互为补充？ …… 55
专栏 2.8 政治联系与中国企业对长期融资的使用 …… 56
专栏 2.9 智利年金市场的兴起 …… 58
专栏 2.10 人力资本投资对信贷市场发展的敏感性 …… 60
专栏 2.11 房产的繁荣与萧条 …… 63
专栏 2.12 对购房融资进行基准化分析 …… 67
专栏 2.13 发展中国家的贫困人群如何储蓄 …… 69
专栏 2.14 通过实验学习改变赌博行为 …… 70
专栏 3.1 中国和印度的金融与增长 …… 80
专栏 3.2 基础设施融资和公私合作 …… 85
专栏 3.3 支持本币市场发展 …… 91
专栏 3.4 国内公司债券市场发展的基本元素 …… 93
专栏 3.5 伊斯兰债券：融资渠道的另一种选择 …… 97
专栏 3.6 发展中国家的宏观经济因素和政府债券市场 …… 98
专栏 4.1 与长期银行借款相关的因素 …… 109
专栏 4.2 巴塞尔 III 协议框架 …… 111
专栏 4.3 智利共同基金和养老基金投资短期性的背后原因是什么？ …… 115
专栏 4.4 股票市场中的机构投资者 …… 117
专栏 4.5 国际金融机构和发展中国家的 PE 投资 …… 136

图

图 B0. 2. 1 对于促进长期融资的政策的看法 …… 6
图 0. 1 2004—2011 年按国家收入组别及企业规模划分的企业中位长期资产负债比 …… 6
图 0. 2 按企业规模划分的用于购买固定资产的外部融资来源 …… 7
图 0. 3 全球金融危机以来负债率和债务期限的变化，按国家收入组别和企业规模列示 …… 8
图 0. 4 更广泛的金融深度与长期贷款的关系，按国家收入组别列示，1999—2012 年 …… 9
图 0. 5 征信所改革国家和非改革国家平均信贷期限，2002—2009 年 …… 14
图 0. 6 企业治理及短期借贷的使用，2003—2008 年 …… 15
图 0. 7 金融教育对长期借款的影响 …… 16
图 0. 8 智利机构投资者的期限结构 …… 18
图 1. 1 企业中位长期负债与总负债的比，按国家收入组别和企业规模列示，2004—2011 年 …… 28
图 1. 2 固定资产投资的外部融资来源，按国家收入组别和企业规模列示，2006—2014 年 …… 28
图 1. 3 流通在外的抵押贷款，按收入组别列示，1980—2011 年 …… 29
图 1. 4 有抵押贷款的人口比例，按收入组别和国家收入组别列示，2011 年 …… 29
图 1. 5 银行贷款的期限结构，按国家收入组别列示，2000—2013 年 …… 30
图 1. 6 联合贷款年保证额及平均期限，按国家收入组别列示 …… 30
图 1. 7 资本市场规模，按国家收入组别列示，2000—2011 年 …… 31
图 1. 8 公司债券期限，按国家收入组别列示，2000—2013 年 …… 31
图 1. 9 机构投资者资产，按国家收入组别列示，2000—2011 年 …… 32
图 1. 10 私募股权，按国家收入组别列示，2008—2013 年均值 …… 32
图 B2. 1. 1 信贷增长率，2003—2014 年 …… 44
图 2. 1 拥有长期负债的企业百分比，按国家收入组别及企业规模列示，2004—2011 年 …… 45
图 2. 2 从外部渠道融资购买的固定资产比例，按国家收入组别列示，2006—2014 年 …… 45
图 2. 3 信贷期限，按国家收入组别列示，2006—2009 年 …… 46
图 2. 4 通过内部和外部来源的固定资产购置融资比例，按企业规模列示，2006—2014 年 …… 52
图 B2. 6. 1 美国上市公司的信贷期限，1976—2008 年 …… 53

图 2. 5　通过内部和外部来源的固定资产购置融资比例，按企业规模和债权人权利保护程度列示，2006—2014 年 …… 53
图 B2. 7. 1　企业公司治理改革和短期信贷 …… 55
图 B2. 8. 1　中国企业对长期信贷的使用 …… 56
图 B2. 9. 1　智利养老金比例，按退休产品选择类别分类 …… 58
图 2. 6　美国财政部收益曲线 …… 61
图 B2. 11. 1　美国商业银行住房贷款违约率，1991—2004 年 …… 63
图 2. 7　不同地区保险业的渗透程度和规模，2000—2008 年 …… 64
图 2. 8　人寿保险金的规模和收入 …… 64
图 2. 9　抵押市场的深度和渗透度 …… 65
图 2. 10　抵押深度和典型初始抵押按揭比率 …… 66
图 2. 11　抵押贷款与收入、通货膨胀的关系 …… 66
图 B2. 12. 1　按揭抵押深度和渗透度的缺口 …… 67
图 2. 12　有按揭抵押贷款的成年人，按收入和地区列示 …… 68
图 3. 1　股票、公司债券、联合贷款市场的总募资额，1991—2013 年 …… 77
图 3. 2　平均每年的发行者数量 …… 79
图 3. 3　公司债券的比例和期限，按企业行业类别和国家收入组别列示，1991—2013 年 …… 83
图 3. 4　联合贷款的比例和期限，按企业行业类别和国家收入组别列示，1991—2013 年 …… 84
图 3. 5　联合贷款的比例和期限，按企业最初目的和国家收入组别列示，1991—2013 年 …… 85
图 3. 6　国内市场平均期限与国内金融发展程度的关系，按国家收入组别列示，1991—2013 年 …… 89
图 3. 7　公司债券和联合贷款发行的平均期限，2000—2013 年 …… 95
图 3. 8　非金融企业通过国内和国际公司债券市场募集的总资金，2000—2013 年 …… 96
图 3. 9　十个国内公司债券市场最大的发展中国家的募资比例，2008—2013 年 …… 98
图 3. 10　金融和非金融业企业在公司债券市场募集的资金总额，2000—2013 年 …… 99
图 3. 11　非金融企业在国内及国际联合贷款市场募集的资金总额，2000—2013 年 …… 100
图 3. 12　发展中国家通过联合贷款市场的总借款，按出资人地区列示，2000—2013 年 …… 100
图 3. 13　发展中国家为项目融资进行的联合借款，2000—2013 年 …… 101

图 4. 1　非银行金融机构管理的资产，2001—2013 年 …… 106
图 4. 2　平均银行贷款比例，按期限和国家收入组别列示，2005—2012 年 …… 107
图 4. 3　国际银行债权中长于两年的比例，按时期和国家收入组别列示，2005—2013 年 …… 108
图 B4. 2. 1　巴塞尔 III 协议要求 …… 111
图 4. 4　一些国家 DB 型养老金资产和 DC 型养老金资产的相对比例，2013 年 …… 113
图 4. 5　智利机构投资者期限结构的差异 …… 114
图 4. 6　全世界范围共同基金总净资产，按发展程度和地区列示 …… 116
图 B4. 4. 1　成交量与机构集中度，2000—2011 年 …… 118
图 4. 7　美国和英国共同基金投资的比例及平均期限，2013 年 …… 119
图 4. 8　美国和英国共同基金投资的比例及平均期限，按产业列示，2013 年 … 120
图 4. 9　平均期限，按国家和发行者类别列示，2013 年 …… 121
图 4. 10　英美共同基金平均期限与流通在外的债券比较，按国家列示，2013 年 …… 122
图 4. 11　英美共同基金与国内共同基金平均期限的比较，2013 年 …… 123
图 4. 12　一些主权财富基金的目标资产分配 …… 126
图 4. 13　发展中国家私募基金募集，按地区列示，2001—2013 年 …… 131
图 4. 14　私募基金类型，按国家收入组别列示，2014 年 …… 134

地图

地图 A. 1　金融机构的深度 …… 153
地图 A. 2　金融机构的可获性 …… 154
地图 A. 3　金融机构的效率 …… 155
地图 A. 4　金融机构的稳定性 …… 156
地图 A. 5　金融市场的深度 …… 157
地图 A. 6　金融市场的可获性 …… 158
地图 A. 7　金融市场的效率 …… 159
地图 A. 8　金融市场的稳定性 …… 160

表

表 B0. 2. 1　2014 年金融发展晴雨表的部分结果 …… 5
表 B2. 2. 1　全球金融危机对企业杠杆率的影响，2004—2011 年 …… 47
表 B2. 3. 1　企业和国家特征变量对信贷期限的影响 …… 48
表 3. 1　平均每年发行证券的企业数，1991—2013 年 …… 79

表 3. 2 企业特征变量，按国家收入组别列示，2003—2011 年 …… 81
表 3. 3 公司债券平均期限，1991—2013 年 …… 82
表 3. 4 联合贷款平均期限，1991—2013 年 …… 83
表 3. 5 每年募集的公司债券总额，按市场所在地区列示，1991—2013 年 …… 87
表 3. 6 国内与国际市场发行的公司债券的平均期限，1991—2013 年 …… 88
表 3. 7 联合贷款市场年募资总额，按市场所处位置列示，1991—2013 年 …… 90
表 4. 1 不同期限的银行贷款比例（百分比） …… 107
表 B4. 1. 1 银行初始期限超过一年的贷款比例的估计 …… 109
表 B4. 4. 1 股票市场发展和机构投资者，2000—2011 年 …… 118
表 4. 2 主权财富基金，按管理的总资产列示，2014 年 …… 125
表 4. 3 主权财富基金交易份额百分比，按经济发展程度列示，2010—2013 年 …… 127
表 4. 4 有国内投资要求的一些主权财富基金，2014 年 …… 129
表 4. 5 私募股权基金的种类和投资策略 …… 131
表 4. 6 私募股权回报，按地区列示，2001—2014 年 …… 135
表 A. 1 经济体和它们的金融系统特征变量，均值，2011—2013 年 …… 145
表 A. 1. 1 金融机构的深度 …… 153
表 A. 1. 2 金融机构的可获性 …… 154
表 A. 1. 3 金融机构的效率 …… 155
表 A. 1. 4 金融机构的稳定性 …… 156
表 A. 1. 5 金融市场的深度 …… 157
表 A. 1. 6 金融市场的可获性 …… 158
表 A. 1. 7 金融市场的效率 …… 159
表 A. 1. 8 金融市场的稳定性 …… 160
表 B. 1 经济体和它们的融资期限结构，2013 年 …… 161

前言

第三期全球金融发展报告聚焦正在热议的长期融资对于维持经济发展、保证共享繁荣的作用。本报告基于前两期报告，这两期分别讨论了国家在金融中的作用以及金融包容性问题。和之前的分析一样，本报告提供了详细、实际且有据可查的金融部门政策指引。

全球金融危机在很多发达及发展中国家快速而广泛地蔓延了七年之后，关于长期融资的倡议已经到了关键时刻。最近几年里，国际政策制定者们，特别是 20 国集团（G20）成员，都不断表达了对于国际银行业体系长期融资供给衰退可能产生的致命影响的担忧。与此同时，固定投资的提高，特别是基础设施投资，正越来越被人们视为维持经济发展水平的关键因素，而这种发展水平对于实现 2015 年之后更为广泛的可持续发展目标而言恰恰是至关重要的。在这一背景下，G20 国家同意在金融业监管规范改革、地区货币债券市场建设、发挥机构投资者为长期投资融资等方面发起一系列政策，其中也有很多国际组织（金融稳定局、国际货币基金组织、经合组织、世界银行）参与其中。

《2015/2016 全球金融发展报告：长期融资》一书为填补关于长期融资的知识空白提供了新的研究结果和数据，同时也有助于关于这一发展问题的政策讨论。本书提供了很多特征事实，同时也对长期融资的使用、供给及其经济影响方面的各种新老证据进行了检视。

使金融工具到期时间更长，这一点常被人们视为可持续金融发展的核心内容。如果国家不能在建设学校、修路、发电、输电、修建铁路及发展其他交通及通讯手段方面进行投资，那么就很难保持高速且可持续的经济增长。私有部门建设电站、投资于机器及设备等也是非常重要的。没有长期融资工具，家庭可能很难在生命周期中平滑收入水平或提高收入（例如投资于住房或教育），也很可能无法从自身储蓄的长期较高回报中获益。

多年以来，世界银行集团一直致力于在发展中国家进行可持续的长期融资工作。直接刺激长期融资供给的尝试一直饱受争议，有时会导致纳税人的巨大损失。为此，世界银行的直接长期贷款在20世纪90年代和21世纪初逐渐下降，它所扮演的其他角色正在变得更加重要。

本报告对近期的研究进行了谨慎的审读和分析，确定了哪些政策能够促进长期融资、哪些不能；同时还指出了需要进一步研究的领域。本报告指出，没有促进长期融资的普适性灵丹妙药。通常，如果潜在的问题不能得到解决，那么直接的干涉就不能获得成功。其结果是，政府和国际组织必须将关注点放在有助于克服市场失灵和组织缺陷的改革上来。此外，还应促进风险和信息的共享与分担、普及金融知识、加强消费者保护。

我们希望本年度的全球金融发展报告能够对包括政府在内的投资者、国际金融机构、非政府组织、智库、高校、私有部门、捐助者以及更广泛的人群有所助益。

世界银行集团行长

金墉（Jim Yong Kim）

致 谢

《2015/2016全球金融发展报告：长期融资》是来自世界银行集团内外大量不同行业的专家们的劳动成果。本报告是世界银行发展研究局与金融与市场全球发展实践局、国际金融公司（IFC）的金融机构集团、多边投资担保机构（MIGA）共同赞助的。此外还有很多单位对本报告作出了贡献，包括发展经济学副行长、宏观经济与财政管理全球发展实践局、司库部、对外关系副行长部门出版和知识处。

Aslı Demirgüç-Kunt是本项目的负责人。Thierry Tressel是项目经理。本报告主要作者分工为María Soledad Martínez Pería（第一章）；Miriam Bruhn和Claudia Ruiz Ortega（第二章）；Juan Jose Cortina Lorente和Sergio Schmukler（第三章）；Martin Kanz、María Soledad Martínez Pería、Matias Moretti、Alvaro Enrique Pedraza Morales、Sergio Schmukler（第四章）。其他对各章作出重要贡献的作者包括Martin Kanz（第一章），Colin Xu（第二章），Tatiana Didier（第三章）。Jeanne Verrier、Nan Zhou、Amin Mohseni-Cheraghlou组成了核心团队。Martin Čihák贡献了概念说明部分。其他人士也作出了贡献：Deniz Anginer（第二章，专栏2.7）；Gunhild Berg、Bilal Zia、Haelim Park（第二章）；Eduardo Engel、Ronald Fischer、Alexander Galetovic（第三章，专栏3.2）；Eva Hansen（第三章，专栏3.3）；Zamir Iqbal（第三章，专栏3.5）；Catiana Garcia-Kilroy和Anderson Caputo Silva（第三章，专栏3.6）；Julieta Picorell（第四章，专栏4.1）；Pierre-Laurent Chatain（第四章，专栏4.1）；Erik Feyen和Subika Farazi（附录及全球金融发展数据库）。

首席经济学家兼高级副行长Kaushik Basu、世界银行行长特使Mahmoud Mohieldin、世界银行集团常务副行长兼首席财务官Bertrand Badre等人也为本书提供了总体性指导和宝贵意见。

本报告的外部顾问人员包括 Franklin Allen（宾夕法尼亚大学金融及经济学教授）、Thorsten Beck（伦敦卡斯商学院银行学及金融学教授）、Charles Calomiris（哥伦比亚商学院亨利·考夫曼金融教授）、Stijn Claessens（美联储高级顾问）、Olivier Jeanne（约翰·霍普金斯大学经济学教授，彼得森国际经济学院高级研究员）Ross Levine（哈斯商学院威利斯·H. 布斯银行学及金融学教授）、Vojislav Maksimovic（马里兰大学罗伯特·H. 史密斯商学院 A. 朗布莱克财政学教授）。

本报告创作团队还得到了以下世界银行集团成员的宝贵帮助和指导：Loic Chiquier、Augusto de la Torre、Alain Ize、Roberto Rocha、Peer Stein、Ravi Vish。Aart Kraay 为了保证本书的质量及一致性多次审阅了概念说明部分以及报告的草稿。

Peer Stein 和 Matthew Gamser 为 IFC 的主要联络人，Gloria M. Grandolini 为金融与市场全球发展实践局的主要联络人，Ravi Vish 为 MIGA 的主要联络人。作者还从与以下人士的讨论中获得了宝贵的建议及其他帮助：Hormoz Aghdaey、Irina Astrakhan、Dilek Aykut、Meghana Ayyagari、Arup Banerji、Patrick Blanchard、Markus K. Brunnermeier、Ana Fiorella Carvajal、Gerardo Corrochano、Mariano Cortes、Shantayanan Devarajan、Shanthi Divakaran、Mark Dorfman、Arnaud Dornel、Aurora Ferrari、Erik Feyen、Havard Halland、Alison Harwood、Martin Hommes、Anushe A. Khan、Anjali Kumar、Rodney Ross Lester、Samuel Maimbo、Yira J. Mascaro、David McKenzie、Martin Melecky、Sebastian Molineus、Cedric Mousset、Michel Noel、Robert Palacios、Jorge Patiño、Harris Selod、Aksinya Sorokina、Fiona Stewart、Francesco Strobbe、Markus Taussig、Anuradha Thakur、Craig Thorburn、Hourn Thy、Marilou Uy、Simon Walley、Ivan Zelenko、Albert Zeufack。以下人士贡献了数据：Ibrahim Levent、Wendy Ven-dee Huang、Eung Ju Kim。与国际货币基金组织、联合国环境规划署的同僚们进行的关于设计可持续金融系统的非正式会谈也让本报告获益良多。

在全世行范围内对本报告概念说明部分进行审阅的时候，以下人士提供了重要建议和意见：Loic Chiquier、Roberto R. Rocha、Alison Harwood 及其他金融与市场全球发展实践局工作人员（特别是金融系统与资本市场及非银行金融机构部门）；Ravi Vish、Franciscus Johannes Linden（多边投资担保机构）；Ted Haoquan Chu、William C. Haworth（IFC）；Augusto de la Torre、Steen Byskov、Alain Ize、Eduardo Levy-Yeyati（拉美及加勒比地区）；Axel van Trotsenburg、Ulle Lohmus、Sudhir Shetty、Nikola L. Spatafora（东亚及太平洋地区）；Cesar Calderon、Makhtar Diop、Arnaud Dornel、Cedric Mousset、Christopher Juan Costain（非洲地区）；Shantayanan Devarajan、Pietro Calice（中东及北非地区）、Hans Timmer、Davide Salvatore Mare、Anna Bjerde、John Pollner、Natalie Nicolaou、David Michael Gould（欧洲及中亚地区）；Philippe Le Houérou、Markus Kitzmuller、Martin Rama、Niraj Verma（南亚地区）；Reynaldo F. Pastor、Alejandro Alcala Gerez、Susan Maslen、Vikram

Raghavan、Shirmila T. S. Ramasamy、Mariangeles Sabella、Anthony Toft、Vijay Srinivas Tata、Shirmila Ramasamy（法律部）；Samuel K. E. Otoo、Mark Roland Thomas、Pinki Chaudhuri、Jeffrey Lewis、Mick Riordan、Carlos Cavalcanti（宏观经济与财政管理全球发展实践局）；Jacob Goldston、Carlos Silva-Jauregui、Tara Vishwanath（贫困全球发展实践局）；Joachim von Amsberg、Clara Ana Coutinho de Sousa（发展金融局）；Marianne Fay、Roy Parizat、Eduardo Ferreira、Habiba Gitay、Joshua Gallo、Julie Rozenberg（气候变化跨部门解决方案领域与可持续发展部门）；Scobey Leonardo Bravo、Mariano Cortes、Jack Glen、Anjali Kumar、Andrew Stone（独立评价局）；Laurence W. Carter、Xavier Cledan Mandri-Perrott（公共部门与私营部门合作跨部门解决方案领域）；Myles Brennan，Phillip Anderson，Daniela H. Klingebiel、Colleen E. Keenan（司库部）；Jaehyang So、Rahul Gupta（信托基金与合作部）；Ivan Rossignol（贸易与竞争力全球发展实践局）；Caren Grown、Benedicte Leroy De La Briere（性别跨部门解决方案领域）。

本报告各章在全球金融发展报告专题讨论会上分别进行了展示和讨论。讨论会由本报告核心创作团队参加，同时也在讨论中得到了以下人士的帮助：Roberto Rocha、Jeff Chelsky（第一章）；Simon Bell、Andrew Stone（第二章）；Heinz Rudolph、Catiana Garcia-Kilroy（第三章）；Mario Guadamillas、Fiona Stewart（第四章）。

没有出版团队本报告也无法完成，他们是：Patricia Katayama、Stephen McGroarty、Janice Tuten 以及外编 Martha Gottron。Roula Yazigi 协助进行了网站相关工作。联络组成员有 Ryan Douglas Hahn、Phil Hay、Vamsee Kanchi、Merrell Tuck-Primdahl。Michelle Chester、Paulina Sintim-Aboagye、Tourya Tourougui 提供了杰出的行政管理协助。Liliana Longo、Eileen Monnin-Kirby 提供了关于预算的支持。Azita Amjadi、Colleen Burke、Liu Cui、Shelley Lai Fu、William Prince、Janice Tuten 协助准备了与本报告配套的《2015/2016 全球金融发展数据手册》。

作者还要感谢参与本报告调研的许多国家的政府工作人员及其他专家、机构，其中也包括金融发展晴雨表（Financial Development Barometer）。

本报告得到了来自“知识促变革计划”的研究支持预算，以及来自中小企业金融论坛、英国国际发展部的资金支持，在此我们不胜感激。

缩略语和术语

BIS	国际清算银行
G20	20 国集团
GDP	国内生产总值
IMF	国际货币基金组织
OECD	经济合作与发展组织
SME	中小企业
SWF	主权财富基金

术语

国家 一个地理实体，在单独和独立的基础上为此实体提供国际范围内的统计数据并予以保存（不一定是国际法理论和实践意义上的国家）。

金融发展 从概念上讲，金融发展是一个降低获取信息、执行合同和实施交易的成本的过程。从实证上讲，直接测量金融发展是具有挑战性的。本报告集中测量金融机构和市场的四个特性（深度、可获得性、效率和稳定性）（“4X2 框架”）。

普惠金融 使用金融服务的个人和企业的份额。

金融体系 一国的金融体系包括金融机构（银行、保险企业和其他非银行

	金融机构）和金融市场（比如股票、债券和金融衍生品市场）。它还包括金融基础设施（例如信用信息分享系统和支付结算系统）。
机构投资者	机构投资者包括公共及私人养老基金、人身保险公司、非人身保险公司、共同基金等。
长期融资	长期融资包括所有期限超过一年的融资（包括抵押、债券、租赁、公共发行或私募的股票等）。其中期限是指某融资项目（股票、债券或其他金融工具）从发起到最终支付的时间，最终支付时剩余的本金和利息要一并偿还。股票没有最终偿付本金的期限，因此可以被视为无限期金融工具。
非银行金融机构	指机构投资者和其他非银行金融中介机构（如租赁公司、投资银行）。

概　述

长期融资在经济发展中起着怎样的作用？融资的期限结构常被人们看成是可持续金融发展的核心。长期融资（经常被定义为所有期限超过一年的融资行为）可能通过两个重要渠道促进经济更快增长、增进福利、分享繁荣、维持经济的稳定性：减少借款者的展期风险，由此扩展投资面、提高投资绩效；增加长期金融工具的可获得性，由此使得家庭和企业能解决生命周期问题（Caprio and Demirgüç-Kunt 1998；Demirgüç-Kunt and Maksimovic 1998，1999；de la Torre，Ize，and Schmukler 2012）。

事实证明，积极促进长期融资是既困难又有争议的。主流观点认为发展中国家的金融市场是不完美的，其结果是长期融资相当匮乏，这妨碍了投资和增长。事实上，多边发展银行的很大一部分借款（包括世界银行的担保和借款）的目的就是针对长期信用不足的问题。与此同时，研究显示弱势的制度结构、不良的合同执行状况、宏观经济的不稳定等都会自然而然地导致金融工具到期时间更短。事实上，到期时间短恰恰是对制度结构及产权体系运作不良的最优回应。从这一点看来，政策应关注如何解决这些基本性问题，而不是直接促进信用体系。事实上有人认为，在发展中国家如果不先解决基本的制度及政策问题就贸然促进长期信贷的话，通常会让经济发展付出高昂的代价。例如，20 世纪七八十年代试图通过发展金融机构实现长期信贷跨越式提升的努力最终导致纳税人背上了沉重的负担，在极端情况下这类努力甚至完全失败（Siraj 1983；World Bank 1989）。因此，世界银行在 20 世纪 90 年代和 21 世纪初减少了这类长期借款。

最近几年里，长期融资吸引了政策制定者、研究者和其他金融业相关人士越来越多的注意力。长期融资在新兴市场和发展中经济体当中使用得不再那么广泛，这一点也越来越明显了。尽管过去十年来新兴市场在全球经济中的份额从三分之一攀升至二分之一，而此时发达经济体在长期融资的使用方面仍大大领先。与此同时，关于企业及个人对长期融资的使用及融资期限结构、长期融资的影响、相关政策等方面的新证据也不断涌现。特别是有证据显示长期融资能够（但并不必然）对企业业绩产生积极影响。

20 世纪末爆发的全球金融危机导致对长期融资重要性的政策关切变得更加突出。学界和政策制定者已经意识到了金融企业没有能力对债务展期以履行自己的职责，这是最近危机爆发中传染性债务危机的主要驱动因素之一（Brunnermeier 2009；Financial Stability Forum 2009a，2009b）。伴随危机而来的长期融资可获得性的减少进一步增加了金融部门已有的脆弱性，并特别增加了潜在的基础设施投资长期融资缺口。尽管对金融企业已经有了关注，也有了监管方面的应对措施，但和短期融资相伴而生的风险并不仅仅存在于金融企业之中。无法对短期债务进行展期已经加剧了业务损失，并导致了如美国宾夕法尼亚—纽约中央运输公司这样的大企业突然无法偿还债务。在 20 国集团和 30 国集团峰会上，对于长期融资可能出现严重供给不足的致命影响，各国已经提出了严重关切。各国特别认为，长期融资对于投资和发展而言十分关键，尤其是对基础设施领域，同时长期融资对于增进福利、促进繁荣共享、完成 2015 年以后的发展目标而言也是必不可少的。[1]20 国集团决定要制定行动计划支持地方货币债券市场的发展，并指出在全球金融危机时国内债券保险能够起到缓冲作用，减弱银行业危机对实体经济的不良影响。[2]机构投资者在长期投资融资中也在扮演着越来越重要的角色（OECD 2014a）。30 国集团呼吁采取多方面的政策手段降低限制长期融资供给的壁垒。保证更多更好的长期融资，这是 2015 年以后的发展议程中的优先事项之一（United Nations 2013）。

《2015/2016 全球金融发展报告：长期融资》试图对关于长期融资的政策讨论作出自己的贡献。本报告提供了与长期融资的提供、使用有关的大量特征事实，对长期融资使用及其经济影响的新老证据进行了检视。本报告认真检视和分析了最近的以及仍在进行中的研究，确定了哪些政策能促进长期融资、哪些不能，同时也提出了在哪些领域仍需要更多的证据。专栏 0.1 给出了本报告传达的主要信息。

尽管关注度重新提升了，但政策制定者及其他金融业界人士对于该不该制定政策、如何制定政策来促进长期融资仍有分歧。根据第三次金融发展晴雨表（为了本期《全球金融发展报告》进行的关于发展中国家政策制定者态度的调查）的研究，40% 多一点的受访者完全同意缺乏长期融资对其所在国的家庭及企业而言是一个问题（专栏 0.2）。尽管 70% 的被试认为长期融资不足的深层原因是供给驱动的，但对哪个组织或市场对于长期融资供给发挥着最重要的作用却存在巨大争议，同样，哪种政策对于促进长期融资供给最为有效也是存在重大分歧的。《2015/2016 全球金融发展报告：长期融资》提供了新的数据和研究成果，对相关的政策讨论提供了有益的观点和经验。

长期融资：衡量方法和最新趋势

长期融资的使用在世界各地各不相

专栏 0.1　本报告传达的主要信息

长期金融的使用（常被定义为所有时间期限超过一年的融资）在发展中国家更受限制，对于小企业和较为贫困的个人而言更是如此。即使控制了如资产、产业结构、盈利水平等企业特征变量以及如财产水平、受教育程度等个人特征变量后结论也是如此。在发展中国家，只有66%的小企业和78%的中型企业报告称曾获得过长期信贷，而在高收入国家这两个比例分别是80%和92%。高收入国家的企业报告称曾为40%的固定资产进行过外部融资，而这一数值在低收入经济体中仅为20%。个人对融资的使用也有着类似的差异。例如，个人在购置住房时平均贷款的比例在高收入国家为21%，在中低收入及低收入国家中仅为2.5%。其他融资，例如教育贷款，在发展中国家没有普及，即便能够获得也通常是更富裕的个人才能得到。

能获得长期融资时，大部分这类融资是由银行提供的，不管是多大规模的公司，对于股票或是私募股权的使用都是很有限的。随着金融体系的发展，外部融资的到期时间不断延长。银行的长期借款份额也会随着一国收入的增加及银行业、资本市场、机构投资者的发展而提高。通过股票、债券长期融资和联合贷款保险进行的企业长期融资也在过去几十年里显著增加，但只有极少数大企业能够通过股市或债券市场进行长期融资。在如智利这样的发展中国家推进非银行中介机构（养老基金或共同基金）并不总能保证长期资产需求的增加。

2008年的全球金融危机还导致了发展中国家企业负债率下降、对长期信贷的使用减少。中低收入及低收入国家的中小企业所受的负面影响更为显著，其负债经营比率和长期贷款都有下降。能利用金融市场的发展中国家的大企业也受到了影响，因为它们比高收入国家的大企业更依赖国际市场。这类企业也更容易受到危机时联合贷款大幅下降的影响。

市场失灵和政策扭曲会对长期融资产生不成比例的影响，这反映了导致失灵和扭曲的政策起到了重要的不良作用。长期融资并不总是最优的，它反映了使用者和提供者对融资风险的分担。融资到期时间短的经济体中风险会从提供者手里转移到使用者手里，因为这种融资工具要求使用者必须定期进行融资展期。此外，由于企业和个人倾向于将自身资产与负债的时间期限结构相匹配，不是所有的企业和家庭都需要长期融资工具。因此，各国之间使用长期融资的状况可能自然而然地就会有所不同，这取决于为之融资的资产自身，以及借贷双方关于分担风险的协议如何。然而，长期融资有限通常是市场失灵和政策扭曲的一种外在症状，因为长期融资工具会受到这类失灵或扭曲的不成比例的影响。

可持续地扩展融资的期限结构是关键性的政策问题，因为长期融资对经济发展和共享繁荣而言有着重要意义。如果需要长期融资的企业无法得到融资，它们就会面临更大的展期风险，因此可能不愿意进行长期固定投资，这会对经济增长和民众福利带来消极影响。没有长期融资工具，家庭无法在生命周期中平滑收入（例如投资住房或教育）可能也没法从自己的储蓄中获取更多的长期回报。实证事实还显示，使用长期融资的企业和家庭总体而言企业业绩和家庭福利水平更高。然而，少有证据显示政府和发展银行直接促进长期融资的努力（例如向企业直接提供长期贷款或提供购房补贴）能获得可持续的积极效果。这类政策一般不能成功，因为潜在的制度问题和市场失灵使得长期融资仍只能维持在低水平，同时政治俘获现象及薄弱的公司治理水平也使得政府的直接干涉难以成功。与之类似，证据表明通过促进机构投资者发展或建立股票、债券市场等手段扩展金融工具期限结构也很难成功，除非能够先解决基本的制度问题。

没有促进长期融资的灵丹妙药，政府必须着力实行基础制度改革。这包括促进宏观经济稳定性、降低通货膨胀、切实提升投资机会等的政策；促进建立有竞争性、进入和退出机制健全、监管有力的

专栏 0.1 本报告传达的主要信息（续）

银行业体系；建立能够有效保护借贷双方权利的法律及契约环境；增强金融基础设施建设以减少信息不对称；建立必要的制度及激励框架以促进资本市场和机构投资者的长期发展 大多数这类政策会整体性促进融资发展，但对长期融资的促进更显著，而正是长期融资受政策扭曲影响最大。

制度建设是个长期的过程；因此在中短期，能克服市场失灵和制度缺陷，能提高融资认知度和消费者保护水平的市场友好型创新举措会有助于提高融资期限 如租赁这类以资产为基础的信贷工具可能甚至会帮助小型、不透明的企业获得长期融资。对于能够接触融资市场的更大型企业而言，证据显示外国投资者比本国投资者持有的长期债权更多；因此有利于外国投资者的政策也可能提升融资期限结构，尽管这可能会使企业更容易受到来自外部的冲击 对于家庭而言，提高融资认知度、消费者保护、加强信息披露及其使用的监管、提供能减少行为偏差的默认投资策略等都有助于增强个人对于长期融资工具的理解。

设计良好的公私风险分担机制可能也会促进长期项目的融资。通过对大型基础设施项目建立公私合作机制，政府能够缓解政治及监管风险，动员私人投资。主权财富基金是国有的投资基金，它们被视为长期融资的可靠来源，因为这类基金往往立足长远，而且其自身也必须分散经济风险 管理跨世代储蓄，但这类基金不能完全免疫政治俘获，管理不良等问题，而这些问题正困扰着各国国家发展银行。多国发展银行可以通过提供知识及政策建议来帮助塑造制度改革的政策日程，进而促进长期融资，也可以通过允许私人出资者和机构投资者参加融资的基础设施建设或其他长期融资项目来促进长期融资，同时也能降低项目及贷款的风险。

同，但通常在发展中国家更受限制。较小的企业和较贫困的个人对长期融资的使用也更少 例如，图 0.1 显示了 2004—2011 年大量发展中国家和高收入国家样本中不同规模企业的长期资产负债比，小型企业的长期资产负债比为 1%，高收入国家为 7%。个人融资的期限也存在类似差异。例如，高收入国家个人购房时进行贷款的平均比例是 21%，但在中低收入国家和低收入国家仅仅为 2.5% 其他的融资产品，例如教育贷款，在发展中国家也不普遍，即使能获得，也多数是更富有的个人在使用。

对长期融资的最普遍定义是任何期限超过一年的融资，这也和国民核算账户中关于固定资产的定义一致。然而 20 国集团对长期融资的定义是期限至少五年。本报告中，长期融资常被定义为超过一年的融资，但能获得相关数据的时候也会对其他期限进行比较和考察 股票（公开或私募）也通常被视为一种长期融资形式，因为它实际上是一种没有最终偿付期限的金融工具。

长期融资既可以采取股权的形式又可以采取债权的形式，但银行融资是唯一最常见的外部融资来源。考察为购买固定资产而进行的外部融资的来源时，企业调查数据显示银行长期信贷根据公司规模不同而有所区别。图 0.2 还显示了银行融资随着公司规模的不同而大幅变化，小企业购

专栏 0.2　从业者对长期融资的看法：全球金融发展晴雨表

为了调查世界银行集团的委托人对于长期融资的看法，全球金融发展报告团队进行了新的 2014 年度金融发展晴雨表调查。这个晴雨表是在全球范围内对金融业从业者进行的非正式调查（包括中央银行人士、财政部人员、市场参与者、学者，还有非政府组织以及关注金融业发展问题的智库代表）。这一调查分析了态度、倾向以及重要政策问题。最近一期金融发展晴雨表的结果请参见《2014 年全球金融发展报告》。

这一调查包括两组问题：关于金融发展的一般性问题；关于长期融资的特别问题，后者是本书的主题。这一调查在 2014 年进行，其被试覆盖了 21 个发达国家和 49 个发展中国家（调查反馈率 60%）。根据调查结果，40%—43% 的被试完全同意长期融资的可获得性是企业和家庭面对的重要问题。大多数被试认为这主要是供给方的问题。有趣的是，超过一半的被试感觉 2008 年金融危机之后长期融资的可获得性提高了。这一调查还考察了对于长期融资而言最为重要的机构或政策。61% 的被试认为私有国内银行是达成这一目的的最重要机构，但对于其他组织或市场谁扮演着最重要的角色则观点不一。当被问及哪种政策能最有效地促进长期融资时，不同观点之间出现了很大分歧。

表 B0.2.1　2014 年金融发展晴雨表的部分结果

数字表示赞成相关陈述的被试百分比

长期融资可获性的问题对我国家庭而言非常重要	43
长期融资可获性的问题对我国企业而言非常重要	40
我国长期融资使用度低主要是供给方的问题	75
我国长期融资使用度低主要是需求方的问题	15
我国自全球金融危机以后长期融资的可获性下降或基本不变	40
我国自全球金融危机以后长期融资的可获性上升了	60
国内银行对于促进我国长期融资发挥着最重要的作用	61
发展银行对于促进我国长期融资发挥着最重要的作用	22
国内股票市场对于促进我国长期融资发挥着最重要的作用	13
国内公司债券市场对于促进我国长期融资发挥着最重要的作用	11
非银行金融机构对于促进我国长期融资发挥着最重要的作用	17
国际资本市场对于促进我国长期融资发挥着最重要的作用	17

资料来源：金融发展晴雨表（完整版请参见www. worldbank. org/financialdevelopment）。

专栏 0.2 从业者对长期融资的看法：全球金融发展晴雨表（续）

图 B0.2.1 对于促进长期融资的政策的看法

数字表示“什么是促进长期融资的最重要政策”的回答的百分比

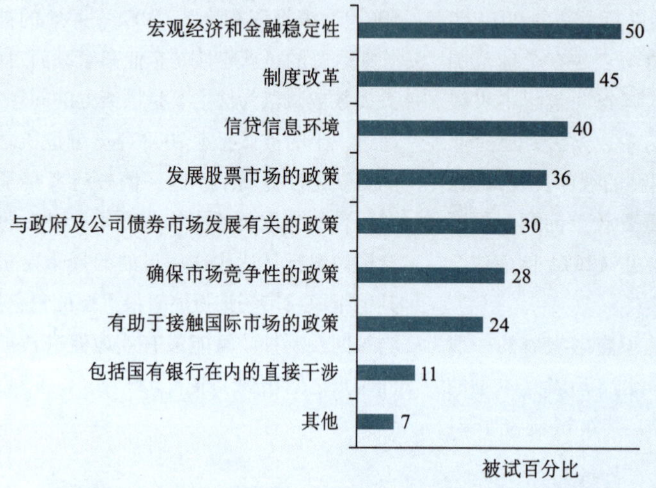

资料来源：金融发展晴雨表（完整版请参见www. worldbank. org/financialdevelopment）。

图 0.1 2004—2011 年按国家收入组别及企业规模划分的企业中位长期资产负债比

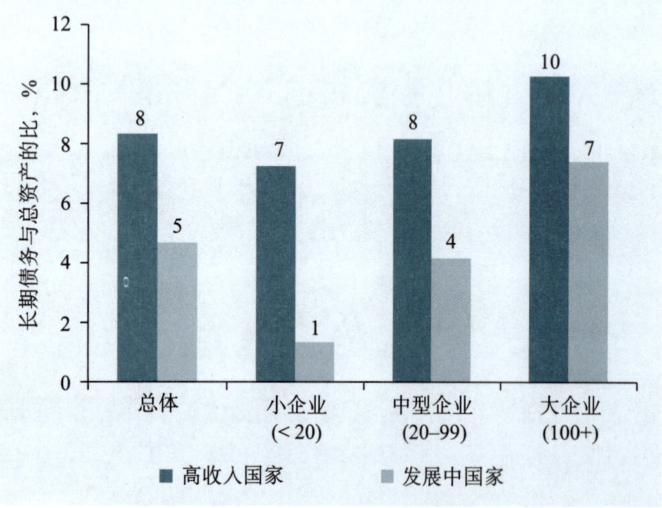

资料来源：来自 80 个国家，基于 ORIBS（数据库）计算。https：//orbis. bvdinfo. com。更详细的内容见 Demirgüç-Kunt，Martínez Pería，and Tressel 2015a。

注：发展中国家包括低收入和中等收入国家。企业规模根据其雇员数定义。长期债务指非本期债务。

买固定资产时 11% 的融资来自银行，大企业则为 26%。与之相对，所有企业使用股票的比例都低于 5%。

2008 年全球金融危机加剧了长期融资使用及提供上的差异。在 2008—2009 年，危机导致总体资产负债比下降，或者说是去杠杆化，出现这一状况的大多数是高收入国家的中小企业，如图 0.3 上半部分所示。然而，到了 2011 年，去杠杆化在所有国家、所有规模的企业都出现了，尽管在高收入国家、大企业当中影响更大。图 0.3 下半部分反映了不同的趋势，这次只关注长期负债的使用情况。只关注在危机前使用长期融资的企业时，图表显示危机导致发展中国家中小企业长期负债使用的大幅减少。2011 年，又是所有的企业都减少了长期负债的使用，但这种影响在发展中国家和小型企业当中明显更严重。

对于能够从市场获得长期融资的大企业，债券和联合贷款市场的发展有负面影响。尽管股票、债券和联合贷款市场在危机前已经得到了巨大发展，但仍然只有少数大型企业能够接触到这些市场，特别是在发展中国家更是如此。尽管这些发展中国家的大型企业和发达国家的同等规模企业相比其债务期限结构并不短，但它们的融资比起发达国家企业有更多的份额来自国际市场。因此当危机导致高收入国家开始出现联合贷款的巨幅下降时，发展中国家的企业会受到更大的影响。基础设施融资受到了尤其严重的影响，因为联合贷款是这类项目早期的关键。

图 0.2　按企业规模划分的用于购买固定资产的外部融资来源

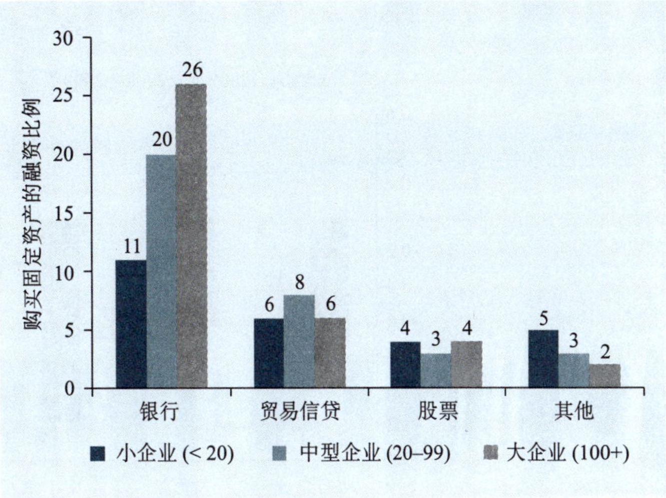

资料来源：根据 123 个国家的数据计算，基于企业调查数据库，http://www.enterprisesurveys.org。

注：图中显示了用特定外部融资渠道为购买固定资产融资的百分比，其中包括银行、贸易信贷、股票及其他。股票融资包括出售自有股份及发行新股（不计保留收益，因为这部分算作内部融资）。“其他”外部融资包括新债、非银行金融机构、现金借贷、家庭、朋友。公司规模根据雇员数定义。利用抽样加权计算每个公司的平均值。

我们为什么关注长期融资？稀缺性和影响

发展中国家出现的长期融资使用有限的现象本身并不一定就是个问题。相反，这种现象可能是最优的，因为它反映了长期限贷款供给双方的关系以及风险分担的情况。在运作良好的市场中，借贷双方可能会因一系列原因更青睐短期贷款而非长期信贷。

短期融资之所以受青睐可能和待融资的资产类型有关。企业和家庭倾向于将资产和负债的期限结构匹配起来。例如，企业通常会用短期债务为工资这类生产资本融资，而用长期融资购买固定资产、设备等（Hart and Moore 1995）。

短期融资有更强的约束性，能克服借贷中的道德风险和代理问题。出借人监督借款人的能力在短期融资中较高，因为短期借贷需要定期加以协商，如果出资人对借款人的表现不满意就可以削减出资额（Rajan 1992；Rey and Stiglitz 1993；Diamond and Rajan 2001）。长期贷款可能也会削弱投资动机，因为公司管理者和所有者必须在未来与出资者分享回报（Myers 1977），对拥有高成长潜力的企业而言这个问题尤其重要。因此，总体而言短期融资能减少浪费、改善公司业绩表现。

融资条款反映了借贷双方的风险分担协议。长期融资将风险转移给提供资金者，因为他们必须接受金融市场不断变化的风险，例如利率风险以及到期违约可能性变化的风险。通常出资者会要求为这类融资隐含的高风险提供附加费作为补偿。另一方面，短期融资将风险转移给使用者，因为这种融资强迫使用者不断为融资

图 0.3 全球金融危机以来负债率和债务期限的变化，按国家收入组别和企业规模列示

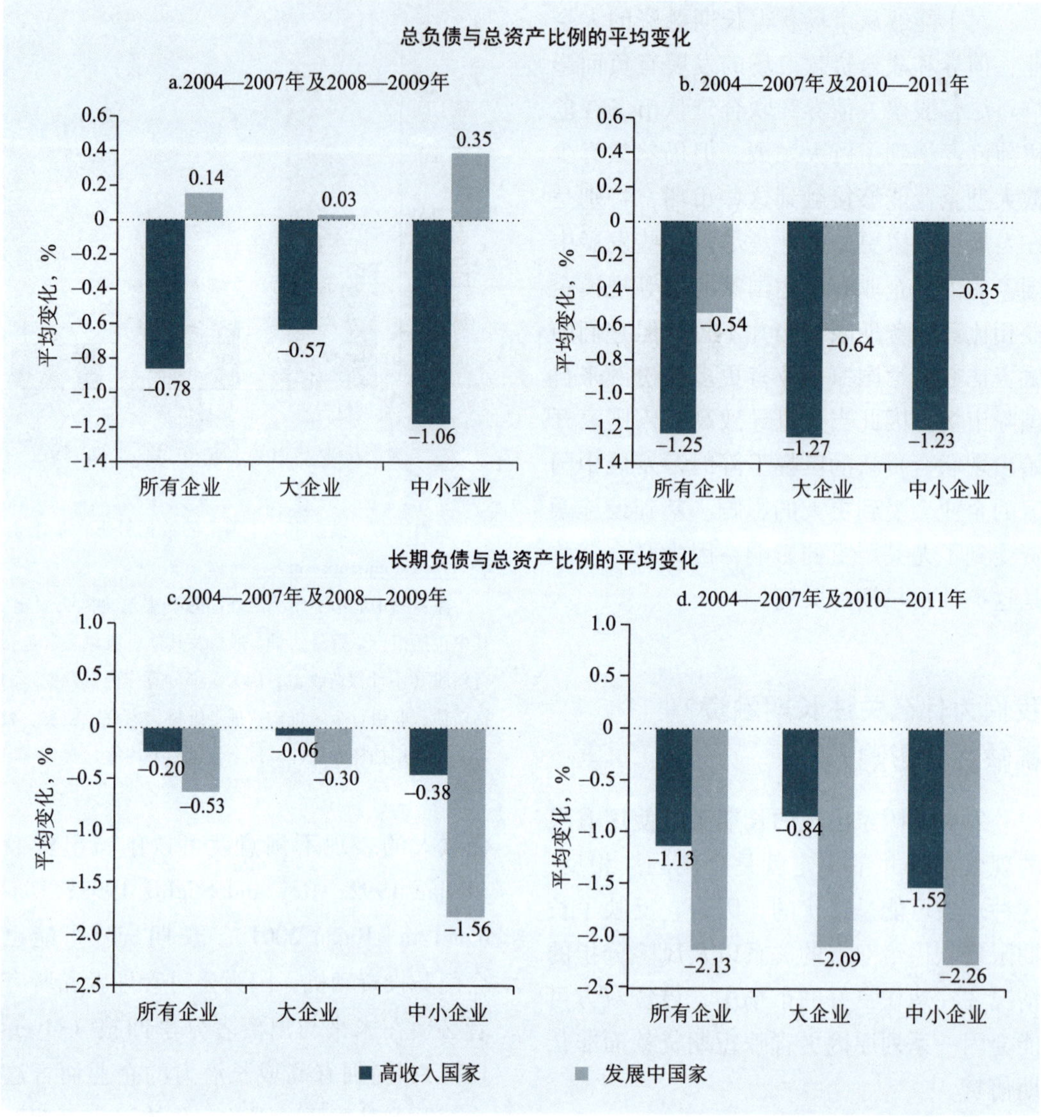

资料来源：2004 年至 2011 年间 80 个国家的数据，基于 ORIBS（数据库）计算。https：//orbis. bvdinfo. com。更详细的内容见 Demirgüç-Kunt，Martínez Pería，and Tressel 2015b。

注：发展中国家包括低收入和中等收入国家。企业规模根据其雇员数定义。负债率和长期负债值是每个国家的企业的简单平均，每个收入组别在国家间取均值。报告的差异已将更早期的值从较近的值中扣除。在 c 和 d 图中，危机前无长期负债的企业在计算均值时已从样本中去除。

展期。

因此，长期融资对某一经济体而言最优的总量实际上并不明确。在运作良好的市场，借贷双方会根据融资需求以及如何在不同期限的融资中进行风险分担而达成协议，选择进行短期还是长期融资。与融资协议的经济效率真正有关的问题是，在考虑到经济风险和经济承受力的基础上

（长期融资可能会提供一种部分保险机制），借款者是否能够获得融资工具，以便让他们能够将投资机会的时间期限和融资机会的时间期限匹配起来。与此同时，存款者需要为可能负担的额外风险而获得补偿。

尽管如此，即使使用者和出资人都倾向于签订长期融资协议，一个经济体中可观察到的均衡长期融资量也可能比最优结果低，原因可能是市场失灵或政策扭曲。事实上，长期融资协议更容易受到已有的市场失灵或政策扭曲的影响。图 0.4 显示了随着一国金融深度（银行向私人机构贷款的数额与 GDP 的比）的增加债务期限结构如何变长。尽管发展中国家的金融深度不及高收入国家的一半，但其长期贷款与 GDP 的比只是高收入国家的四分之一。因此，我们应关注长期融资在一个经济体中的使用情况，因为这往往体现了深层的问题，而这些问题当中有一些需要相应的政策关切。

长期融资可能因市场失灵或政策扭曲而供给不足，这可能对发展造成不利影响。缺乏长期融资是一个重要的发展问题，因为应得却没有得到长期融资的企业会面对展期风险，可能变得更不愿意进行长期固定资产投资，这会对经济增长及福利产生不利影响（Diamond 1991，1993）。没有长期融资工具，家庭就无法在生命周期里平滑收入（例如投资房产或教育），也不能从自己的储蓄中获得更多的长期回报（Yaari 1965；Campbell 2006）。

证据还显示企业使用长期融资通常也与更好的企业业绩相关。长期融资对于企业而言很重要，因为它使得企业能够进行对于自身增长而言十分关键的投资。证据

图 0.4　更广泛的金融深度与长期贷款的关系，按国家收入组别列示，1999—2012 年

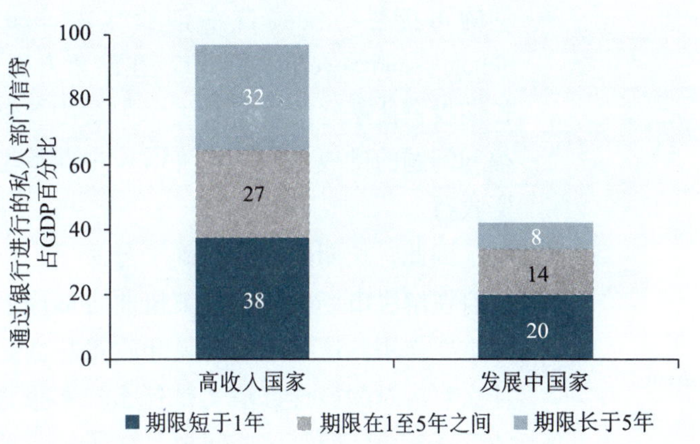

资料来源：银行展望（数据库），毕迪威，布鲁塞尔，http://www.bvdinfo.com/en-gb/products/company-information/international/bank-scope。

注：私人部门信贷与 GDP 的比以及期限结构分布在两者均可获得数据的各年里取均值。数据均为均值。

显示，发达的金融制度和市场以及相应的签订长期融资协议的能力会使得企业比只依赖内部资金融资或短期融资的企业发展得更快（Demirgüç-Kunt and Maksimovic 1998，1999）。然而，这些结果并不是说应该补贴长期融资或直接通过贷款扩展长期融资。长期融资促进增长的作用是通过降低宏观经济波动性实现的（Aghion，Howitt，and Mayer 2005），这对基础设施投资而言至关重要，而基础设施投资则对长期增长有积极作用，还会降低收入分配不平等（Calderón and Servén 2014）。

长期融资也会提高家庭福利。能够获取长期融资会使得家庭能够平滑消费，并有利于进行投资，例如住房和教育（Case，Quigley，and Shiller 2013）。拥有住房能够为家庭提供担保，这既有助于降低借款约束，也有助于分担消费风险

（Lustig and Van Nieuwerburgh 2004）。作为担保的住房也能增加家庭从事小型商业活动的可能性，鼓励自主创业（Adelino，Schoar，and Severino 2013）。在储蓄方面，长期投资使家庭能够面对生命周期中各种福利问题的挑战，并从经济增长中获得融资收益。

因此，长期融资若的确十分匮乏，则政府在解决市场失灵和政策扭曲方面应发挥重要作用。这些市场失灵和政策扭曲是什么？应对的最佳方法又是什么？本报告的下一部分将回答这些问题，并提供一般性的政策建议。

促进长期融资的公共政策

信息不对称或协调失灵这类市场失灵现象会对长期融资造成比对短期融资更严重的限制。因为扩展长期融资意味着资金提供者要负担更大的风险，因此，根据Stiglitz 和 Weiss（1981），长期融资的信用配给现象就会更严重。与之类似，如果协议不能很好地履行，且借款人不能协调他们的行动，他们就会缩短借款期限以保护自己（Bolton and Jeanne 2009；Brunnermeier and Oehmke 2013）。这种市场失灵会触发所谓“期限竞速”，所有的借款人都会竞相缩短合同期限以保护自己的权益。因此，消除信息不对称的政策（例如改革信贷体系以及担保注册等）对于提升长期融资可获性而言就格外重要了。

缺乏稳定政治及宏观经济环境这类的政策扭曲也会减少一个经济体中的长期融资供给。稳定的政治和宏观经济环境是长期融资繁荣发展的必要条件，因为这种环境意味着经济机构能够预测与融资相关的风险与回报。例如，即使仅仅是历史上曾经出现过严重通货膨胀，就通常会导致信贷期限和投资期限变短，巴西就是这样一个例子，尽管它曾经尝试了很多次促进长期融资的改革，却也不足以抵消通胀历史的负面影响（Park 2012）。在短期，政府可以通过健全的宏观经济政策保证通货膨胀不超过一定范围，从而支持长期融资市场。能够支持宏观经济可持续增长并扶植有利可图的经济机会的政策也能促进长期融资。

发展不良的金融体系和发展良好的金融体系之间的区别之一就是前者缺乏长期融资。随着金融体系的发展，它开始变得越来越市场化，其融资期限结构也开始变长。例如，Demirgüç-Kunt 和 Maksimovic（1999，2002）表明，银行业和股市的发展都能提高外部融资可获性，而股市的发展和长期融资的相关性更强。市值高、监管得宜、竞争性银行业体系、大多数银行为私有，这些都通常与长期融资的更高供给相关。因此政府也能通过保证融资市场富有竞争性来影响长期融资的供给。例如，通过促进银行竞争、允许其他提供长期融资的金融中介运作（例如租赁公司和私募投资者），政府可以在扩展长期融资的过程中扮演重要角色。

缺乏有效法律及制度框架以及合同执行力弱等都会不成比例地削弱长期融资供给。如果一国的合同体系在面对违约时只能对放款人提供很弱的保护，放款人就会倾向于依赖短期借贷合同，这样放款人就能更容易地通过威胁未来撤资来约束借款人的行为。与之类似，在合同执行力不强的情况下，出资者会避免长期融资，依赖短期融资来约束借款人，并保证支付。政府可以通过建立健全法律框架，保证合同执行力，保护信贷权利，进而促进长期融资市场发展。

然而，少有证据显示政府或发展银行直接促进长期融资的努力（例如直接向企业提供贷款或提供购房补贴）能产生可持续的积极效应。这类政策通常不能成功，因为潜在的问题没有解决，也因为政治俘获以及不良的公司治理状况。政府在背后作担保的项目常用来鼓励对特定部门的借贷，例如中小企业、抵押市场等，这可能会使风险更大的借款人获得贷款，当然也会使期限结构变长。然而，实际运作中这类政策是否真的能导致额外的信贷行为还不是很清楚，必须对这类政策精心设计、有效实施，以避免大规模损失，这在制度薄弱的环境里是特别有挑战性的，因为在这样的环境下要想实施良好治理是十分困难的。与之类似，通过促进机构投资者或建设股票、债券市场等政策来扩展期限结构也被证明是很难的，除非能够就解决基本制度问题达成共识。

制度建设是个长期的过程，因此，在中短期，能够克服市场失灵或制度缺陷的市场友好型政策，以及提高融资认知度和增加消费者保护的政策，可能有助于延长信贷期限。以资产为基础的借贷工具，例如租赁，甚至可能帮助小型且信息不透明的企业获得长期融资。对于能够接触市场的发展中国家大型企业而言，证据显示外国投资者比本国投资者持有更多的长期债权。因此鼓励外国投资的政策可能也能提升融资期限结构，但企业同时也会变得更容易受外部冲击影响。对于家庭而言，提高融资知识、消费者保护，加强信息披露监管以及提供投资默认选择以降低行为偏差等政策都能有效提高个人对长期融资工具的理解。

对于政府而言，设计良好的公私风险分担机制可能也能动员长期项目融资。通过公私合作进行大型基础设施项目建设，政府能够降低政治和监管风险，并动员私人投资。当政府作为长期融资投资者参与市场时，可以将投资决策权赋予几个独立的实体，例如主权财富基金。这类国有投资基金通常被视为长期融资的可靠来源，因为这类基金往往立足长远，而且其自身也必须分散经济风险、管理跨世代储蓄，但这类基金不能完全免疫政治俘获、管理不良等问题，而这些问题正困扰着各国国家发展银行。不过若这类基金管理良好，则它们的激励目标能更契合市场的激励目标，进而使得它们不那么容易遭到政治俘获。与之类似，多国发展银行可以通过提供知识及政策建议来帮助塑造制度改革的政策日程，进而促进长期融资，也可以通过允许私人出资者和机构投资者参加融资的基础设施建设或其他长期融资项目来促进长期融资，同时也能降低项目及贷款的风险（专栏0.3）。

在这个较为宽泛的政策背景下，本报告的概述部分关注四个对长期融资而言十分重要的领域：信息分享的重要性；合同执行及投资者权利保护的作用；家庭对长期融资的认识的重要性；通过促进市场发展和机构投资者来扩展期限结构所面临的挑战。对这些领域的关注不仅仅是因为它们对长期融资有重要意义，还因为在这些领域出现了一些新的事实证据值得人们关注。对本报告其余部分的导览见专栏0.4。

专栏 0.3 多边发展银行在动员长期融资方面的作用

可获得的长期融资远远比不上发展中国家的投资需求。这种不匹配在关于2015年以后的可持续发展目标（用以替代千年发展目标）进行讨论时就已经提出了并记录在案了[a]。即使过去十年里发展中国家采取了很多旨在发展国内金融市场的改革，并享有更多的接触国际资本市场的机会，这种情况也没有改变。

在基础设施融资领域这种供需缺口更为突出。2014年一份关于可储蓄发展融资的联合国报告[b]估计，基础设施项目融资需求（水利、农业、电信、能源、交通、建筑、工业、林业等部门）每年为5万亿至7万亿美元。经济合作与发展组织估计，2030年全球基础设施需求为50万亿美元。[c]

多边发展银行（MDBs）设立的目的只有一个，就是帮助发展中国家缩小已有的长期融资缺口。广义而言，MDB可以帮助确定市场失灵的领域，或是市场发育仍不健全的领域，并提供必要的对私人部门的激励。动员私人长期融资需要一种与直接融资不同的手段。MDB的干涉需要支持而不是取代或破坏可持续的市场结构。

MDB可以通过一系列手段在促进私人部门长期融资方面发挥催化剂的作用：[d]

1. 它们可以帮助各国确定自己宏观经济及投资环境中妨碍私人部门融资流动的弱点，同时可以在商业利益和政策制定者之间扮演“诚实的经纪人”的角色，协助进行宏观经济及商业环境改革。

2. 它们可以通过专业技术以及推进有目的的改革来支持当地市场及国内机构投资者发展。

3. 它们可以通过以下手段在基础设施和能源等领域为投资提供便利：

a. 通过设立专门的项目准备计划建立富有号召力的已有投资项目，以此支持项目准备计划。这类计划能提供专业技术支持，以保证项目按照私人部门熟悉且容易接受的方式组织架构起来。

b. 向在融资上和经济上都可行、但没有针对非商业风险的保护措施就难以实施的项目提供诸如担保、风险保险、混合融资等降低风险的工具，使得投资者能够利用MDB偏好的债权人地位条款获得更有利的条件，从而接触到项目基金。有时，例如联合投资时，若借款人陷入支付困难，MDB可以提供给合作者与官方债权人类似的债权人地位条款。

c. 设立合作投资平台或合作工具，以帮助动员私人资本。这类平台最近的一个例子是2014年10月世界银行和国际货币基金组织年度会议上设立的全球基础设施基金（GIF）。[e]十六家世界最大的资产管理机构、养老基金、保险基金以及数家商业银行签署协议合作组建GIF。澳大利亚、加拿大、日本、新加坡政府以及包括亚洲开发银行、欧洲复兴开发银行、欧洲投资银行、伊斯兰开发银行在内的多家MDB也签署了合作协议，表明了它们与GIF合作的意愿。GIF平台的目标是整合各MDB、私人部门投资者和投资家的努力，并通过自己的项目和计划将那些对于向发展中国家进行基础设施投资感兴趣的政府吸引过来。

---

[a]. 关于提出的可持续发展目标，见https：//sustainabledevelopment. un. org/topics/sustainabledevelopmentgoals。

[b]. 见 http：//www. un. org/esa/ffd/wp-content/uploads/2014/12/ICESDF. pdf。以及发展委员会：http：//siteresources. worldbank. org/DEVCOMMINT/Documentation/23659446/DC2015-0002（E）FinancingforDevelopment. pdf。

[c]. OECD 2013a。

[d]. World Bank Group，2013，Financing for Development Post-2015，http：//www. worldbank. org/content/dam/Worldbank/document/Poverty%20documents/WB-PREM%20fi nancing-for-development-pub-10-11-13web. pdf。

[e]. 详见 http：//www. worldbank. org/en/topic/publicprivatepartnerships/brief/global-infrastructure-facility-gif。

专栏 0.4 本报告导览

本报告的其余部分由四章组成，包括关于长期融资的关键点、一些核心事实以及对于政府在促进长期融资时应发挥何种作用的一般性指导意见；企业和家庭对长期融资的使用；市场对长期融资的提供；银行及非银行金融机构作为长期融资的提供者。在这个较为宽泛的范围内，本报告集中关注有新证据出现的政策相关领域。

第一章定义了长期融资，并解释了我们为什么关注企业和家庭获取长期融资的能力。这一章讨论了可能导致长期融资匮乏的市场失灵和政策扭曲，并提供了这类融资供需双方的特征事实。这一章讨论了可持续地推进长期融资的重要性，以及政府在解决市场失灵及政策扭曲时应发挥的作用。

第二章从企业和家庭的视角检视了长期融资。这一章提出了为什么企业和家庭会想要使用长期融资的问题，并探讨了长期融资对它们能造成何种影响。这一章讨论了国家和个人的哪些特质决定了企业和家庭对长期融资的使用，并检视了2008至2009年的全球金融危机对负债率及债务期限的影响。这一章还提供了基于最新研究成果的政策建议，这些研究成果都来自研究长期融资使用的实证文献。

第三章回到了融资提供者、着重关注市场，描述了特征事实以及公司债券、联合贷款、股票保险等在不同市场上期限结构特征的一般性趋势。这一章还讨论了使用长期融资资本市场时国家及企业间的差异，并引入了国内外市场差异的讨论。最后，本章分析了全球金融危机如何影响市场对长期融资的提供，并以政策建议作结。

第四章关注银行和非银行金融中介，分析了哪种机构更容易扩展融资期限结构。本章探讨了银行的各种特征及规范在影响银行贷款期限结构时发挥的作用。本章给出了关于共同基金、养老基金、保险公司等如何影响长期融资工具的例证，并分析了影响决策的因素。此外，本章还检视了两种被认为具有长期投资特征的非银行金融机构，也就是主权财富基金和私募投资者。本章最后讨论了这些投资者在制度建设不完全的情况下提供长期资金的局限性，并根据这些例证得出了政策建议。

统计附录由两部分组成，第一部分给出了基础的关于世界金融体系特征的国别数据。这部分还包含了同组国家同类指标的平均值以及总结性地图。这是对《2014 年全球金融发展报告》的更新。第二部分提供了与全世界长期融资有关的附加国别信息。

本报告的网站（http://www.worldbank.org/financialdevelopment）包含很多研究成果、附加例证等，包括国别范例、关于金融发展的扩展数据库等，给使用者提供了获取金融系统信息的互动平台。使用者可以提出对报告的反馈，参与在线版金融发展晴雨表，提交自己对未来报告主题的建议。网站还提供了全球金融发展数据库的升级扩展版，这个数据集包含自 20 世纪 60 年代以来的 203 个经济体的 70 多个金融系统特征指标。

关注领域 1：信息分享对长期融资的重要性

信息分享不足有助于解释为什么发展中国家长期融资不那么普及。很多时候，因为缺乏充足的市场信用信息，难以进行可靠的风险评估，所以投资人和放款人不愿意签订长期融资协议。这类信息问题对所有融资协议的签订都构成了障碍，对于长期融资的影响则尤为严重。建立征信所和抵押注册登记机构可以改善出资人能获得的信息状况，并显著提升所有期限长度的信用的可获得性。除了对信用可获性的直接影响之外，高质量的信用信息也能对其他类型的长期融资产生积极的溢出效应，因为很多种类的直接投资高度依赖地方信用市场的举债以及合作融资。

图 0.5　征信所改革国家和非改革国家平均信贷期限，2002—2009 年

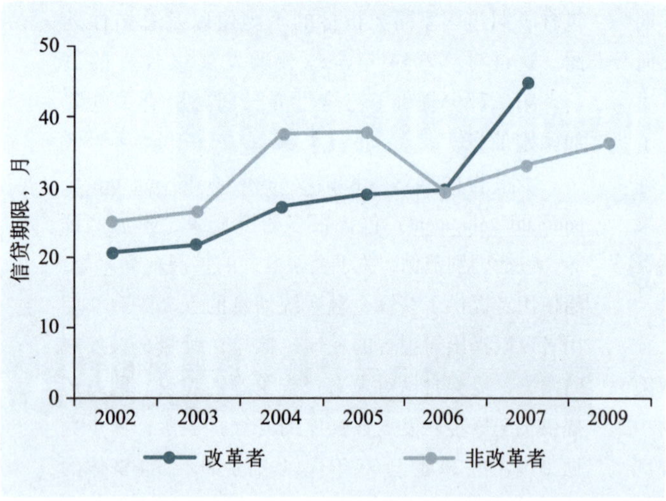

资料来源：基于 Martínez Pería and Singh 2014。

注：改革者包括亚美尼亚、保加利亚、中国、克罗地亚、捷克、厄瓜多尔、格鲁吉亚、哈萨克斯坦、肯尼亚、吉尔吉斯共和国、前南马其顿、摩尔多瓦、黑山、尼加拉瓜、罗马尼亚、俄罗斯、卢旺达、塞尔维亚、斯洛伐克、斯洛文尼亚、乌干达、乌克兰。不是所有国家所有年份都能获得信贷期限数据。CB 改革者国家在 2009 年无数据，2008 年也无数据。

详尽考察本报告中的实证证据可以发现，更好的信息可获性和信息分享对延长债务期限而言的确重要。在企业和投资者之间减少信息不对称也能减少投资者通过短期债务合约监督规范企业管理者的需要。最近的研究给出了一个信用信息有助于延长债务期限的例子。Martínez Pería 和 Singh（2014）利用 2002—2013 年期间 63 个国家 75000 多家企业的企业层面调查数据研究了引入信用信息分享系统对于企业获得融资及其债务期限的影响。信用信息集将还款历史信息、全部债务信息以及总体信用价值等信息通过私人征信所（CB）或公共管理的信用登记机构（CR）传播开来。研究检视了在 2002 至 2009 年间引入 CB 或 CR 的国家（改革者），以及没有 CB 及 CR 的国家（非改革者）。图 0.5 显示了 CB 改革者和非改革者的平均信贷期限随时间的变化。大多数引入 CB 的国家都是在 2004 年或 2005 年引入的，数据显示此后 CB 改革者国家的平均信贷期限大幅上升。

为了估计 CB 改革对企业融资及信贷期限的影响规模，Martínez Pería 和 Singh 将引入 CB 或 CR 国家的企业与未引入国家的企业进行比较。结果显示，在引入 CB 后，企业获得融资的可能性上升了，信贷期限延长了。改革覆盖面越广、信用信息共享计划的范围和可获性越强，则 CB 改革的效果越显著。征信所改革也对合同执行力弱的国家的企业获得融资的情况有较大影响。十分重要的是，结果还显示 CB 改革的效应对于规模更小、经验更不足、信息更不透明的企业更明显。

有趣的是，分析显示 CR 改革对企业融资没有显著影响。有三种理由可以用来解释为什么没有显著影响。第一，CR 通常是出于监管目的，因此可能有比较高的最低信贷限制。第二，它们可能不会提供积极和消极信息，而这些信息这对金融机构而言最为有用。第三，因为它们是政府运营的，所以在官僚制运行差的国家 CR 可能无法有效运行，因此可能不能经常发挥作用。

关注领域 2：合约执行及投资者权利保护的作用

弱的合约执行环境是发展中国家长期融资不普及的一个重要原因。当投资者不能依赖合法制度执行合约实现诉求时，他们就会倾向于短期合约，因此，不断就新合约进行协商的需求就会使得借款人有动力去努力进行健康稳妥的投资。能帮助投资者保护他们诉求的法律制度体系包括债权人和投资人权利、破产法、企业管理框架、总的合约执行力度以及法律体系的效率。

本报告考察的研究结果显示，法律体系更有效、合约环境更发达的情况下，企业倾向于使用更多的长期融资。事实上，金融体系发展得超越合约环境质量的国家，其金融体系发展程度并不与企业获得外部融资的能力显著相关（Demirgüç-Kunt and Maksimovic 1998，1999）。重要的是，比起公有制企业，执法效率与更好的合约履行力度会更多地增加私有企业对长期贷款的使用，对中小企业也比大企业效果

图 0.6　企业治理及短期借贷的使用，2003—2008 年

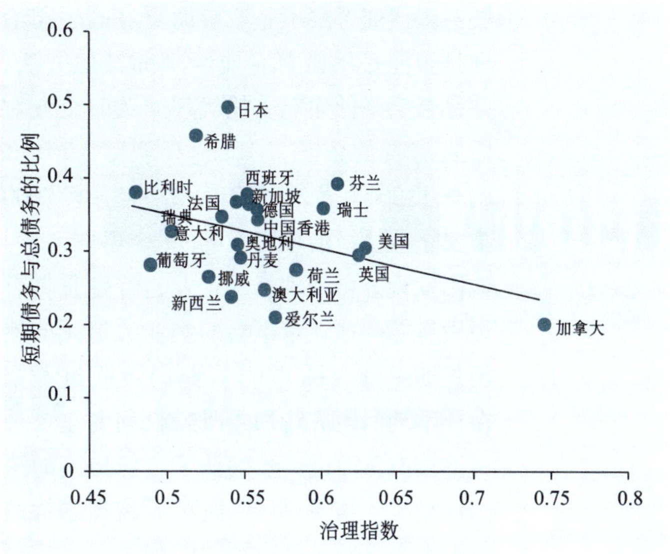

资料来源：基于 Anginer and others 2015。

注：图中显示了企业治理指数和短期债务的均值（一年以内到期的短期债务与总债务的比）。治理指数根据多项治理参数获得，数值越高表示治理越好。

更好。

最近的证据显示合约执行力度和长期贷款使用之间普遍存在正相关关系。一项印度的研究（Gopalan，Mukherjee，and Singh 2014）考察了设立新的特别法庭，也就是债务追缴法庭（DRTs，这一法庭提高了印度的合约执行力度），与企业对长期融资的使用之间的关系。这一研究使用了全国关于 DRT 设立的数据，以及约 6000 家印度企业的资产负债表，显示 DRT 会导致长期负债与总资产的比显著增加。在 DRT 设立三年内，这一比例增加了 8% 左右，短期借贷则下降了类似的幅度，表明在合约执行力更强的情况下企业有能力用长期借贷替代短期借贷。

提高公司治理状况及加强投资者保护

的政策及法规也能支持长期融资市场的发展。新研究考察了企业层面更好的公司治理是否能提供监督企业经理的其他方法，并是否会降低面对委托代理问题时企业对短期借贷的依赖。Anginer 等人（2015）调查了 2003 至 2008 年间 22 个国家 7000 多家企业公司治理方面的 44 个不同元素。他们发现公司治理好的企业，特别是拥有规模有效的独立董事会的企业，更倾向使用长期融资（图 0.6）。他们还通过考察在样本期间内进行加强股东权利的重要公司治理改革而进一步确认了之前得到的跨国性结果。结果显示，改革后治理结构的改善大大有助于削减短期借贷。

关注领域 3：家庭金融知识对长期融资使用的影响

缺乏金融知识、金融认知以及金融产品透明度会限制家庭使用金融产品，或是使得家庭不能正确管理自己的融资。本报告对各种证据进行了全面考察，发现个人缺乏对金融产品的理解会导致其犯下成本高昂的错误。实证证据表明，

图 0.7　金融教育对长期借款的影响

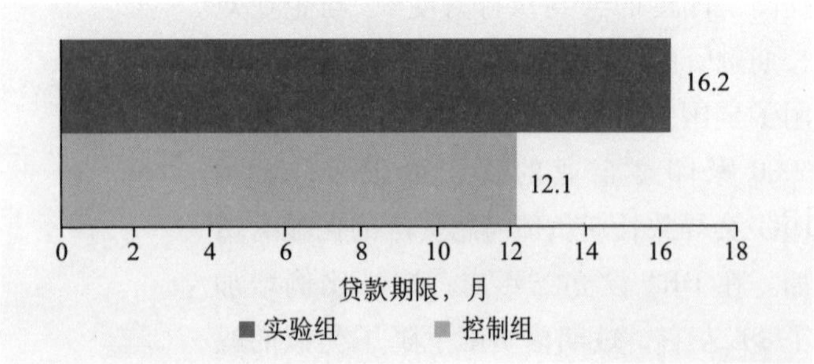

资料来源：基于 Berg and Zia 2013。

注：图中显示了南非利用肥皂剧“Scandal!”进行娱乐教育介入之后对照组及实验组借款期限增加的情况。

易受损害的消费者可能会被售予自己不理解也无法偿付的金融产品。美国次贷危机的一个关键因素就是信贷向无信用价值的借款人的过分扩张，以及抵押标准的过于放松。

最近的心理学和金融学文献也在关注行为偏差在影响家庭金融决策时发挥的作用。一方面，人们倾向于低估给定现值、期限和回报率的储蓄的未来价值。另一方面，在给定本金、月偿付额和期限时，借款人会低估利率。这些偏差与过多借债、过少储蓄、偏好短期借贷和短期资产等高度相关，即使控制了人口统计变量与收入之后仍是如此。正如《2015 年世界发展报告》所关注的，理解这些行为偏差及其如何影响融资决策会使我们制定更好更有效的政策，例如金融教育介入、自动注册登记系统、电子提醒系统等。

即使金融教育可以起到作用，也有证据显示如何让它真正有效运行仍是十分困难的。不断增长的关于各种金融教育的研究正帮助我们增强判断何种机制能最有效地改善并传达金融教育的能力。在一个最近的例子里，Berg 和 Zia（2013）通过南非的一个电视肥皂剧“Scandal!”评估了金融教育的有效性。这一介入措施是引入一个长度为两个月的连续剧，其中的一个主要角色通过商店赊账过度借贷，此外还赌博，结果陷入了债务陷阱，最终寻求帮助找寻出路。这一研究分析着重关注借贷和赌博的后果，并发现被鼓励观看肥皂剧的实验组明显变得更倾向于更为正式、更为长期的借款。此外，图 0.7 显示，尽管实验组并没有改变借款数量，但他们显著地比控制组更倾向于正规渠道及长期借款。这一结果显示娱乐媒体能成为影响关

键融资决策的有效工具，并能对长期融资产生长远的影响。

Berg 和 Zia 普及金融知识的介入活动取得了成效，而本报告中很多其他的介入计划都失败了，其中的原因之一是他们找到了触及目标受众的创新途径。各种评估一致认为所谓“可教的瞬间”是教会个人金融概念的最好时机。同时包含了多个主题的介入措施往往效果不佳。相反，着重关注某一个概念或关注某一类人群的介入活动则要好得多。例如，针对试图拟订养老金计划的工人而设计的退休方案工作组会有效地帮助他们制定信息充足的决策。

其他介入措施，例如默认登记注册系统或支付提醒系统也能有效阻止可能导致家庭犯融资错误的行为偏差。例如，默认登记注册系统能降低过度借贷或储蓄不足这类的行为问题。本报告中的研究显示，工人默认注册登记养老金计划能通过养老金增加不止两倍的长期储蓄。由于默认登记注册系统有如此显著的效应，因此美国这样的高收入国家也采取措施进行工人养老金默认登记注册。

关注领域4：通过促进国内市场及机构投资者发展扩展期限结构的挑战

尽管理论上运行良好的地方资本市场能够促进长期融资，但实际应用中政府引导的发展市场的改革经常是毁誉参半。地方资本市场能为借贷双方提供好处，也包括政府。它们有利于风险分担，并实现更有效的资本分配。重要的是，地方债券和股票市场的发展能提高企业和家庭的长期融资可获性，其中也包括政府。这些市场也能通过吸引外资增加金融一体化，外资能够改善融资可获性、降低资本成本、便利跨国风险分担。因此，通过使除了一小撮大型企业之外的其他企业提高长期融资可获性，同时降低大型企业对国际市场的依赖，发展中国家能够靠解决国内市场失灵和政策缺陷进一步发展国内市场。然而，尽管资本市场在过去的十年里在许多国家扩展迅速，很多发展中国家还是发现就算有意图良好的政府干预，它们的市场还是陷入停滞（Laeven 2014）。

政府可以通过健全的宏观经济政策、强有力的制度及法律体系、运行良好的金融基础设施等来便利资本市场的发展。例如，De la Torre、Gozzi 和 Schmukler（2007）研究了新兴市场的一系列证券市场改革，也就是证券市场自由化、加强内部交易法、引入电子交易系统、私有化计划、制度改革等。他们发现这些政府干预与国内证券市场市值及交易额的增加相关。

政府也可以通过发展主权信用市场来直接促进国内公司债券市场的发展。特别地，健全的主权信用管理及定期发行不同期限长度的基准债券是建立收益曲线的基础，而收益曲线对于给公司债券进行有效定价而言又是必不可少的（特别是长期债券）。然而，必须认真考虑政府和公司债券市场之间因竞争投资者资金而可能出现的挤出效应。

即使没有制度、法律和技术壁垒，很多新兴经济体的地方市场也经常缺乏足够多的投资者来有效发展。在这种情况下，政府可以通过向外国投资者开放市场来促进发展，尽管这可能有潜在的金融一体化风险，例如更容易受到国际冲击，这一点需要认真加以考虑。尽管如此，一些经济体只是缺乏足以支持地方资本市场深度的市场规模。通过促进外国资本进入及区域交流，能比试图发展本土深度不足且低效率的市场更有效地促进这些经济体的发展。

通过发展地方机构投资者推进长期融资可能也很难。一种流行的政策建议是通过发展诸如地方养老基金这样的机构投资者来推进地方市场建设。例如，智利1981年发起了一个基金养老体系，以此促进地方债券市场的发展，这使它成为接下来20年里拉丁美洲最发达的市场。然而，智利的例子也显示出扩展大规模的机构投资者并不一定会带来长期市场的发展。Opazo、Raddatz和Schmukler（2015）的研究分析了智利国内机构投资者的资产组合数据。研究者发现尽管智利有着有利的制度条件，资产管理者（共同基金和养老基金）仍显著倾向于短期期限结构的投资，它们资产组合中的大部分都是期限短于1年的。与之相对，保险公司的投资期限长得多，这提供了可能解释这些差异的线索（图0.8）。

图0.8　智利机构投资者的期限结构

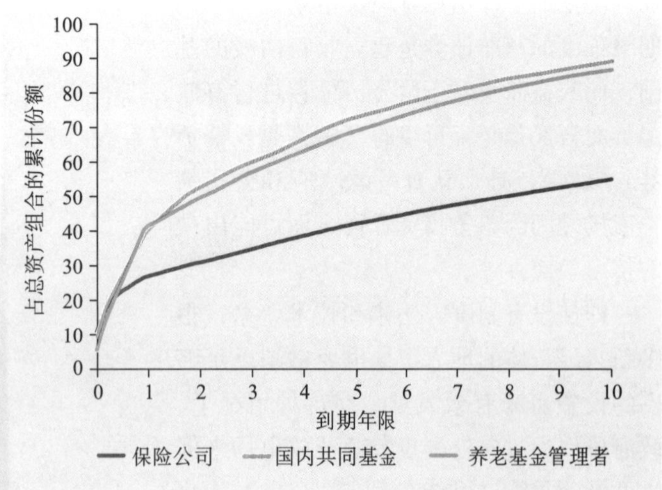

资料来源：Opazo，Raddatz，and Schmukler 2015。

智利共同基金及养老基金相对保险公司而言更短的投资期限似乎是委托代理问题的结果，这以问题扭曲了管理激励。在智利开放式基金（例如共同基金和养老基金）的例子中，经理人由背后的投资者和监管者以及资产管理公司进行短期监管。这种短期监管再加上可使用的金融工具的风险，对经理人产生了规避长期有利但短期表现可能不好的投资的激励（例如长期债券）。与之相反，保险公司不是开放式资金管理人，它收到的资金在短期内无法收回，属于长期债务，因为投资者在买保险时未来收益是一个固定值。所以保险公司不受制于类似的短期监管问题。

监管计划似乎是养老基金投资短期性的另一个因素。智利监管部门规定，每个养老基金需要保证的回报期限比之前的36个月更短。这种短期监督模式似乎促使经理人改变投资策略，最大限度地避免触及保证期。此外，由于这种监管门槛依赖于市场平均收益率，它可能产生从众激励，造成次优资产组合分配。因此，政府需要保证机构投资者在投资长期项目时能有相应的补偿及基准标准，以避免一些在智利观察到的短期现象。此外，限制基金投资长期金融工具的措施也应取消。

发展地方资本市场和机构投资者投资长期资产的困难在于没有快速的解决方案。发展市场是一个循序渐进的互动过程，取决于国家规模、市场发展阶段，需要做出巨大努力对制度进行改革。在越来越全球化的世界里，不是每个国家都需要或都能够在本国发展地方资本市场。

注释

1. 世界银行 2014；世界银行 2013c。更多这一领域的成果见 http：//www. g20. org/news/20130228/781245645. html。
2. 国际货币基金组织、世界银行、欧洲复兴开发银行和经合组织提供了特征性框架（IMF 2013b）。

第一章　关键信息

- 长期融资（这里定义为任何期限超过一年的融资）有很多方面有助于经济增长和共享繁荣。长期融资减少了企业的展期风险，使得它们能进行长期固定投资，有助于经济增长和增进居民福利。获得长期融资能使家庭在生命周期里平滑收入（例如通过投资住房或教育）并从自己储蓄的长期回报中获益。
- 企业和家庭数据显示发展中国家长期融资的使用有限，特别是在较为贫穷的家庭和较小的企业中更是如此。随着金融体系的发展，外部融资的期限也在延长。银行是长期融资的主要提供者，长期贷款在它们总贷款中的份额会随着国家收入的增加而增长。随着国家收入上升，经济体的资本市场及机构投资者变得更发达，可以支持长期融资。
- 长期融资的使用反映了长期限合约的供需双方情况，表明了资金使用者和提供者之间的风险分配情况。更多使用长期融资意味着出资人相对借款人承受了更大的风险。借贷双方的最优风险分担方案可能导致不同借贷双方之间、不同国家、不同时间具有不同的长期融资均衡水平。
- 当长期融资因市场失灵和政策扭曲而供给不足时，政府能够发挥促进作用。政府可以通过以下政策在不引起扭曲的情况下促进长期融资：维持宏观经济稳定性、降低通货膨胀、提升可能的投资机会；促进有良好进入退出机制的竞争性银行业发展，并以强大的监管体系作为支持；创造足以保护借贷双方权利的法律环境及合约环境；建立能限制信息不对称的金融基础设施；促进资本市场及机构投资者的发展。与之相反，通过直接贷款、补贴、国有银行等手段促进长期融资，由于政治俘获以及不良的公司治理实践，总体而言未曾成功。

第一章

概念框架、特征事实和政府的角色

发达的金融部门应该能提供一系列不同期限的融资以满足不同借款人的不同需求。根据环境不同，借款人可能更倾向于长期债务合约，而出资人也可能觉得提供这样的合约对自己有好处。本章首先确定概念框架，以便理解企业和家庭什么时候觉得使用长期融资有利，什么时候使用短期融资有利，什么时候以及为什么长期融资会变得难以获得且有可能需要政府采取行动。其后，本章将给出有关长期融资使用者及中介的基本客观事实，这些事实既包括发达国家也包括发展中国家，以此作为对报告其余部分的分析讨论的导引。最后，本章在非常宽泛的层面上讨论了政府在促进长期融资方面应扮演的角色。

理解长期融资使用的概念框架

资金使用者（企业、家庭及政府）可能更青睐长期融资，因为这使得它们能够减少展期风险和利率风险。展期风险是短期信用链断裂或改变的风险，利率风险是短期内利率变化的风险。这类风险会带来经济成本，因为投资项目和融资的期限不匹配可能会导致未成熟的长期项目提前清算，这是有社会成本的。这种不匹配也能使得有利可图的长期投资从一开始就不足。此外，学术文献提出，“短期效应”可以解释发展中国家和发达国家的一些著名金融危机（Eichengreen and Hausmann 1999；Rodrik and Velasco 2000；Tirole 2003；Borensztein and others 2005；Alfaro and Kanczuk 2009；Brunnermeier 2009；Jeanne 2009；Raddatz 2010；Broner，Lorenzoni，and Schmukler 2013）。

家庭选择长期融资的原因可能是因为这种融资能让它们平滑各时期的收入，并有利于它们进行房产投资这类投资，从而提高家庭福利。长期融资能便利房产投资这一事实非常重要，因为作为一种资产，住房能通过财富效应（住房的升值）对消费产生很大影响；这种财富效应超过了持有股票（Case，Quigley and Shiller 2013）。拥有住房还能给家庭提供担保物，这有助于降低借款限制，便利消费风险分担（Lustig and Van Nieuwerburgh 2004）。最后，住房提供了金融消费的担保，这会对需求产生潜在的集聚效应，也会让家庭更容易开展小规模商业活动，并鼓励个体经营（Adelino，Schoar and Severino 2013）。

在储蓄方面，长期投资使得家庭可以解决生命周期中面对的挑战，并保证经济增长带来的财务收益能够在全社会进行分享。家庭需要长期金融工具来面对离退休、教育、突发医疗事件、过早死亡、长寿等带来的挑战，同时一般性地平滑各时期的消费。此外，金融系统在各时期、各参与者之间有效分散风险的能力对于有效募集养老金、教育基金、医疗基金等而言也是至关重要的。

长期融资对于企业而言也很重要，因为它使得企业能进行对自身发展至关重要的投资。在没有长期融资的情况下，企业可能要依赖短期借贷，如果不能进行展期，则会导致企业放弃或削减有利可图的投资，影响自己的发展潜力（Almeida and others 2011）。

对于经济整体而言，长期融资通过降低宏观经济波动性促进更高的增长。因为长期投资需要更长的时间才能完成，因此它们的周期前收益相对较少，但有更高的流动性风险。在完善的金融市场里，长期投资是反周期的，因为它们的机会成本在衰退期更低（短期投资的收益和周期正相关）。但当企业面临展期风险时，固定投资就变成顺周期的，因为融资冲击更容易打断长期投资而不是短期投资。这会放大波动性，影响经济增长。因此，长期信贷收紧会在给定总投资率的情况下同时导致更高的总体波动性和更低的平均增长，这和跨国实证分析的结果是一致的（Aghion，Howitt，and Mayer 2005）。

长期融资对于基础设施项目而言也是至关重要的，基础设施的本质特点决定了其需要很多年才能完成，且需要巨大投资。而基础设施建设对长期经济增长、减少收入不平等等都具有显著的积极影响（专栏 1.1）。

可以用多种方式界定长期融资。一种常见的定义是任何期限超过一年的融资都属于长期融资。这种定义与国民账户对于固定投资的定义是一致的。与之相对，20国集团的定义是期限超过五年（G20 2013）。根据相关数据可获性，本报告会使用这两个定义之一去描述长期融资。此外，因为对长期融资的确切定义还没有一致意见，只要有可能，与其使用长期融资的某种确定定义，本报告更倾向于提供散布的数据，包含尽可能多的不同期限的融资，并尽可能进行比较。

长期融资也牵涉到很多机构及中介。银行贷款和债券市场在各种文献中经常被提及。在某种意义上，股票（公开或私募）也可以看作是一种长期融资形式，因为它作为一种金融工具是没有最终偿付期的。

长期融资不仅对借款人有好处，对出资人（经济中的储蓄者）及金融中介（银行和机构投资者）也有好处。储蓄者会签订长期融资合约是因为它比短期融资合约回报高，也因为这些合约的期限可能和他们的长期储蓄需求吻合。尽管不同的金融中介在融资结构上不同，一些机构可

专栏 1.1　基础设施在经济发展中的作用

大量理论和实证文献表明基础设施对于经济发展的重要性，这些文献最近由 Calderón 和 Servén（2014）加以总结。有些文献特别关注基础设施对总产出的水平或增长率的贡献。基础设施的溢出效应一般被认为包括基础设施资产存量以及基础设施服务对经济体总产出的影响，此外，基础设施也是对非基础设施投入（劳动及非基础设施资本）的补充（Arrow and Kurz 1970）。

在这种分析下，基础设施服务总量的增加不仅会直接提升产出，还会通过对其他投入的挤入效应间接提高产出，因为它能够提升其他投入的边际生产率。然而，在内生增长模型里，例如 Barro（1990），通过增税为公共基础设施融资若超过某一最优水平则会挤出其他投入，因此削弱对产出的挤入效应。生产支出的福利最大化水平能最大化经济的增长率，这种水平只有当政府生产性支出占 GDP 的比例等于相同情况下总产出的弹性时才能达到，这通常叫作巴罗规则。

除了作为一种投入形式对生产发挥潜在作用之外，基础设施还会作为总体全要素生产率的一个决定因素进入生产过程。例如 Bougheas，Demetriades 和 Mamuneas（2000）以及 Agénor（2013）提出，运输和通讯服务有利于创新及技术升级，这反过来会提高产出的增长率，降低生产新中介服务的固定投入成本。另一些文献关注基础设施对于其他投入积累的效应。例如，更好的运输网络可以降低新资本的安置费用（Turnovsky 1996）。与之类似，良好的电力设施能提高教育入学率，减少人力资本积累成本，因此也能促进增长（Agénor 2011）。

很多实证研究指出，基础设施对产出和生产率增长有影响（Calderón and Servén 2014）。例如，用物理方法衡量基础设施资产并利用跨国面板数据集的研究显示基础设施对于 GDP（或生产率）有很大贡献，如 Canning（1999），Calderón 和 Servén（2004）以及 Calderón、Moral-Benito 和 Servén（2015）。

除了对总收入的影响外，基础设施还能对收入不平等产生影响。特别是对穷人收入有比对总收入更大的影响，因为基础设施能便利穷人获得机会，提高他们的资产价值。它可以提高穷人的健康及受教育水平，因此提升他们的人力资本。实证上，一些研究调查了基础设施在总体层面的分配效应，度量了跨国面板数据中基础设施发展对基尼系数以及类似的不平等指标的作用，发现所有国家收入不平等程度都和各自的基础设施发展水平负相关（Calderón and Chong 2004；Calderón and Servén 2004，2010a，2010b；López 2004）。

因为基础设施既能提高收入水平又能减少收入不平等，它的发展对于减贫及促进共享繁荣而言具有重大潜在价值。因此，基础设施发展成为了世界银行的优先目标之一。为了支持基础设施项目，世界银行与一些世界上最大的资产管理机构及私募公司、养老及保险基金、商业银行、多国发展机构、捐助国等合作，设立了全球基础设施基金（GIF）。GIF 发起自 2014 年 10 月，是一个全球性开放平台，可以便利复杂基础设施建设的公私合作机制的准备与建构，动员私人部门和机构投资者的资本。尽管很多发展金融机构及其他实体（公私均有）已经提供了类似的项目支持，但这些支持常常是零散的，其合作大多取决于偶然性关系。GIF 的目的是更有系统地整合项目准备与建构支持，提供填补空白的资源，保证高质量、全面且提前的融资选择，这些融资选择有潜力吸引各种投资者。这一新创举的效果还有待时间来检验。

能会觉得投资长期项目更有利可图，理由和储蓄者类似。

融资提供者有时会更喜欢短期合约，以此来防止借贷中的道德风险和委托代理问题。短期限融资协议提高了出资人通过威胁限制未来融资来监督借款人的能力（Rajan 1992；Rey and Stiglitz 1993；Diamond and Rajan 2001）。特别是因为如果是短期债务，则借款人需要展期，出资人就有能力在借款人没有采取行动最大化融资收益可能性时削减融资。股票可能会减弱一些导致短期融资的监管问题，因为持股人，特别是私募投资者，能够比金融机构更直接地控制他们投资的企业的管理情况。

使用者在其他一些情况下也可能更喜欢短期融资。企业倾向于将自己的资产和负债的期限匹配起来，因此，投资的回报越快，最优的支付结构期限就越短（Hart and Moore 1995）。因此，长期债务通常被用来购买固定资产、设备等。另一方面，短期债务倾向于被用来投资生产资本，如支付工资、购买消耗品以及弥补季节性账目不平衡。此外，估计未来可能改善财政状况的企业或家庭可能更喜欢短期融资，而不是被无法反映中长期前景的长期合约锁住。例如，研究显示高负债率的企业会更倾向于短期融资，因为这使得它们在好消息出现的时候能按自己的债务期限再融资（Diamond 1991）。家庭和企业更喜欢短期融资的原因还可能是因为可获得的投资计划有类似的短期回报，或者长期融资的成本过高。

本质上而言，使用长期融资是融资供需双方的一种风险分担问题，这样更有助于我们加以理解。长期融资将风险转移给提供者，因为他们必须承担可能的违约风险以及损失，同时还有其他金融市场条件变化带来的风险，例如利率风险。自然，出资人需要额外的对这类融资潜在的更高风险的补偿，其额度取决于他们的风险偏好。与之相对，短期融资将风险转移给使用者，因为它强迫借款人不断为融资展期。

因此，长期融资可能并不总是经济整体的最优选择。借贷双方会决定如何在不同期限分担融资风险，这取决于他们的需求。真正和融资安排的经济效率有关的是，在给定经济风险和经济体波动性的情况下，借款人能否有机会使用能和自己投资机会的期限相匹配的融资工具（长期融资可能提供部分保险机制）。与此同时，储蓄者可能需要为自己额外承担的风险获得补偿。由于这个原因，理解长短期融资分配之间的经济差异仍很重要，因为每一种融资方式都有自己的前因后果，这可能对政策制定者而言具有不同的意义（专栏1.2）。

因为信息不对称及其他市场失灵问题，均衡时的融资量可能比理想状况下借贷双方希望进行的长期融资额低。因为发展长期融资意味着出资人要承担更大风险，Stiglitz 和 Weiss（1981）指出信贷市场上可能出现配给现象。尤其是信息不对称可能阻碍出资人获知借款人真正的偿还能力和偿还意愿，因此出资人不愿意提供所需的全部长期融资。

协和谬误是另一种可能缩短信贷期限的市场失灵。当合约没有很好地履行且出资人不能加以协作时，他们就会缩短期限以保护自己（Bolton and Jeanne 2009；Brunnermeier and Oehmke 2013）。这种情

专栏 1.2　理解长期融资使用的概念框架

使用长期融资是均衡的结果，反映了长期限融资合约的*供给*和*需求*。它包括风险如何在供需双方或其中介之间分配的交易过程。市场失灵和政策扭曲会影响长期融资供需双方的互动。因此，根据情景不同，有时短期融资可能更受青睐，有时长期融资更受青睐，既可能有供给，也可能会有匮乏。

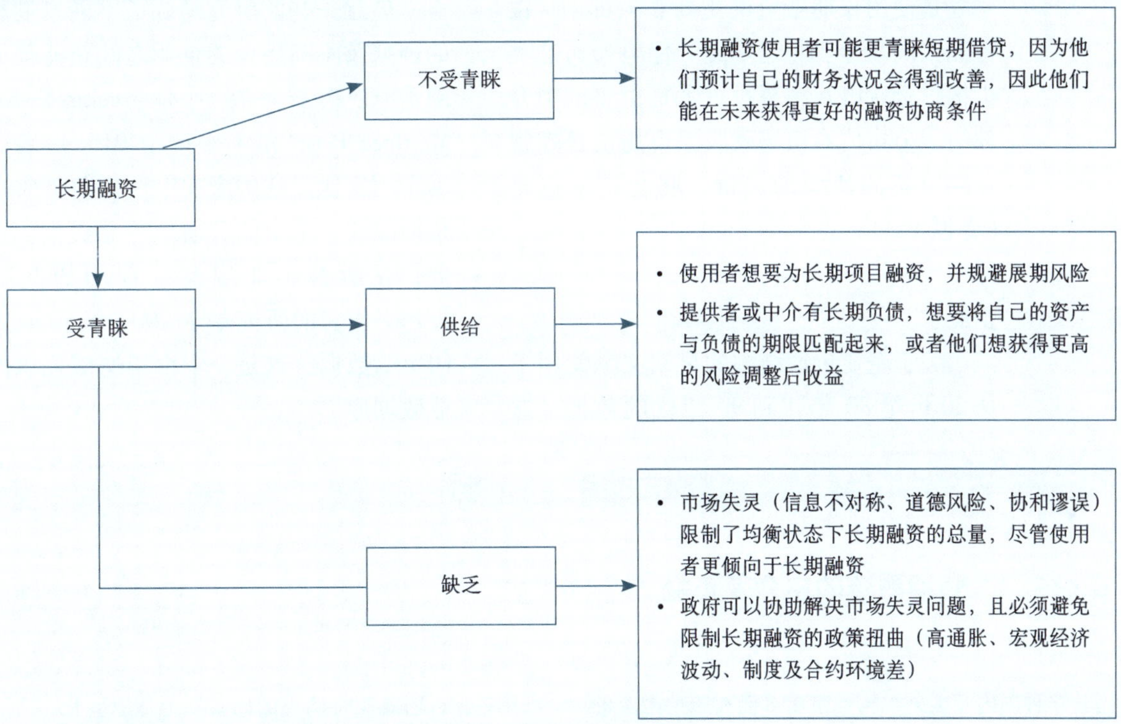

况可能会触发“期限竞速”，此时出资人们竞相缩短合约期限以保护自己的利益，最后缩短了均衡情况下的平均合约期限。

激励问题也能引发融资向短期倾斜。即使在金融业完备的经济体中，金融中介的制度和管理激励也会导致长期融资不足。Opazo、Raddatz 和 Schmukler（2015）研究了智利机构投资者，发现共同基金和养老基金更倾向于投资短期项目，而这些基金是在管理个人的长期资产，似乎本应有相当长的投资期限。这种对短期投资的偏好似乎不是由供给面的因素驱动的，也不是因为缺乏长期工具，而是对资金管理人短期业绩的评价体系导致的。这一发现印证了仅有金融市场的发展及机构投资者的扩张是不足以支持长期市场发展的。

关于长期融资使用者及提供者的一些特征事实

我们可以通过从使用者、中介及交易发生的市场的视角观察数据的方式来分析长期融资的使用及可获性。企业和家庭是使用长期融资的主要私人部门。[1]银行和共同基金、养老基金、保险公司这类机构投资者以及私募投资者是主要的中介部门。公司债券市场及股票市场也是理解长期融资的使用的关键，联合贷款也是（专栏 1.3）。

企业

关于企业负债结构的早期文献使用了从 20 世纪 80 年代到 90 年代的数据，这些文献表明发展中国家企业债务期限比发达经济体短（Demirgüç-Kunt and Maksimovic 1999；Booth and others 2001）。此外，在发展中国家，企业负债率较低（总负债与总资产的比）。由于外部股权融资比债权融资更难，这一结果表明发展中国家为投资融资时对外部长期融资的依赖一般而言要更低。

更近一些的研究确认了不同发展程度的国家及不同规模的企业之间企业债务期限存在差异。特别是 Demirgüç-Kunt、Martínez Pería 和 Tressel（2015a）表明发展中国家比发达国家的中位长期负债（剩余期限长于 1 年的负债）与总负债的比例低，在所有企业规模组别均如此（图 1.1）。[2]作者的研究基于 2004 年至 2011 年 ORBIS 数据，这是一个由毕迪威提供的商业数据库。

专栏 1.3 长期融资的中介及市场

多种国内及国外机构、市场可能在长期融资的提供中发挥作用。以下的分类基于世界银行的早期工作成果，包括拉丁美洲的及加勒比海地区（de la Torre, Ize, and Schmukler 2012）、非洲地区（Beck and others 2011）、中东及北非地区（World Bank 2011）的区域性报告。

商业银行和非银行中介。商业银行在向实体经济提供长期融资的过程中可以发挥关键作用。通过集中储蓄，银行可以进行期限错配，既能提供长期服务，也能向储户提供满足特异需求的流动性金融工具。银行在监督生产项目上有比较优势，能有效利用贷款，因此能将储户的储蓄期限加以转化，为无流动性投资融资（Diamond 1984）。然而，过于依赖短期储蓄的银行可能缩短自己的贷款组合期限，以减少展期风险（Paligovora and Santos 2014）。

债券市场。公司债券市场提供了除银行外的融资渠道，对大型企业及超过银行系统能力范围的大型融资需求而言可能格外有用，或是在强大机构投资环境能缓解信息不对称及委托代理问题时也会更有效果。发达的债券市场也能通过证券化、将长期资产与债务匹配、加强竞争等途径增强银行融资的效率。

专栏 1.3　长期融资的中介及市场（续）

股票市场。发达且具流动性的股票市场能通过股票价格、承销、佣金以及其他活动传达各种信息，并与企业更高的借款能力相关（Demirgüç-Kunt and Maksimovic 1998）。更一般地，股票市场可以通过价格信号、信息传达、收购活动等更有效地按市场规律分配资源。

机构投资者。人寿保险公司、养老金、留本基金（例如主权财富基金）以及共同基金等基本都是金融系统内长期融资的合适提供者和中介。较长的投资期望可以使得这些投资者利用长期风险和非流动性带来的额外补偿，尤其是养老基金、主权财富基金和保险公司更是如此，而且相对银行它们更少受到流动性影响。然而，一些机构投资者受制于短期绩效评估，因此倾向于投资短期项目。

对冲基金、风险投资基金、私募基金。这些高风险低流动性的基金目标更高，也更为复杂。它们在刚刚兴起的市场出现，例如巴西，通常由离岸基金的参与并支配。这类基金受到的监管通常很少。由于缺乏数据，它们投资于长期资产的量有多少很难确定。它们的量和业绩可能对不同国家的风险及治理情况特别敏感，因为它们通常流动性很低而且项目融资常有特异之处。私募股权已经成为很多发展中国家金融业一个正在发展的部分，特别是对于长期融资而言更是如此。金融危机之后，私募在撒哈拉以南的非洲及拉丁美洲的复兴势头尤为强劲。

国际资本市场。当国内储蓄不足时，国家会转向国际资本市场去寻求长期融资。外国直接投资、银行贷款、组合投资等从发达经济体流出（这些经济体的长期融资更充足），流向发展中国家，在有适当的制度及政策环境的时候后者收益更可观。特别是发达经济体的私募基金更愿意投资新兴市场。为项目融资的国际联合贷款一直被发达经济体的银行垄断，特别是欧洲国家的银行。数十年以来，新兴市场和其他发展中国家一直向发达经济体的银行举债，或是通过外币国际债券市场融资。外国投资者在国内资本市场上正逐渐增加，但它们对贷款期限的影响目前还缺乏数据，而近期的危机则凸显了降低融资成本和外部风险之间的利弊权衡，这会导致外国长期融资的可获性发生波动。

国有金融中介。关于国家干涉金融业是否合理的争论通常集中于市场失灵和外部性（World Bank 2013a）。直接国家干预通常是为了弥补市场不完美，这种不完美会使有社会性收益的长期投资融资不足。国有金融机构，特别是发展银行，在近些年里重新成为公众热议的焦点，这部分是因为它们在全球金融危机中扮演的角色。政策制定者们关注长期融资可获性未能获得显著提高的问题，因此在讨论发展银行的有效性，但不良制度环境下弱治理及政治动员的借款产生的分配不良及效率损失已经是人所共知的事实了。

银行是固定投资的主要外部融资来源，通常这类投资倾向于长期。2006 至 2014 年的世界银行企业调查数据显示企业平均为自己投资的 50% 甚至更多向银行贷款（图 1.2）。低收入和中低收入国家的小企业是例外。这类企业固定投资中仅有 42% 为银行融资，非正式渠道和家庭成员融资占这类企业固定投资的 24%，是这类企业和其他企业的最大区别所在。

图 1.1 企业中位长期负债与总负债的比，按国家收入组别和企业规模列示，2004—2011 年

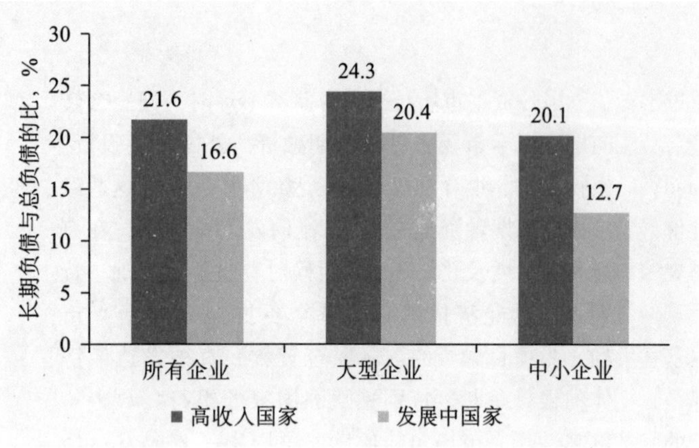

资料来源：Demirgüç-Kunt，Martínez Pería，Tressel 2015a.

家庭

房产融资是家庭最重要的长期融资。住房是大多数个人一生中最大的资产。抵押贷款允许家庭在多年之间分散购房成本，同时能立即享受到住房。

抵押市场的发展在各国之间差异很大。抵押深度这一指标是抵押负债与 GDP 的比。Badev 等人（2014）发现尽管高收入国家的抵押深度平均接近 40%，但在中高收入国家仅为 7%，在中低收入和低收入国家为 3%（图 1.3）。中位值比均值略低，但基本模式相同。

调查数据表明世界各国只有少量个人有住房贷款，但组别之间差异明显。个人层面的 Global Findex 数据显示各国平均只有 8% 的成年人报告称有住房贷款（正式或非正式）用以购买住房（图 1.4）。国家组别间及不同国家组别内部的收入组别比较会发现差异显著。高收入经济体中有住房贷款的个人比例平均为 21%，但发展中国家仅为 3%。在每个国家组别中，收入居前 60% 的个人有住房贷款的比例约为收入居后 40% 个人的 1.5 到 2 倍。

图 1.2 固定资产投资的外部融资来源，按国家收入组别和企业规模列示，2006—2014 年

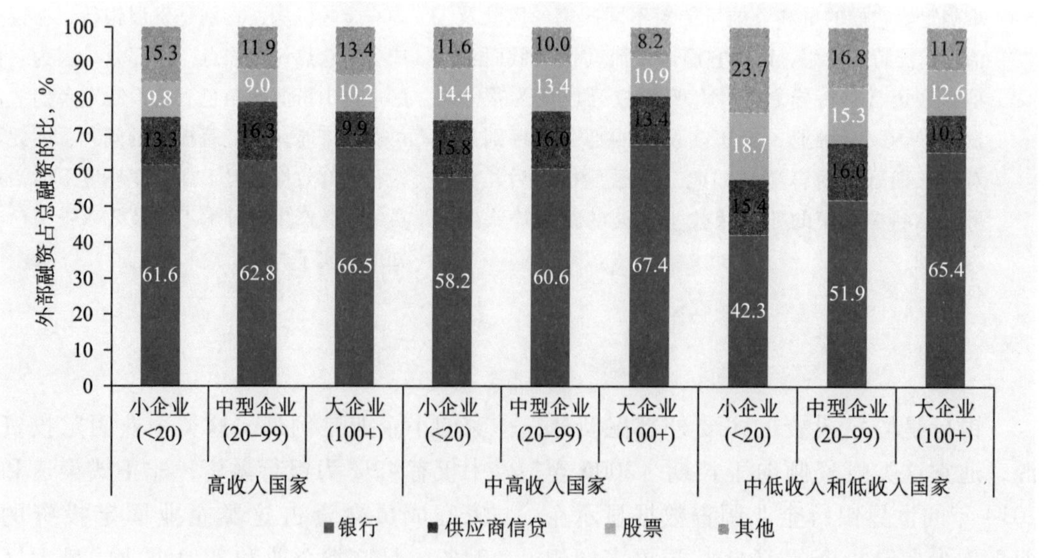

资料来源：企业调查（数据库），国际货币基金组织，华盛顿，http：//www.enterprisesurveys.org。

家庭长期融资的可获性有助于人力资本的积累。家庭对于期限超过 1 年的贷款的第二大用途就是教育。教育贷款有助于投资人力资本，特别是在投资人力资本没有政府补贴且会对家庭造成明显财政负担时更是如此，因为这时人力资本的投资回报只有经过相当长的延迟才能获得。

发展中国家使用长期融资投资教育的比例很低，且只有在收入较高的个人中才较为普及。根据 Global Findex 的数据，只有 5.4% 的中等及低收入国家的个人能获得助学贷款。[3]

图 1.3　流通在外的抵押贷款，按收入组别列示，1980—2011 年

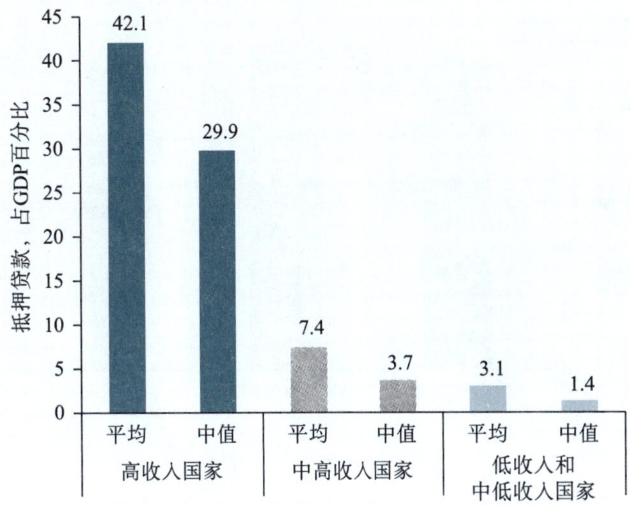

资料来源：世界发展指标（数据库），世界银行，华盛顿，http：//data. worldbank. org/data-catalog/world-development-indicators；Badev and others 2014。

银行

银行是最重要的长期融资提供者，来自银行的长期融资对家庭及小企业而言尤其重要。通过集中储蓄，银行可以将短期存款转化为长期贷款，银行承受流动性风险（通过将自己的资产和负债进行期限错配），并为长期项目提供非流动性融资（Diamond and Dybvig 1983）。银行这种中介功能能发挥到什么程度取决于银行评估

图 1.4　有抵押贷款的人口比例，按收入组别和国家收入组别列示，2011 年

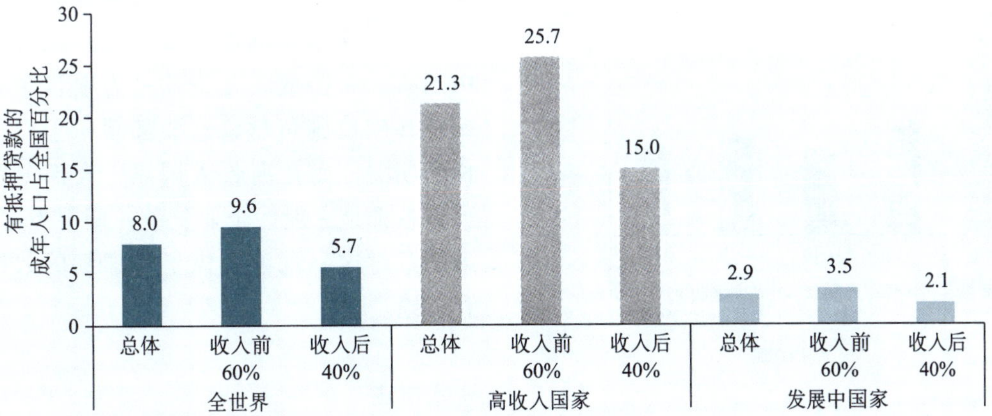

资料来源：全球金融数据库（Global Findex），世界银行，华盛顿，http：//www. worldbank. org/globalfindex；世界发展指标（数据库），世界银行，华盛顿，http：//data. worldbank. org/data-catalog/world-development-indicators。

图 1.5 银行贷款的期限结构，按国家收入组别列示，2000—2013 年

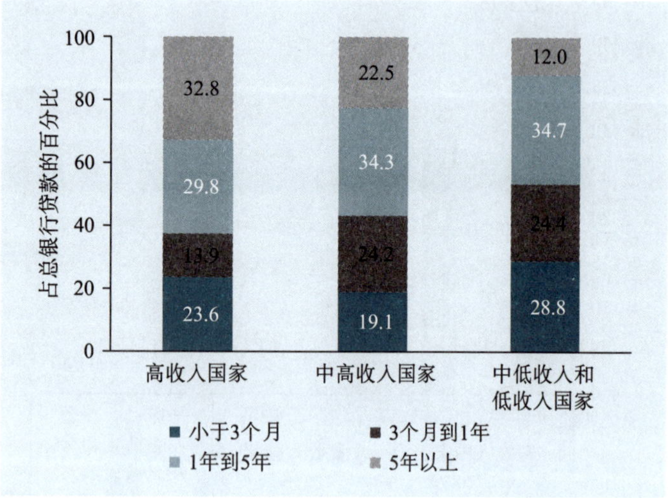

资料来源：银行展望（数据库），毕迪威，布鲁塞尔，http：//www.bvdinfo.com/en-gb/products/company-information/international/bank-scope。

图 1.6 联合贷款年保证额及平均期限，按国家收入组别列示

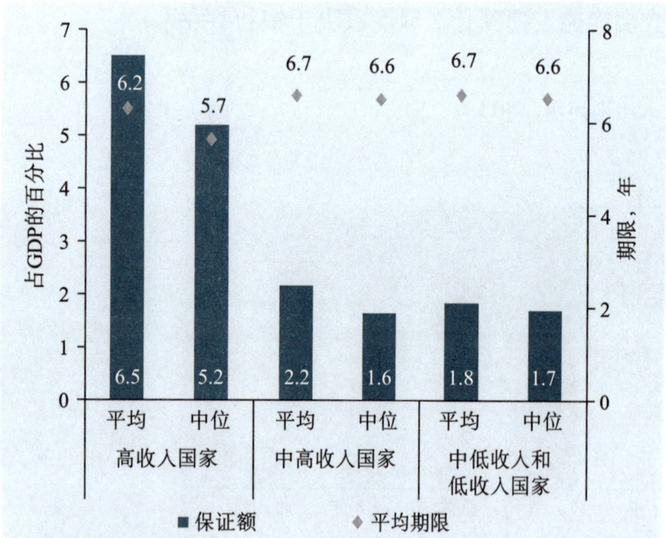

资料来源：世界发展指标（数据库），世界银行，华盛顿，http：//data.worldbank.org/data-catalog/world-development-indicators。SDC Platinum（数据库），Thomson Reuters，纽约，http：//thomsonreuters.com/en/prod-ucts-services/fi nancial/investment-banking-and-advisory/sdc-platinum.html。

风险以筛选潜在借款人及发放贷款后监督借款人的能力。

更富裕国家里，超过 5 年期的银行贷款平均比例更高。银行展望这一由毕迪威提供的商业数据库显示，高收入国家超过 5 年的银行贷款比例平均为 33%，中高收入国家为 23%，低收入和中低收入国家仅为 12%（图 1.5）。与此同时，1 到 5 年之间的贷款比在不同收入组别之间则较为接近，高收入经济体约为 30%，发展中国家约为 35%。

联合贷款

联合贷款占 GDP 的比在高收入国家比在发展中国家高很多，高收入国家平均联合贷款占 GDP 的比为 6.5%，中位值为 5.2%（图 1.6）。与之相对，在中等及低收入国家，平均值和中值都接近 2%。

高收入国家联合贷款期限比发展中国家短。高收入国家的平均联合贷款期限和中值都接近 6 年，中等及低收入国家则接近 7 年（图 1.6）。贷款类别的不同是造成期限不同的主要原因。在发展中国家，大多数联合贷款是为项目融资或是基础设施贷款，这些都倾向于有更长的期限，而在高收入国家，大部分联合贷款都是一般性企业贷款，期限更短。第三章对这一现象提供了更详细的数据和讨论。

资本市场

资本市场由债券市场和股票市场组成，是企业长期融资的另一个潜在来源。这类市场在高收入国家明显更发达。从 2000 年到 2011 年，这类市场的总市值达

到了高收入国家 GDP 的约 203%，在中高收入国家为 98%，低收入国家为 62%（图 1.7）。中值更低（特别是在高收入国家），这体现了每个收入组别中异常值的影响，但主要情况仍相同——资本市场市值与收入正相关。

资本市场的结构在高收入国家和发展中国家之间差异很大。在高收入经济体，股票市场一般是占支配地位的，其次是私有债券市场。平均而言，这两个市场达 GDP 的 157%：股票市场约为 81%，私有债券市场约为 76%。在发展中经济体里，股票市场也很重要，但第二重要的不是私有债券市场而是公债市场。平均起来，中高收入国家股票市场市值达 GDP 的 43%，公债市场达 38%。与之相对，私有债券市场平均为 17%。在两个低收入组别里，私有债券市场极小，仅为 3%。

公司债券的期限与国家收入之间的关系尚不明确。尽管高收入国家的公司债券中位期限和平均期限都长于中低收入和低收入国家，但中高收入国家的期限却是最高的（图 1.8）。这些国家的平均期限是 7.6 年，中值为 8 年。导致高收入国家期限短的原因之一是金融公司发行的债券比例高，这些债券期限较短。第三章对这一现象提供了更详细的数据和讨论。

机构投资者

机构投资者通常被认为是具有潜在长期性的重要融资来源。然而，在 2000—2011 年间，它们在发展中经济体的参与度仍然很低。机构投资者（养老基金、共同基金、保险公司）的累计资产在高收入经济体平均达到了 GDP 的 99%，三类机构投资者比例大致相当（图 1.9）。与之

图 1.7　资本市场规模，按国家收入组别列示，2000—2011 年

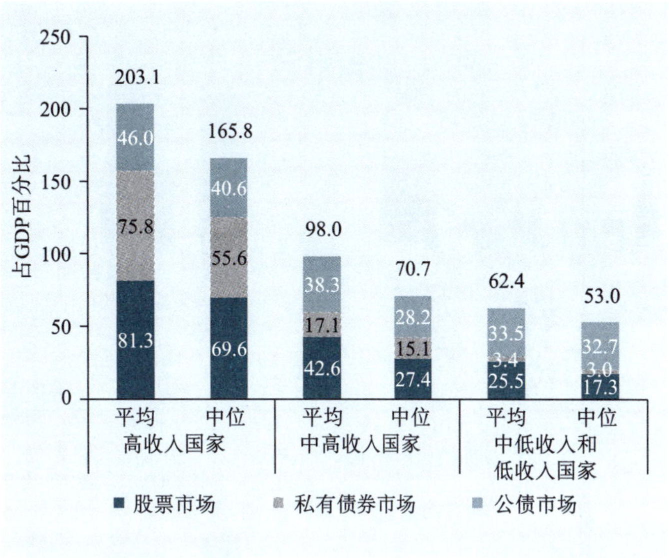

资料来源：世界发展指标（数据库），世界银行，华盛顿，http：//data. worldbank. org/data-catalog/world-development-indicators。全球金融发展数据库，世界银行，华盛顿，http：//data. worldbank. org/data-catalog/global-fi nancial-development。

图 1.8　公司债券期限，按国家收入组别列示，2000—2013 年

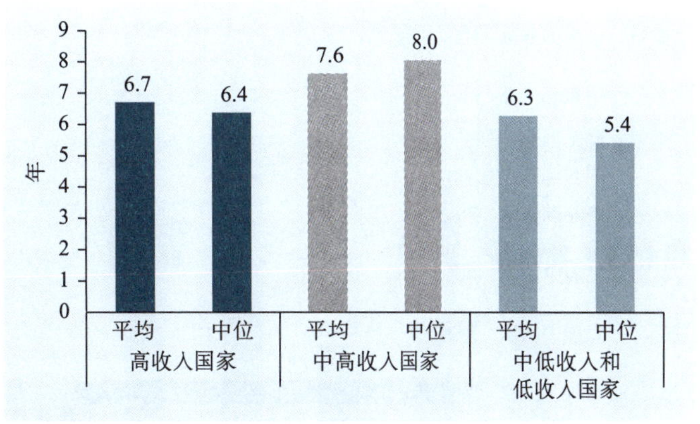

资料来源：世界发展指标（数据库），世界银行，华盛顿，http：//data. worldbank. org/data-catalog/world-development-indicators。SDC Platinum（数据库），Thomson Reuters，纽约，http：//thomsonreuters. com/en/products-services/fi nancial/investment-banking-and-advisory/sdc-platinum. html。

图 1.9 机构投资者资产，按国家收入组别列示，2000—2011 年

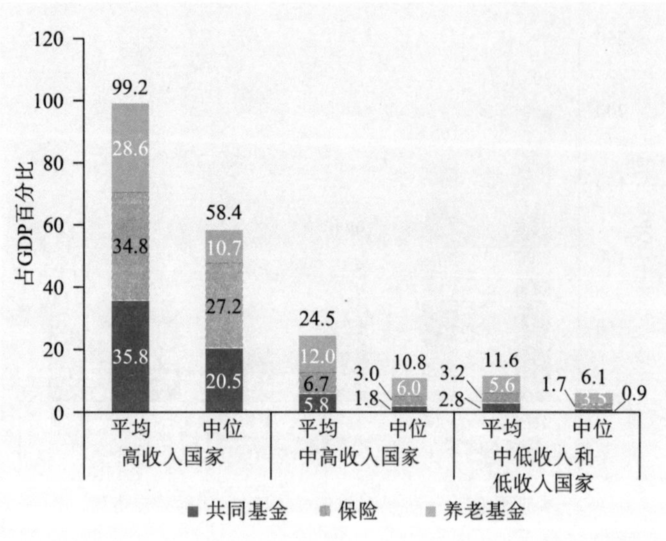

资料来源：世界发展指标（数据库），世界银行，华盛顿，http：//data. worldbank. org/data-catalog/world-development-indicators。全球金融发展数据库，世界银行，华盛顿，http：//data. worldbank. org/data-catalog/global-fi nancial-development。

图 1.10 私募股权，按国家收入组别列示，2008—2013 年均值

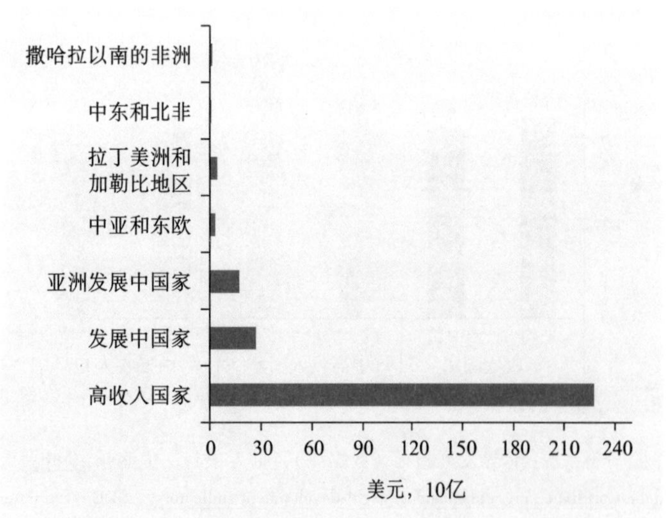

资料来源：FundLink（数据库），新兴市场私募协会，华盛顿，http：//empea. org/research/data-and-statistics/fundlink。

相对，中高收入国家这些机构的资产平均只达 GDP 的 25%，其中养老基金占支配性地位。在较低收入的国家，这类资产占 GDP 的比甚至更低，平均接近 12%，其中养老基金接近一半。中位值在所有收入组别都显著地低，这表明每个收入组别中机构投资者的重要性都有一点异质性。特别是两个发展中国家组别更是如此，它们的中值只是接近甚至不到均值的一半。

尽管私募股权被视为长期融资的可靠来源，但在发展中国家它仍可忽略不计，只集中在极少的企业。新兴市场私募协会（EMPEA）收集的 2008—2013 年统计数据显示，尽管高收入国家私募融资平均达到了 2300 亿美元，但在发展中国家却仅为平均 300 亿美元，仅占全球私募股权融资总额的 10%（图 1.10）。此外，私募股权融资的重要性在发展中国家之间很不平衡，亚洲发展中国家私募融资平均为 170 亿美元，比私募融资第二高的拉丁美洲还高四倍。

政府在促进长期融资时的作用

当市场失灵限制了融资市场发挥作用时，政府有充分的理由进行干预以促进长期融资。正如前文讨论的，这些市场失灵可能因信息不对称、协和谬误、激励问题等引起。

政府降低信息不对称的政策对于提升长期融资可获性而言很有用。征信所和其他在金融中介间分享信息的机构能总体性地提高金融服务的可获性，特别是长期融资。利用 1990 年到 2005 年 74 个国家国内银行向私人部门贷款期限的数据，Tasić

和 Valev（2008）发现征信所或注册机构的存在与更长贷款期限相关。这一结果得到了 Martínez Pería 和 Singh（2014）更有力的证实，他们对 2002—2011 年间 60 个国家 6 万多个企业进行了公司层面的多年期调查。结果发现在引入征信所之后，企业贷款期限延长了。

政府的另一个重要功能是避免引起政治或宏观经济环境不稳定的政策扭曲，这些扭曲会减少经济中使用的长期融资总量。稳定的政治和宏观经济环境是长期融资繁荣发展的必要条件，因为它标志着经济机构能够预测与融资相关的风险和收益。如果政治风险很大，或者宏观经济环境不稳定，市场就不会在合理的补偿金下提供长期融资。相应地，通常金额较小的短期融资将成为外部融资的最主要形式（Caprio and Demirgüç-Kunt 1998）。与此同时，潜在的借款人不愿意为自己的未来投资，长期融资的需求也减少。实证研究确认，政治和宏观经济的不稳定（特别是高通货膨胀）是长期融资及私人投资匮乏的最主要原因。Demirgüç-Kunt 和 Maksimovic（1999）表明通货膨胀和长期贷款的使用负相关。Kpodar 和 Gbenyo（2010）发现部分西非经济货币联盟中长期贷款与总贷款的比在那些通货膨胀率较低、政治制度较稳定的国家里较高。Qian 和 Strahan（2007）以及 Bae 和 Goyal（2009）发现国家风险提高与贷款期限变短相关。Tasić 和 Valev（2008）也通过 74 个国家的调查发现通货膨胀对国内银行向私有部门的贷款期限有负面影响。Tasić 和 Valev（2010）利用转型经济体作为样本，通过面板数据发现了类似的结果。

不只是现有的通货膨胀水平，即使是历史的通货膨胀也会对债务期限造成负面影响。利用 1980—2002 年 19 个新兴市场国家政府债务的数据，Jeanne 和 Guscina（2006）发现债务期限结构有显著跨国差异，长期债务少的国家正是那些历史上通货膨胀率高的国家（即在上一个十年里通货膨胀率超过 100%）。高通货膨胀的历史通常被用来解释巴西的短期负债及投资，尽管这个国家采取了很多改革措施发展长期融资，但效果并不理想（Park 2012）。

为了确保包括长期融资在内的充足融资供给，政府需要建立强有力的法律及制度框架。[4]当一国的合约制度只能对出资人提供很弱的违约保护时，出资人就倾向于依靠短期贷款协议，这使得他们能够较为容易地通过在对方违约时未来撤资来规范借款人行为。与这一预测相一致的是 Warnock 和 Warnock（2008）的研究，他们发现对合法权利保护较好的国家住房融资系统深度更大。利用 1991 年到 2006 年之间 39 个国家企业层面的数据，Fan，Titman 和 Twite（2012）发现法律环境弱的国家的企业更多使用短期贷款。Qian 和 Strahan（2007）发现投资者权利与贷款期限正相关。

良好的担保法律框架对于提升长期融资的可获性而言也是有用的。长期融资协议缺乏短期协议的那种对借款人约束的效应，因此需要资产抵押以缓解道德风险。证据表明对于为固定资产融资（通常是长期）而言，担保要求过于严苛，缺乏担保物通常是固定资产投资融资的一个限制因素（Beck，Demirgüç-Kunt，and Maksimovic 2005）。De Haas，Ferreira 和 Taci（2010）利用转型经济体的数据发现，有合法担保环境的银行倾向于关注抵押贷款。抵押登记改革也会对固定资产融资及这类贷款的期限产生重要影响（Love，Martínez Pería，and Singh，即将出版）。进一步的证据显示担保要求在腐败及物权保护弱的环境中甚至更为重要，这表明降低担保成本的改革会对更弱的制度环境产生更强的影响（Qian and Strahan 2007）。[5]

要促进长期融资，强的合约执行能力也是必要的。在合约执行不力的情况下，投资人会避免长期借贷，依赖短期借贷来规范并确保借款人履约。Bae 和 Goyal（2009）以及 Fan、Titman 和 Twite（2012）分别利用贷款数据及企业层面的数据发现合约执行力强与贷款期限相关。事实上 Bae 和 Goyal 发现合约执行力比出资人权利与信贷期限的相关性更强，也更有一致性。

政府也可以通过确保融资市场的竞争性来影响长期融资的供给。政府可以通过各种政策对长期融资的供给起到重要作用，例如将进入壁垒最小化、确保行业平台公正、通过允许其他也能提供长期融资的中介（租赁公司、私募投资者、风险投资）运行促进银行业竞争等。因此，强大的在现有和潜在长期融资提供者之间促进竞争的监管框架对长期融资的发展能起到重要作用。

能够提高公司治理及提升会计标准的政策法规也可以支持长期融资市场的发展。在很多发展中国家，来自政治和宏观经济风险方面的投资约束与公司层面的透明度不足混合在一起，这种不透明是由于企业治理不良或会计准则问题引起的。缺乏透明度导致很难进行可靠的风险评估，特别是对于长期而言更是如此，这降低了长期融资的可获性。已有的研究一致发现企业治理与长期融资可获性之间存在正相关。[6]

通过提供便利有效资本市场发展的法律法规框架，政府也能扶植长期融资。运转良好的资本市场能累积信息，降低市场参与者之间的信息不对称性，便利长期融资（Demirgüç-Kunt and Maksimovic 2002）。政府可以用多种政策支持资本市场深度及流动性的发展。例如，De la Torre、Gozzi 和 Schmukler（2007）研究了新兴市场国家股票市场发展改革的影响，即股票市场自由化、加强内部交易法、引入电子交易系统、私有化、制度改革。作者发现这些政府干预措施与国内股票市场市值增加及交易量上升显著相关。

政府可以通过发展主权债券市场直接影响国内公司债券市场的发展。特别是健全的主权债券管理加上定期发布不同期限的基准债券是建立收益曲线的核心，这对为公司债券有效定价而言很有用（特别是长期债券）。然而，必须考虑到政府和公司债券市场之间通过竞争投资者资金而造成的挤出效应（Friedman 1986）。例如 Graham、Leary 和 Roberts（即将出版）发现政府借款和公司债发行之间负相关，这和影响公司债需求曲线的挤出效应一致。政府还可以通过支持机构投资者发展的政策促进长期融资；这些政策包括设置正确的激励措施，去除对于投资组合分配的限制，以便投资者进行长期投资。机构投资者能够在长期融资市场的发展中发挥重要作用。他们有可能能更好地动员资产、分散风险、克服那些妨碍其他市场参与者投资长期项目的交易成本和信息问题（Caprio and Demirgüç-Kunt 1998；Corbo and Schmidt-Hebbel 2003；Borensztein and others 2008；Eichengreen 2009）。然而，要投资长期项目，投资者必须有足够的激励。特别是政府需要保证有足够的补偿及实践标准，同时避免机构投资者陷入短期化现象，这在一些案例中已经出现了（例如智利养老基金。Opazo，Raddatz，and Schmukler 2015）。对投资长期金融工具的限制必须去除。

关于政府直接提供长期融资的效果的例证通常不乐观。[7] 这些例证表明国有银行的贷款通常与政治俘获及资源分配不当相关。[8] 特别是跨国研究显示，政府拥有银行越多、参与度越高，金融发展水平就倾向于越低，同时这也与更多的政治动员性借贷、更低的银行覆盖面、更多的中介活动、更强的金融不稳定性、更慢的经济增长相关（Barth，Caprio，and Levine 2001，2004；Caprio and Martínez Pería 2002；La Porta，Lópezde-Silanes，and Shleifer 2002；Dinç 2005；Micco，Panizza，and Yañez 2007）。此外，对发展中国家甚至一些发达国家的政府所有的银行的详细案例研究提供了更坚实的证据，显示政府银行贷款会受到政治操纵，只在极其稀少的几个例子中出现了受限借款人情况的改善（例如 Sapienza 2004 研究了意大利；Khwaja and Mian 2005，巴基斯坦；Cole 2009a，2009b，印度；Carvalho 2014，巴西）。

当政府所有的银行参与提供长期融资时，必须明确限定它们的权限，在理想的情况下，还不应该与私有部门能提供的功能重复。为了保证政府所有的金融机构的参与是为了解决市场扭曲而非带来市场扭曲，这些参与的目的、范围和时间限度都要明确界定（Rudolph 2009）。在实践中，公共部门应该只在市场失灵很明显且私有部门没法解决的时候才进行干预。此外，政府所有的银行应限制干预期限。例如，限制公共贷款项目时间期限的“日落条款”可以防止这类干预逾越其应有的界限而变成更长期的市场扭曲的根源。专栏 1.4 提供了关于两种发展银行业方法的讨论。

为了减少政治干涉，政府所有的银行的治理及风险管理框架必须特别优良。强大的框架需要很多前提，例如 Scott（2007）提到的。第一，必须有一个政府部门明确代表股东并向股东负责；第二，董事会成员必须定期通过透明的方式任命，他们必须像在上市公司里那样为自己的行为负责；第三，银行的高级管理人员必须有资质，且向董事会负责。

政府可以通过贷款担保来分担风险，延长期限结构。政府支持的担保计划通常意在鼓励向特定部门进行贷款（例如中小企业），因此可以使得更多的高风险借款人得到贷款并延长期限结构（专栏 1.5）。然而，实际上这类计划能不能带来额外的借贷尚不清楚，它们可能会扭曲借贷双方的激励，增加违约比例，导致大规模损失。要想对这些计划进行最优的设计和管理，对于那些难以建立良好治理的制度薄弱的国家来说是很难的。通过挤入效应与私有部门合作投资高社会回报项目的催化性投资可以通过公私合作（public-private partnerships，PPPs）的方式建构起来。这能够提升激励环境，降低公共支出对私人投资的挤出风险。

公私合作是另一个公共组织在不扭曲市场激励的前提下促进长期融资供给的范

专栏 1.4 发展银行和长期贷款：两种方法

巴西国家经济社会发展银行（BNDES）和哥伦比亚国家发展公司（FDN）代表了两种十分不同的通过政府所有的金融机构促进长期融资的方式。

巴西的发展银行 BNDES 历史上曾经通过直接贷款在提供长期融资方面发挥着十分重要的作用。这种发展方式有优点也有缺点。一方面，BNDES 直接贷款计划的规模使得银行能在私有信贷无法获得时作为提供长期融资的替代品。例如，BNDES 曾在物理学和社会基础设施方面投入大量资金，这类项目的社会收益可能无法完全由私人投资者内化。因为政府所有的银行不像私有出资人一样面对赎回风险，所以有人认为这类银行十分适合在经济危机时期提供反周期融资。

一些证据显示 BNDES 的直接贷款在最近的全球金融危机中对巴西信贷市场起到了稳定作用（Coleman and Feler 2015）。由于巴西及其他国家的私有银行的合约信贷期限受到了金融危机的波及，巴西利用包括 BNDES 在内的国有银行扮演了反周期角色。在 2008 年 9 月到 2009 年之间，巴西政府所有的银行的信贷额从 GDP 的 13% 上升至 18%。由于政府的大量注资（2009 年 1000 亿巴西雷亚尔），BNDES 得以在很高的利率折扣下扩展特别信贷，并增加贷款，从 2008 年第四季度的 1600 亿巴西雷亚尔（2005 年价格）上升到 2009 年第四季度的 2770 亿巴西雷亚尔。长期贷款的利率被设定为 6%，这比市场水平低 7.5 个百分点（Lazzarini and others 2015）。

另一方面，BNDES 贷款的暴涨（尽管补偿了私有信贷的不足，并补偿了危机期间贷款期限缩短的影响）可能付出了在更长期引起显著市场扭曲的代价。目前可以获得的证据显示巴西政府所有的银行在非危机时期的贷款已经出现相当强的政治扭曲，资金被投向了那些面对竞争的政治既得利益者手里（Carvalho 2014），或者是投向了做出政治献金的企业（Claessens, Feyen, and Laeven 2008）。结果，没有证据显示这些额外的贷款对就业或企业业绩有任何积极的作用（Carvalho 2014；Lazzarini and others 2015）。此外，干涉的规模似乎也产生了财政效应，这破坏了更大范围的长期融资市场。政府对 BNDES 的大规模注资是由发行债券融资的，这可能对私有信贷造成了挤出，使得长期利率居高不下，减少了私有信贷在经济中的整体可获性。

哥伦比亚的发展银行 FDN 采取了一个十分不同的策略，通过战略干涉挤入私人投资支持长期融资，并通过金融创新促进长期融资市场发展。FDN 的职责是特别关注支持哥伦比亚长期融资的基础建设。FDN 比其他政府所有的银行小，也更专门化，其宗旨是通过动员私有部门的联合投资增加自身投资的影响。这个银行的一个旗舰项目是用约 230 亿美元建设了 8000 公里收费公路。FDN 承担固定预付投资的风险，私有部门广泛参与项目的实施周期之中。为了保证私有部门参与这类长期项目，FDN 设立了特殊公私合作单位，这种单位专注于建立“可融资”基础设施项目。到目前为止，FDN 动员长期融资的努力主要集中于国内出资人。在更长期，一个重要目标是建立能让机构投资者参与的环境，这样 FDN 就能动员银行和资本市场的联合长期融资。

FDN 也积极支持动员长期融资的金融改革。特别是发展债券、部分担保以及其他创新工具，通过资本市场支持长期贷款融资。FDN 还和财政部一起支持法规改革以及培训项目，这些是当地

专栏 1.4　发展银行和长期贷款：两种方法（续）

资本市场在基础设施融资方面发挥更重要作用的先决条件。FDN 还参与了加强企业长期项目治理的活动，降低了政治俘获的可能性；弱的治理及政治俘获是政府所有的银行借贷失效的重要原因。FDN 的例子表明，发展银行可以通过一系列手段支持长期融资，而不是直接贷款。很多例子之中，这类创新手段比发展银行传统上实行的大规模直接贷款计划有更强的影响，产生更少的市场扭曲。

专栏 1.5　利用信贷担保减少长期贷款风险

长期贷款会使得金融机构面临借款人违约可能性变化及金融市场波动的风险。政府或国际机构能够通过担保的方式分担这种风险。事实上，很多国家都有信贷担保计划，担保人（通常是政府）承诺在借款人违约的情况下对单笔贷款或贷款组合进行一定比例的偿付。大量信贷担保计划建立的目的都不仅仅是帮助中小企业，它们也扶植特定地理地域或特定行业（例如农业）、特定人群（例如妇女或少数族裔）的企业（Beck，Klapper，and Mendoza 2010）。一些信贷担保计划特别针对资本投资。除了对企业提供信贷担保之外，一些国家还对购房贷款提供担保。

在实际操作中，关于信贷担保的一个问题是它们可能不能增加信贷。相反，出资人可能用担保去降低他们本来没有担保的时候也会贷出的贷款的风险。一些关于这一问题的最缜密的研究分析了 FOGAPE（Fondo de Garantía para Pequeños Empresarios，小企业担保基金），这是由智利一家大型公有银行（BancoEstado）管理的基金，向小企业提供担保。两个彼此独立的研究表明，FOGAPE 增加了企业贷款（Larraín and Quiroz 2006；Cowan，Drexler，and Yañez 2012）。然而，另一项研究则质疑 FOGAPE 是否真的产生了额外的贷款。这一研究指出，约 80% 参与 FOGAPE 的企业从前就有过银行贷款，其中很多以前就接受过担保（Benavente，Galetovic，and Sanhueza 2006）。

关于信贷担保的另一个潜在问题是它们可能扭曲借贷双方的激励，因此增加了违约率和担保者的成本。Cowan，Drexler，and Yañez（2012）发现借款人对有担保的贷款比对没担保的贷款还款倾向性更低。研究还显示还款比例下降可能是因为借款人监督力度下降。因此，在设计信贷担保计划的时候将激励因素考虑进来就很有必要了。

理论研究和实际经验都显示最好的信贷担保计划应将信用评估和决策交给私有部门，对担保比例要设定上限，直到借款人做出了试图收回借款的努力时才能支付担保款，同时在进行担保时要考虑金融稳定性以及风险最小化，并鼓励使用风险管理工具。[a]然而，很多已有的担保计划没有遵循最优原则，而且，在制度不良的环境下有效设计并执行这类信贷担保计划可能是十分困难的。

a. 深入研究参见世界银行（2013a）。

例。PPP 常用于大型基础设施项目，如高速公路、机场、港口。在 PPP 中，公私投资者组成共同体，为工程融资并进行管理，它们会长期维持并运行，通常要持续几十年。在建设阶段，私有投资与银行贷款、政府拨款混合，使得大规模前期投资的风险能分散化。在运行阶段，私有部门负责运行成本，同时作为回报获得收益。PPP 协议对于私有部门而言有吸引力，因为它对工程每一阶段的风险都有明确的分配和定价。对于政府而言，通过 PPP 为长期项目进行长期融资替代直接公共融资有几个有吸引力的原因。第一，PPP 减少了著名的公共部门对私有部门的投资挤出问题。第二，PPP 通过将固定支出和建设支出以契约的形式分散在长期，可以减少公共支出的周期性。第三，PPP 能使得大规模投资项目的制度激励和私有部门更加吻合，它既提高了透明度，又减少了采购、信贷分配、融资等过程中的政治扭曲。

最近几年里，政府通过国有投资公司和主权财富基金增强了自己作为长期融资中介的作用。主权财富基金最初的起源就是要在降低宏观经济波动性、将国家财富投资于长期多元化资产组合的情况下管理周期性收益。作为一种规模巨大且增长迅速的机构投资者，主权财富基金现在大约管理着 6.6 万亿美元的资产，这是所有对冲基金加起来的两倍多。因为主权财富基金具有长期性，没有赎回风险，因此它们是长期融资的天然中介。此外，它们作为政府提供长期融资的工具，可能比直接公共融资和国有银行更受欢迎，原因有二。其一，主权财富基金作为独立的非政府实体，其管理人员的工资和升职状况等都是和市场相关的。其二，主权财富基金可以获得特定资产层级的专家意见，从而有助于分配长期融资。

尽管主权财富基金的长期投资特性使其成为天然的长期融资提供者，它们还是不能免于困扰国有银行的同样的那些政治俘获及激励不良问题。当国家明确要求主权财富基金着重投资国内以支持战略性产业或是支持某种更为广泛的发展目标时就更是如此。这类要求产生了两个问题。第一，可能动摇主权财富基金稳定宏观经济的这一重要能力。国内投资不能将周期性收益从基金母国分离出来加以多元化，因此可能加剧经济周期性。第二，若管理不独立，则主权财富基金的国内投资易受政治俘获，政治俘获会对基金的企业治理产生破坏，导致资产分配失当，最终对经济增长产生消极作用。Dyck 和 Morse（2011）指出，有发展性要求限制的主权财富基金和试图最大化资产组合回报的投资者其资产分配明显不同。Bernstein、Lerner 和 Schoar（2013）指出有政治家参与管理的主权财富基金投资于国内的时候表现更差。

注释

1. 本报告不讨论政府使用长期融资的情况，因为我们专注于企业和家庭，它们获取长期融资的能力有限，因此更容易产生问题。此外，关于国内市场政府债务保险的数据还无法有效获得。
2. 分析覆盖了 2004 年至 2011 年 75 个国家（37 个高收入国家、38 个发展中国家）711814 家企业。对于每个企业，计算这一时间内的均值，同时也给出每一国的中值企业以及每一收入组别的中值国家。
3. Global Findex 没有收集高收入国家的此类

数据。

4. 还包括独立、廉洁、高速的司法体系的重要性。
5. De la Torre、Martínez Pería 和 Schmukler（2007）指出阿根廷和智利的银行如何通过联合贷款进行借贷。
6. Aggarwal 等人（2011）利用23个新兴市场的机构投资数据表明机构投资者与企业层面的公司治理正相关。Anginer 等人（2015）表明持股人力量强大且公司治理强力的企业从短期贷款中获利更少。这说明良好的治理能减少企业的委托代理问题，从而减少短期贷款。
7. 存在一些成功的国有银行范例。Rudolph（2009）回顾了过去表现相当好的四家国有金融机构：加拿大商业发展银行、智利国家银行、南非发展银行、芬兰银行。
8. 在世界银行 2013a 中有更详细的扩展讨论。

第二章：关键信息

- 从企业的角度而言，长期融资使其免于信贷供给冲击或是在艰难时期再融资的压力，有利于长期投资和改善业绩。但因为企业管理者不需要像短期贷款时那样定期关注财务状况以获得展期，长期融资又有可能会妨碍投资、影响业绩。
- 经验事实表明长期融资的使用与公司业绩正相关：随着金融机构及金融市场的发展，以及签订长期合约的能力的提高，企业比仅仅依赖内部资金融资或短期信贷融资时的增长速度更快。与这一结果一致的是，最近的研究表明企业债务期限在2008至2009年金融危机时具有重要的实质性影响。尽管政府补贴及直接贷款能够延长期限结构，但没有证据表明这些措施与更好的公司业绩相关。
- 即使控制了企业特征变量（规模、资产、产业构成、盈利能力），长期融资在高收入国家的企业中也比发展中国家更普及。企业对长期融资的使用会随着政治及宏观经济环境的稳定而增加，也会受发展良好的金融系统、良好的信息分享体系、健全的法律制度等的正影响。其中健全的法律制度包括迅速执行合约、有力的出资人权益保护、清晰的破产法、有效的企业治理框架等。
- 长期融资能使家庭在生命周期中满足不同的目标。较年轻的家庭可以积累财富，并通过债券一类的金融产品获得定期收益。抵押贷款和学生贷款有利于物质资本和人力资本的投资。年金、保险、养老金这类的工具可以使较年老的家庭对抗多种生命周期风险。然而，在这类市场上借款或投资也会有风险，积极地促进家庭参与此类市场的政府干预有可能起到推波助澜的不良作用，例如美国次级抵押市场就是一例。
- 在世界范围内，更富有、受教育程度更高的个人更有可能利用长期融资工具进行借款或投资。但即使去除个人特征变量，更发达、宏观经济环境更稳定、通货膨胀率更低、法律体系更健全的国家中的家庭参与长期融资的程度也更高。抵押贷款市场的发展不仅仅与人均GDP有关，还经常依赖于通过保险业或股票市场获得长期融资的可能性。
- 政府促进家庭或企业长期融资的政策应着重于解决市场失灵；去除政策扭曲、维持宏观经济环境；通过法律促进金融机构和市场的竞争性及稳定性；利用政策规定健康的准入、实施、退出条件以便创造有利于履行合约的有力制度环境。
- 对于企业，能改善持股人权利的有效的公司治理框架可以降低对短期融资的依赖。通过征信机构建立信息分享机制能通过在企业和出资人之间降低信息不对称来扶植长期融资。对动产进行抵押注册可以帮助企业增加可作为抵押物获取长期贷款的资产数额。恰当的合同法或租赁法规能鼓励租赁机构为固定资产提供融资。
- 对家庭而言，金融知识、消费者保护、披露原则、投资默认选择等都能有助于加强对长期融资工具的认识，降低由于缺乏金融知识或行为偏差导致的融资错误。

第二章

企业和家庭对长期融资的使用：决定因素及影响

本章通过企业及家庭的视角检视长期融资，提出了为什么企业和家庭要使用长期融资以及长期融资对它们有什么影响这两个问题。本章讨论了能够影响企业和家庭使用长期融资的国家特征变量及个体特征变量。本章还提供了基于关于长期融资使用方面的最新实证研究而得出的政策建议。

企业对长期融资的使用

为什么企业要使用长期融资而不是短期融资?

企业倾向于将自己的资产和负债的期限匹配起来，因此它们通常用长期融资来进行长期投资，例如购买固定资产或设备。理论研究指出，最优的偿债结构就是与项目回报期限匹配（Hart and Moore 1995）。实证上，这一理论意味着企业要使用长期融资购买固定资产或设备，而用短期借贷来为运营资本融资，例如工资或原材料。对发达和发展中国家的研究都表明企业的确将自己的资产和负债期限匹配起来（Stohs and Mauer 1996，美国；Schiantarelli and Sembenelli 1997，意大利和英国；Schiantarelli and Srivastava 1997 印度；Jaramillo and Schiantarelli 2002，厄瓜多尔）。此外，在 1999 年的调查中，美国公司的首席财务官们报告将自己公司的资产与负债期限进行匹配是影响他们选择长期还是短期负债的最重要因素（Graham and Harvey 2001）。

长期负债还能在困难时期最小化展期风险。美国的首席财务官们将这一理由作为选择长期负债而非短期负债的第二大因素（Graham and Harvey 2001）。在理论文献中，这一问题叫作流动性风险。意思是说，若债务到期而企业正受到影响其收入的负面冲击，或是信贷市场状况恶化，则出资人可能不愿意展期（Diamond 1991，1993）。长期信贷能降低企业的流动性风险，因为这样企业就不需要那么频繁地展期了。与此同时，长期信贷将风险转移给出资人，因为他们需要承担违约可能性波动以及金融市场变化的风险，例如利率风险。通常出资人需要为承担这种高风险获得一定的补偿。

不是所有企业都需要长期融资。企业是否需要取决于待融资的资产类型，以及他们愿意与出资人分担风险的程度。拥有良好成长机会的企业（例如预计在未来有利好消息的企业）可能会更倾向于短期融资。这类企业可能愿意频繁为债务展期以便在利好消息之后获得更优的贷款条款（Diamond 1991；Barclay and Smith 1995；Guedes and Opler 1995）。此外，拥有良好成长机会的企业可能不愿意进行长期融资的另一个原因是企业管理者或所有者必须将未来的一部分利润与出资人分享，因此其收益会下降（Myers 1977）。来自中国和美国的实证证据显示，成长机会较差的企业更乐于依赖长期贷款（Barclay and Smith 1995；Liu and Xu 2014）。

长期融资对企业业绩有何影响？

对于需要长期融资的企业，长期融资对投资表现和企业绩效有正面的影响。获得长期融资使得企业可以投资于那些能在相对长的时间期限内获利的项目，例如购买固定资产。这些投资能增加企业生产力和盈利能力。如果只能获得短期融资，则企业可能就无法进行此类投资，因为此时企业的优先选择项目是能产生短期回报的项目（Hart and Moore 1995）。在存在合约执行问题或信息不对称问题的情况下，短期融资也可能导致流动性过剩，即使企业能够在未来获得回报（Diamond 1991）。

另一方面，长期融资可能扭曲管理者的激励，进而影响投资表现和企业业绩。经济学家发现，至少有两种渠道可以导致长期融资扭曲激励。第一，长期融资意味着企业不仅要与出资人分享长期收益，还要分享长期损失，所以管理者或所有者可能会付出相对小的努力来规避损失（Rajan 1992）。第二，短期贷款比长期贷款的约束性更强，因为短期贷款需要定期协商展期问题，这可以减少企业管理者或所有者的浪费行为（Jensen 1986）。

因此，单凭理论文献无法确定融资期限对投资表现和企业业绩的影响，为了解答这一问题必须进行实证研究。然而，要确定长期融资是否会引起投资表现和企业业绩的变化是很困难的，因为可能有第三方因素同时与它们相关。例如，管理者更优良的企业可能更容易获得长期融资，而增长速度同时也会更快。此外，业绩好的企业可能更容易获得长期融资，因此可能是业绩好导致了长期融资（逆向因果）。很多已有的研究因此虽然认为两者的联系并非偶然，但同时也格外关注控制一系列可观测的第三方因素或是试图最小化逆向因果问题。[1]

跨国分析显示长期融资和企业业绩正相关，除非融资是以直接贷款的形式提供的。Demirgüç-Kunt 和 Maksimovic（1998）利用 30 个高收入国家和发展中国家企业层面数据表明，拥有更多长期负债的企业总体比仅仅依赖内部融资增长得快。这一发现是在控制了企业特征变量后获得的，同时也控制了国家宏观经济环境、金融发展程度、法律效率、政府干预程度等。作者还检视了政府补贴的作用，发现政府补贴或直接贷款与企业增长负相关。

在一国之内关于长期信贷和企业业绩的联系的证据就不那么明确了。一些国家的研究发现长期信贷和企业生产力之间有积极联系，但使用长期信贷及企业生产力之间的这种正相关在补贴贷款份额很高的时候会减弱，甚至是逆转（Schiantarelli and Sembenelli 1997；Schiantarelli and Srivastava 1997；Jaramillo and Schiantarelli 2002）。然而，利用中国 4 万多家企业数据进行的研究却发现长期贷款和企业生产力不相关（Li，Yue，and Zhao 2009）或是负相关（Liu and Xu 2014）。[2] 与之类似，Jiraporn 和 Tong（2010）发现美国长期贷款和上市公司的企业价值之间负相关。不幸的是，这些已有的研究都没有探究影响长期贷款可获性的外生变量，因此它们并没有真正地体现出长期贷款和企业业绩之间的因果关系。

然而，一国之内的案例研究发现长期贷款对企业投资有积极影响。来自厄瓜多尔、意大利和英国的证据显示长期贷款和投资之间没有稳定相关关系（Schiantarelli and Sembenelli 1997；Jaramillo and Schiantarelli 2002）。与之相反，Li、Yue 和 Zhao（2009）对中国的研究发现使用长期贷款与长期投资之间正相关。然而，这些发现是否是有偏估计目前还不清楚，而且相关关系可能也不是因果联系。其他研究利用了金融危机期间贷款可获性的下降来评估长期信贷对企业投资的因果性影响（专栏 2.1）。这些研究显示长期融资可获性在金融危机背景下对比利时和美国的投资有积极作用。

企业使用长期融资的指标

关于多国企业使用长期融资的信息主要来自 ORBIS 数据库搜集的企业资产负债表，以及世界银行企业调查。ORBIS 包括了详尽的资产负债表信息，因此可以计算 2004 年至 2011 年间 87 个国家的企业长期负债。对 ORBIS 的数据需要额外说明的是，它们在不同国家的覆盖面相差很大，因此并不一定能代表每个国家的所有企业。此外，样本偏向高收入国家。[3] 世界银行企业调查包含 123 个国家的数据，能代表国家层面，对低收入国家的覆盖性也较好。[4] 这一调查向企业询问在上一年为固定资产进行融资的情况，其中包括内部融资以及各种外部融资。尽管调查并没有问及为购买固定资产而进行的外部融资的期限问题，但这种期限应该倾向于长期，因为企业倾向于将资产与负债的期限相匹配。在另一个独立的问题中，企业调查询问企业最近一次的贷款或信用的期限问题。这个问题明显包含信贷期限，但只有 43 个国家的数据子集。[5]

发展中国家的企业比发达国家的企业长期负债少，即使控制了企业特征变量仍是如此。图 2.1 显示了 ORBIS 资产负债表的数据，表明报告称有长期负债的企业在发展中国家比高收入国家少（Demirgüç-Kunt，Martínez Pería，and Tressel 2015a）。这在中小企业当中尤其明显：在中位发展中国家，66% 小企业和 78% 中型企业报告称有长期贷款，而中位高收入国家则分别为 80% 和 92%。更早的关于 1980 年到 1991 年 30 个国家平均长期负债与总资产

专栏 2.1 全球金融危机后的企业长期融资与投资

一些研究者利用最近一次金融危机时信贷可获性下降的机会来评估长期信贷对企业投资的因果性影响。金融危机使得企业难以从全球获得新信贷，并使得一些国家的长期信贷增长陷入停滞。例如 Park、Ruiz-Ortega 和 Tressel（2015）研究了过去 10 年来欧盟的面板数据，以此检视不同期限的银行向非金融企业的贷款在全球金融危机前后的变化。作者们发现在前危机时期，欧洲和中亚地区（ECA）的长期信贷比其他欧洲地区增长快很多（7.3% 比 2.5%），这一差距比短期信贷增长率的差异要大（4.8% 比 2%）。当危机发生时，两个地区的信贷增长率都跌到了接近 0（图 B2.1.1）。

图 B2.1.1 信贷增长率，2003—2014 年

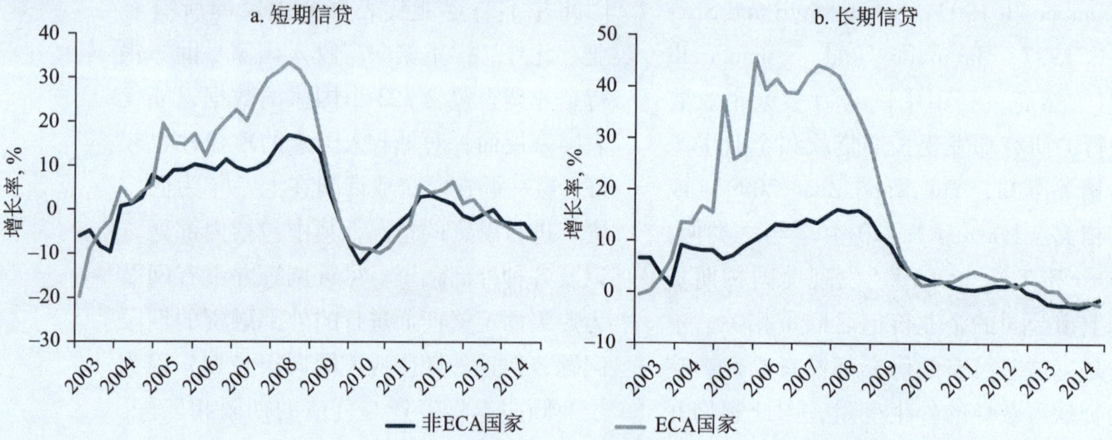

资料来源：Park，Ruiz-Ortega，and Tressel 2015。

注：短期信贷定义为期限不超过一年的信贷。长期信贷为期限超过五年的信贷。

Duchin、Ozbas 和 Sensoy（2010）利用美国公开发布的企业数据研究了最近的金融危机对投资的影响。和短期贷款的流动性风险问题一致，他们发现危机前拥有较高净短期贷款的企业（即短期贷款减去现金）在危机后投资也出现了较大下降。另一方面，高额长期信贷并不与危机后投资的下降相关。

Almeida 等人（2011）利用类似的方式研究长期信贷对美国企业投资的影响。他们比较了拥有 2008 年底到期的长期贷款的企业（即超过 20% 的长期贷款在危机之后一年内到期）与长期贷款到期时间更晚的企业。结果显示到期贷款数额高的企业投资率（资本支出与固定资产的比）减少量比类似的 2008 年之后到期的企业多 2.5%。投资的这一下降十分巨大，代表了相当于前危机时期投资水平三分之一的下降幅度。

Vermoesen、Deloof 和 Laveren（2013）也比较了不同长期信贷期限的企业，以便估计危机对比利时中小企业的影响。他们发现危机开始时有较大比例将于下一年到期的长期贷款的企业在 2009 年明显出现了更大规模的投资下降。

比例的数据显示出类似的结果，这不能用国家间资产期限的差异来解释（Demirgüç-Kunt and Maksimovic 1999）。Fan、Titman 和 Twite（2012）也发现高收入经济体长期信贷与总信贷的比较高，他们调查了 1991 年到 2006 年 39 个国家的样本，并控制了一系列企业特征变量。企业调查数据显示发展中国家的企业比发达国家企业用外部融资来购买固定资产的数量要少（图 2.2），同时发展中国家也比发达国家的贷款期限短（图 2.3）。

哪些因素能限制企业获取长期融资？

国家特征变量和证据

发展中国家的宏观经济风险和政治风险通常会导致不确定性，这增加了长期融资的成本，使得企业可能不愿意投资固定资产。发展中国家的企业使用长期信贷更少的一个原因是这类信贷在这些国家可能十分昂贵。[6]长期信贷的较高价格可能反映出了出资人的风险回避性，出于这种心理他们需要高回报来补偿高的国家风险（Broner，Lorenzoni，and Schmukler 2013）。国家风险包括宏观经济不稳定、政府以腐败或征用等形式获取部分项目投资回报等。经验事实表明，在通货膨胀率高或波动大的国家、政府腐败严重的国家、财产权保护相对弱的国家，企业使用长期融资少（Demirgüç-Kunt and Maksimovic 1999；Beck，Demirgüç-Kunt，and Maksimovic 2008；Fan，Titman，and Twite 2012）。Demirgüç-Kunt、Martínez Pería 和 Tressel（2015b）对全球金融危机的调查也表明宏观经济及金融稳定性对于使用长期融资的重要性，特别是对私有企业而言更是如此（专栏 2.2）。

图 2.1　拥有长期负债的企业百分比，按国家收入组别及企业规模列示，2004—2011 年

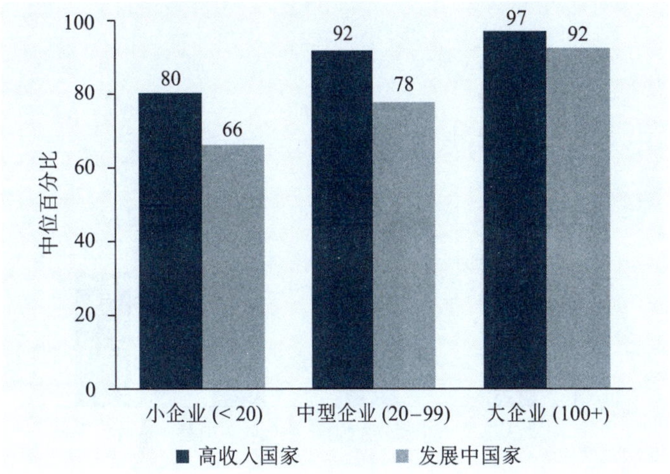

资料来源：来自 80 个国家，基于 ORIBS（数据库）计算，http：//orbis. bvdinfo. com。更详细的内容见 Demirgüç-Kunt，Martínez Pería，and Tressel 2015a。

注：发展中国家包括低收入和中等收入国家。企业规模根据其雇员数定义。每个国家收入组别和企业规模组别的中位值通过如下方法计算：首先将每个企业 2004 年至 2011 年的长期负债值平均，然后计算每个国家收入组别和企业规模组别值高于零的企业百分比。最后计算每个国家收入组别和企业规模组别中各国的中位值。图中显示了不同国家的中位值而非均值，以此来削弱异常值的影响。

图 2.2　从外部渠道融资购买的固定资产比例，按国家收入组别列示，2006—2014 年

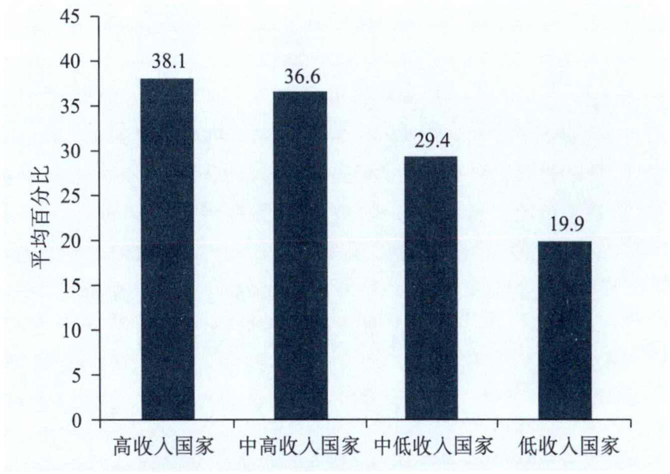

资料来源：根据 123 个国家的数据计算，基于企业调查（数据库），国际金融公司和世界银行，华盛顿，http：//www. enterprisesurveys. org。

注：每个国家收入组别的均值通过如下方法计算：首先将数值利用样本权重按国家和调查年份取均值，然后对每个国家按年份取均值，最后在每个收入组别中将国家取均值。

图 2.3　信贷期限，按国家收入组别列示，2006—2009 年

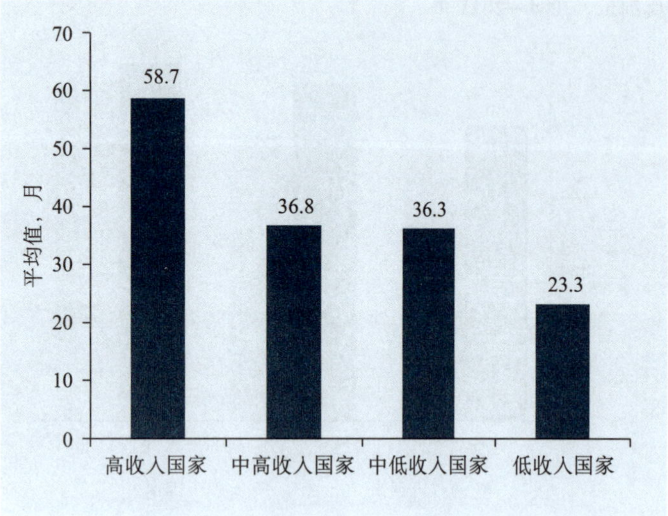

资料来源：根据 43 个国家的数据计算，基于企业调查（数据库），国际金融公司和世界银行，华盛顿，http：//www. enterprisesurveys. org。

注：每个国家收入组别的均值通过如下方法计算：首先将数值利用样本权重按国家和调查年份取均值，然后对每个国家按年份取均值，最后在每个收入组别中对国家取均值。

金融发展水平和银行相对资本市场的发展程度都会影响企业对长期融资的使用。Demirgüç-Kunt 和 Maksimovic（2002）表明那些增长速度超过内部融资能力的企业比例与证券市场及银行系统的发展程度都正相关，但作用方式不同，特别是在较低金融发展水平时更是如此。尽管两者的可持续发展都能改善金融可获性（在合约环境允许的情况下），证券市场的发展和长期融资关系更紧密，银行业的发展则与短期融资可获性关系更强。股票市场发展与提高长期信贷可获性之间的关系可能要归因于伴随股票市场发展而来的信息可获性和质量的提高。Demirgüç-Kunt、Martínez Pería 和 Tressel（2015a）利用新数据集更新并肯定了这些发现（专栏 2.3）。

专栏 2.2　全球金融危机影响了企业的杠杆率和信贷期限吗？

目前关于全球金融危机对各国企业资本结构冲击的证据还很少。研究主要关注于危机对金融稳定性的影响，对实体经济的影响；以及危机通过银行、资本市场、国际贸易等产生的国际性传播（Chudik and Fratzscher 2012；Demirgüç-Kunt，Detragiache，and Merrouche 2013）。一些专注于某一国的文献也研究了危机期间信贷期限和固定投资之间的关系（见专栏 2.1）。

Demirgüç-Kunt、Martínez Pería 和 Tressel（2015b）利用 ORBIS 数据库研究了 2008 年至 2009 年间全球金融危机及其余波对非金融业企业杠杆率及信贷期限的影响。特征事实表明，企业，特别是中小企业，自危机以来出现了杠杆率的降低以及信贷期限的缩短。

实证分析显示危机对企业杠杆率和信贷期限的影响很广，但不同国家及不同类型的企业之间有所不同。在控制了如企业规模、盈利能力、资产构成、营业额等企业特征变量以及企业固定效应后，发现危机使得中低收入和低收入国家的中小企业（雇员少于 100 人的企业）在杠杆率和信贷期限上都出现了下降。

在高收入国家，没有上市的企业降低了杠杆率和信贷期限。这在那些全球金融危机爆发的核心国家更明显。

总而言之，证据显示宏观经济及政治不稳定的时期可能产生企业去杠杆化，并可能大规模破坏长

专栏 2.2　全球金融危机影响了企业的杠杆率和信贷期限吗？（续）

期融资的供给，无论在高收入国家还是发展中国家都是如此。在高收入国家，未上市的私有企业无疑受到负面影响，因为它们依赖银行融资。相反，上市企业可以更为容易地找到长期融资的替代来源（例如在研究期间内兴起的债券市场），以此抵消供给方面的影响（表 B2. 2. 1）。

表 B2. 2. 1　全球金融危机对企业杠杆率的影响，2004—2011 年

a. 因变量：总债务比总资产

回归样本	所有国家	高收入国家	中高收入国家	中低和低收入国家
平均效应，2008—2009 年	-0.00422	-0.00771 **	0.00280	0.000898
平均效应，2010—2011 年	-0.0152 **	-0.0199 ***	0.000285	-0.0183
非上市公司，2008—2009 年	-0.0195 ***	-0.0194 ***	-0.0272 ***	-0.00325
非上市公司，2010—2011 年	-0.0219 ***	-0.0184 ***	-0.0478 ***	-0.0148
中小企业，2008—2009 年	0.000399	0.00418	-0.00575	-0.0301 ***
中小企业，2010—2011 年	0.00614	0.00896	-0.0159 **	-0.0390 ***
观察值	1,137,311	1,048,368	49,788	39,155
R^2	0.038	0.037	0.066	0.091

b. 因变量：长期信贷比总资产

回归样本	所有国家	高收入国家	中高收入国家	中低和低收入国家
平均效应，2008—2009 年	0.00184	0.00236	-0.00808 *	-0.00750
平均效应，2010—2011 年	-0.00836 *	-0.00529 **	-0.0122 *	-0.0567 **
非上市公司，2008—2009 年	-0.00894 ***	-0.0107 ***	-0.00645	0.00310
非上市公司，2010—2011 年	-0.00642	-0.00886 ***	-0.0213 ***	0.0331
中小企业，2008—2009 年	0.000644	0.00183	0.000181	-0.0180 ***
中小企业，2010—2011 年	0.00279	0.00311	0.00108	-0.0229 ***
观察值	1,137,311	1,048,368	49,788	39,155
R^2	0.076	0.080	0.070	0.055

资料来源：Demirgüç-Kunt，Martínez Pería，and Tressel（2015a）。

注：表中显示了平均效应以及非上市公司和中小企业的特别效应。采用 Prais—Winsten 估计，按国家—年计算稳健标准误，保护企业固定效应。控制变量包括企业级控制变量（收益、销售与资产的比、固定资产与总资产的比、总资产），以及实际人均 GDP 的对数。估计中对中小企业的定义来自企业调查——雇员少于 100 人的企业。

显著水平：* =10%，** =5%，*** =1%。

a. 对危机的分类来自 Laeven and Valencia 2013。

专栏 2.3 如何解释不同国家的企业信贷期限变化

Demirgüç-Kunt、Martínez Pería 和 Tressel（2015a）利用2004年至2011年80多个发达和发展中国家80多万个上市及非上市公司的ORBIS数据分析了企业资本结构的差异，从而研究它们的决定因素。他们指出，发展中国家企业信贷期限较短，特别是小企业（见表B2.3.1）。在控制企业特征变量（如规模、资产结构、行业差异、盈利能力）之后他们调查了国家特征变量的影响，例如宏观经济表现和金融稳定性、金融机构及市场发展程度、合约执行情况、法律效率、债权人权利、投资者保护等。

作者们总体上确认了早期研究的经验型规律。例如，在去除行业差异后，企业倾向于将资产与负债的期限匹配。此外，较大的企业以及盈利较差的企业会更多地用长期信贷融资。

作者们进行了多种分析，发现对于企业间跨时间的债务期限变量，国家因素比企业或行业特征变量相关性更强。

在国家层面，强有力且稳定的宏观经济环境是必要的，因为它使得借贷双方都能进行更长远的投资。此外，更发达的金融系统（包括制度和市场）能延长信贷期限。金融中介机构在筛选和监督借款人方面具有比较优势，因此能够便利有价值的借款人进行长期融资，特别是小型企业。另外，更具竞争性、监管更良好的银行业体系能促进长期融资的发展，而发展良好的股票市场能通过提高价格形成能力及风险监督来扩展信贷期限。从出资人的角度而言，债权人权利保障有力、合约执行有效的良好制度环境有助于监督企业并改善合约能力。从借款

表 B2.3.1 企业和国家特征变量对信贷期限的影响

因变量：长期信贷与总信贷的比	(1)	(2)	(3)	(4)	(5)
企业特征变量					
固定资产与总资产的比	0.318***	0.341***	0.318***	0.332***	0.319***
收益与资产的比	-0.0141	-0.0329***	-0.0366***	-0.0252***	-0.0227
销售额与总资产的比	-0.0125***	-0.0144***	-0.0166***	-0.0132***	-0.0189***
总资产	0.000762	0.00204***	0.00157**	0.00221***	0.000962**
人均 GDP 的对数	0.0425***	0.0655***	0.0690***	0.0869***	0.0301***
金融发展程度					
私人信贷与 GDP 的比（%）	0.00161***	0.00218***			
股票市场市值与 GDP 的比（%）	0.000677**	0.000577*			
银行业监管					
总体约束指数	-0.0255**	-0.0210*			
制度因素					
De jure 合法权利指数	0.0160***	0.0153***			
合约执行（天）	0.00725***	0.00373***			
债权人权利	0.0265*	0.0433**			
投资者保护	-0.0262	-0.0259			
观测值	4,027,551	3,932,856	3,973,469	3,433,322	2,772,311
观察值					
R^2	0.138	0.124	0.136	0.125	0.188

资料来源：Demirgüç-Kunt，Martínez Pería，and Tressel 2015b。

注：采用 Prais—Winsten 估计，按国家—年计算稳健标准误，保护企业固定效应。显著水平：* =10%，** =5%，*** =1%。

专栏 2.3　如何解释不同国家的企业信贷期限变化（续）

人的角度而言，强有力的环境缓解了固定资产被征用的风险。强大的持股人权利保护使企业更容易进入股票市场和私募市场，强大的债权人权利保护也能使得长期贷款人收回抵押物的权利获得保证。

分析结果支持这些论断。更具深度的金融体系（用银行业向私人部门提供的信贷来衡量）以及更大规模的股票市场能延长信贷期限；强大的监管也能起到同样的作用。法律制度的质量，例如法律框架的效率、合约执行、强大的债权人权利保护等，都与长期信贷的使用正相关。的确，有些例子中宏观经济冲击和金融不稳会降低杠杆率并缩短信贷期限（见专栏 2.2）。重要的是，在企业之间，健全的法律环境、更好的合约执行状况、更具深度的银行体系等都倾向于对未上市企业的长期融资产生更强的影响，而对上市公司影响相对要小，对中小企业的影响也大于大型企业。

证据显示，如果同一个企业能处于更发达的国家，有更好的合约环境或更发达的金融业支持，它就可能在其他条件不变的情况下获得更多长期融资，如果这家企业是中小企业或未上市企业就更是如此。例如，基于表 B2.3.1 第三列的估计，人均 GDP 对数值以及法律效率指数一个标准差的增加会带来长期信贷与总信贷之比增加 7 个和 9 个百分点。确保持续长期发展、缓解与合约环境有关的扭曲问题、支持金融发展等改革措施对于促进长期融资的使用都是至关重要的。

合约执行环境的缺陷是为什么长期信贷在发展中国家不普及的一个潜在原因。短期信贷的约束作用在法律规范较弱的环境中更为重要（Diamond 2004）。当出资人不能依赖法律制度获得自己的贷款回报时，他们就会倾向于短期，此时不断的展期需求就能给借款人提供进行努力并确保投资健康发展的激励。能帮助出资人的法律制度有债权人权利、破产法、总的合约执行环境或法律体系效率。一些研究者确认法律制度健全的国家的企业倾向于更长的信贷期限（Demirgüç-Kunt and Maksimovic 1999；Qian and Strahan 2007；Bae and Goyal 2009；Fan Titman, and Twite 2012；Kirch and Terra 2012；Demirgüç-Kunt, Martínez Pería, and Tressel 2015a）。来自印度的证据显示合约执行环境和长期贷款使用之间的正相关的确是因果性的（专栏 2.4）。

通过征信机构进行信息分享有利于扶植长期融资。来自征信机构的可靠信息能够降低企业和出资人之间的信息不对称，进而降低出资人通过短期信贷监管企业的需求（Magri 2010）。跨国研究显示，信息分享和长期融资的使用之间存在正相关。利用 1990 年到 2005 年 74 个国家私有部门企业信贷期限数据，Tasić 和 Valev（2008）发现拥有征信所或注册机构的国家长期信贷占总信贷的比例更高。Martínez Pería 和 Singh（2014）分析了世界银行企业调查数据中 2002 年到 2009 年的 33 个国家，也支持了这一结论。他们发现企业平均贷款期限在引入私有征信所之后延长了，但在引入公有信用注册机构后没有变化（专栏 2.5）。

动产抵押注册可以帮助企业获得长期贷款。企业通常需要用有形资产作为长期

专栏 2.4 合约执行与长期融资的使用：来自印度债务追缴法庭的证据

印度提供了一个检视合约执行力对企业使用长期融资的影响的有趣案例。尽管债权人和投资者的权利在纸面上得到了很好的保障，但在印度，和其他发展中国家类似，合约执行力是很弱的。企业破产平均要6年才能清算，这段时间里企业能对所有债务延缓偿付（Gopalan，Nanda，and Seru 2007）。尽管近20年里重要法律没有明显改善，但金融深度却从20世纪80年代占GDP 40%激增至2012年占GDP的90%。因法庭拖沓和过度形式主义导致的执行力度不足被认为是导致对私有部门贷款不足以及20世纪90年代初广泛出现违约的主要原因（印度政府，1991）。

1993年，印度政府通过了一项建立新特别法庭的法律，这就是债务追缴法庭（DRT），用来处理与债务追缴有关的案件。随后的研究发现DRT处理案件的速度比没有DRT时的民事法庭快很多（Visaria 2009）。DRT因此提升了印度出资人的合约执行能力。尽管DRT在此法律通过后就马上于1994年在5个邦设立了，但这一过程很快遭到了法律是否违宪的问题而陷入停滞，直到1996年DRT的补充法律获得通过为止。在中断期间已有的DRT仍在运行，到了2000年，所有的印度各邦都有了DRT。

Gopalan、Mukherjee和Singh（2014）利用各邦及各时期与DRT有关的变量测度合约执行力的改善对企业长期融资使用的影响。利用6000多家印度企业的资产负债表数据，他们发现DRT显著提升了长期信贷与总资产的比。在DRT出现三年内，这一比例提升了7.9%（从0.29提高到了0.31）。短期信贷的使用也下降了类似的比例，这表示合约执行力的改善使得企业用更多的长期信贷来代替短期信贷。

专栏 2.5 信用信息分享对贷款期限的影响

当出资人对借款人一无所知的时候短期信贷的约束作用就格外重要了，这能够帮助他们评估借款人是否有信用，并预测未来的还款行为。在那些能够通过信用信息分享机制获得更多此类信息的国家，出资人可能因此更倾向于长期。信用信息集将还款历史信息、全部债务信息以及总体信用价值等信息通过私人征信所（CB）或公共管理的信用登记机构（CR）传播开来。

利用世界银行企业调查中33个国家的数据Martínez Pería和Singh（2014）分析了引入信用信息分享机制对企业融资和贷款期限的影响。他们的样本包括2002年至2009年间引入CB或CR的国家（改革者），也包括没有CB或CR的国家（非改革者）。Martínez Pería和Singh采用了双重差分方式，将引入CB或CR的国家的企业与没引入的国家的企业做对比，同时将引入前和引入后做对比；他们还控制了潜在的可能导致混乱的国家及企业特征变量。

结果表明在引入CB后，企业获得融资的可能性增加了，贷款期限也延长了。这些效应在数据上和经济上都很显著。引入CB导致企业使用信贷的可能性提高了7个百分点，同时贷款期限也延长了7个月。这一结果对于多种实证检验而言都具有稳健性，其中包括企业固定效应的样本估计，以及作者利用同一地区其他拥有CB的国家预测国家引入CB

专栏 2.5　信用信息分享对贷款期限的影响（续）

可能性的工具变量技术。

分析发现 CR 改革对企业融资没有稳健效应。这一结果可能有一系列原因。第一，CR 通常是出自监管目的，因此可能有较高的最低贷款限制；第二，它们可能并不提供积极或消极信息，而这对于金融机构而言是最有用的；第三，因为它们是政府运营的，在官僚机构运行较差的国家 CR 可能无法有效运作，因此可能不会经常被使用。

贷款抵押物。动产，例如机器或设备，通常占资产的很大份额，特别是对于中小微三类企业而言更是如此。然而，如果没有注册登记的话，发展中国家的银行可能不愿意接受动产。动产登记注册满足了两个基本功能：它告诉了各方存在这样一的动产（留置权存在），并确立了债权人相对第三方的优先权（Alvarez de la Campa 2011）。这种注册因此可以增加企业能成功作为抵押物获得贷款的资产总额。利用世界银行企业调查数据中 28 个国家的数据进行的研究显示，引入动产注册登记的确与银行对企业的贷款期限增加有关（Love，Martínez Pería，and Singh，即将出版）。

租赁机构可以在合约执行力强的国家或具有特别清算法律的国家为固定资产提供融资。租赁是一种能让企业使用并最终拥有固定资产及设备的融资安排。在这种情况下，租赁机构购买设备，并将其提供给企业使用一段固定的时间。企业定期向租赁机构付款，以便按固定利率覆盖设备成本。因此租赁关注于企业通过商业活动产生现金流来支付租金的能力，而非其信贷历史或承诺抵押的能力。设备的所有权最后通常会在租赁期结束的时候转移给企业。Brown、Chavis 和 Klapper（2010）表明高收入国家有约 34% 的企业使用租赁，而低收入国家只有 6%。研究还发现强大的制度环境与租赁的更广泛使用正相关。在没有有力合同法的国家，关于租赁的特别条例有助于填补立法空白（IFC 2009）。

企业特征变量和证据

小企业相对更大的企业更少使用长期融资。图 2.4 利用世界银行企业调查数据显示了小企业（雇员数少于 20 人的企业）利用外部渠道为购买固定资产融资的比例比中型企业（雇员数 20 人至 99 人的企业）或雇员数 100 人以上的大型企业要低（也见 Beck，Demirgüç-Kunt，and Maksimovic 2008；Knack and Xu 2015）。研究资产负债表数据的研究者发现企业规模中的类似模式：Demirgüç-Kunt 和 Maksimovic（1999）研究了 30 个国家长期负债与总资产的比，Liu 和 Xu（2014）以及 Magri（2010）分别研究了中国和意大利长期信贷与总信贷的比。图 2.1 显示了无论发展中国家还是发达国家，小企业都比中型或大型企业更少报告有任何长期负债。Long、Xu 和 Yang（2014）利用中国企业调查数据再次发现大企业更容易报告有长

图 2.4　通过内部和外部来源的固定资产购置融资比例，按企业规模列示，2006—2014 年

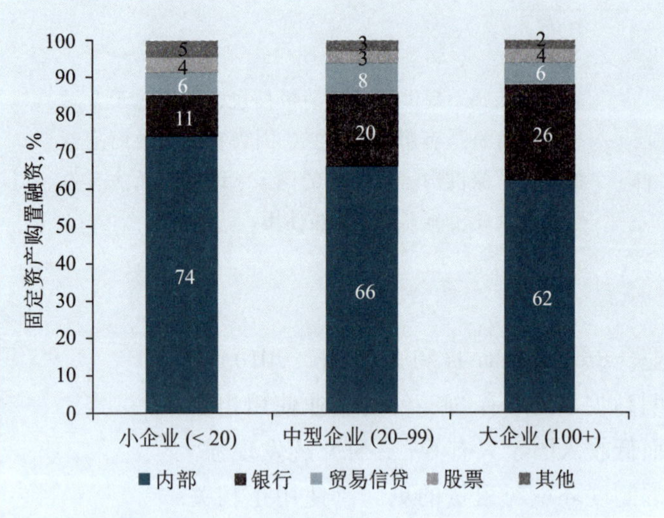

资料来源：根据 123 个国家的数据计算，基于企业调查（数据库），国际金融公司和世界银行，华盛顿，http：//www.enterprisesurveys.org。

注：图中显示了通过内部来源及特定外部来源进行的固定资产融资比例：银行、贸易信贷、股票和其他来源。股票融资包括出售持股人自己的股票和新股发行（不包括留存收益，这属于内部来源而非外部来源）。"其他来源"包括发行新债、非银行金融机构、放债人、家庭、朋友。企业规模基于雇员数定义。利用样本权重计算每一企业规模类别的平均值。

期信贷。

不同规模企业对长期融资的使用差异是由银行信贷推动的；所有规模的企业对股票融资的使用都很有限。考察为购买固定资产进行的外部融资来源时，企业调查数据显示银行融资是独一无二的最常用外部融资来源（见图 2.4）。银行融资的使用在不同企业规模间差异很大，小企业通过银行贷款进行的固定资产购置融资为 11%，中型企业为 20%，大企业 26%。所有规模的企业使用股票融资的比例都小于 5%。关于股票融资（公开募股和私募）及其相关政策干预，在第三章中会进一步详细讨论。

出资人通常对较小的企业比较大的企业掌握的信息更少，这使得出资人不愿意向小企业提供长期信贷。小企业更容易无法对自己的运营和业绩提供充分的记录和账务信息，因此比较大的企业更不透明。出资人可能会发现很难获得这类企业的可靠信息，因此可能更倾向于向它们提供短期贷款，以此作为监督并规范企业管理人的手段（Magri 2010）。[7] 最近由 Custódio、Ferreira 和 Laureano（2013）进行的关于美国公开上市企业的研究显示，最小的企业使用长期信贷的情况正逐渐恶化，因为企业和出资人的信息不对称正在增加（专栏 2.6）。

专栏 2.6　美国的信息不对称及长期信贷的使用

Custódio、Ferreira 和 Laureano（2013）利用包含了 13000 多家美国上市公司数据的 Compustat 产业年度数据库研究了 1976 年至 2008 年之间信贷期限的趋势。数据显示长期信贷的使用在这一期间下降了（图 B2.6.1），而这一趋势在不同企业类型之间也不同。小企业期限在三年以上的信贷的中位百分比从 1976 年的 53% 下降到了 2008 年的 6%，但在中型企业和大企业中仍相当稳定。

进一步的调查显示信贷期限的下降似乎是因为企业和出资人之间的信息不对称出现了增加。信贷期限在研发密集型企业及资产流动性低的企业中下降得十分显著。信贷期限的下降也和其他衡量信息

专栏 2.6　美国的信息不对称及长期信贷的使用（续）

图 B2.6.1　美国上市公司的信贷期限，1976—2008 年

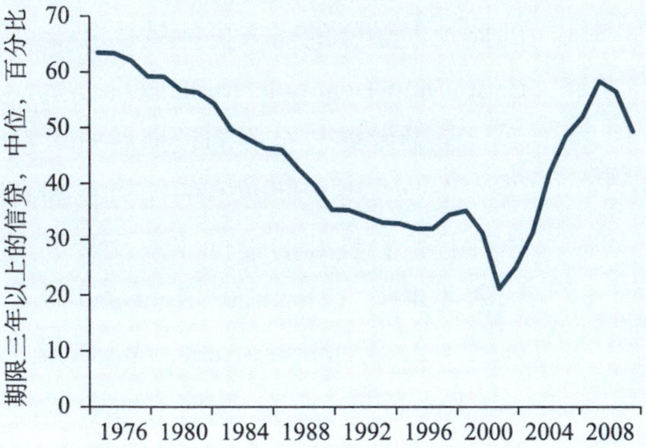

资料来源：Custódio，Ferreira，and Laureano 2013，表 2。

不对称的指标正相关，例如信息分析覆盖度低、信息预测分散度大。例如，信息分析覆盖度低的企业，其期限在三年以上的信贷的中位百分比从 1976 至 1979 年的 59% 下降到了 2005 年至 2008 年的 24%，而信息分析覆盖度高的企业没有相应的下降。

总体而言，信息不对称的增加似乎是由上市公司特征变量的变化引起的。20 世纪 80 年代和 90 年代上市的企业大多较小，盈利能力较低，成长机会较多。小上市公司的数量在 21 世纪初再次下降，这可能可以解释为什么所有企业的中位信贷期限在这一时期再次增加，如图 B2.6.1 所示。

强有力的法律环境能弥补信息缺乏，因此特别有利于小企业长期融资。出资人可以利用较短的信贷期限监督约束小借款人，但这一解决方案会潜在性地降低那些本来想要获得长期融资的小企业的投资和增长。或者，出资人可以靠更详细的合约以及法律制度来执行自己的诉求。[8] 事实上，较强的债权人保护有助于延长信贷期限，这一点对中小企业比对大企业更明显（Demirgüç-Kunt，Martínez Pería，and Tressel 2015a）。图 2.5 表明，在债权人权利较弱的国家，不同规模的企业间通过外部融资购买的固定资产比例的差异要比债权人权利较强的国家更大。对意大利一国的研究也表明，在法律执行力较弱的地区，企业规模与信贷期限的关系比法律执行力较强的地区更强（Magri 2010）。

有更多有形资产的企业更倾向于使用长期信贷，特别是在那些债权人权利保护更强的国家更是如此。长期贷款通常需要

图 2.5　通过内部和外部来源的固定资产购置融资比例，按企业规模和债权人权利保护程度列示，2006—2014 年

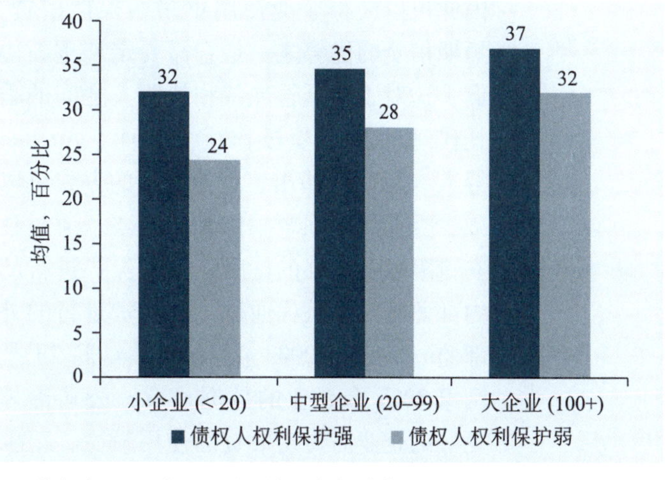

资料来源：根据 122 个国家的数据计算，基于企业调查（数据库），国际金融公司和世界银行，华盛顿，http://www.enterprisesurveys.org。

注：企业规模基于雇员数定义。债权人权利保护程度根据世界银行开展商业计划中的“合法权利保护强度”指数来衡量。它衡量了抵押及破产法保护借贷双方权利并进而便利借贷的程度。这一指数的值从 0 到 12，高分数表示法律设计得更好，能扩展信贷可获性。弱债权人权利的国家其指数低于中值（5），强债权人权利保护的国家反之。图中每一条的均值计算方式如下：第一，利用企业间样本权重在企业规模、国家、调查年限内取均值；第二，对每一企业规模组别和国家组别按调查年限取均值；第三，在每个企业规模组别和债权人权利分类组别中对国家取均值。

抵押物，企业通过有形资产（或固定资产）进行担保，例如土地或建筑。实证研究一致表明，有形资产更多（通过固定资产与总资产的比来衡量[9]）的企业使用长期融资更多（见 Demirgüç-Kunt and Maksimovic 1999，使用 1980 至 1981 年 30 个国家的数据；Giannetti 2003，使用欧洲国家的数据；Magri 2010，意大利；Fan，Titman，and Twite 2012，使用 1991 年至 2006 年 39 个国家的数据；Kirch and Terra 2012，南美；Liu and Xu 2014，中国）。对抵押物的使用在债权人权利保护较强的国家尤其有效，因为这些权利保护使得债权人能在出现违约时获得抵押物。Qian 和 Strahan（2007）发现有形资产在债权人权利保护更好的国家与信贷期限之间的相关性更强。

良好的企业治理有助于监督管理者，因此可以使得企业使用更多的长期信贷。短期信贷的优势之一是它需要定期重新协商，这对于降低管理者和持股人之间的委托代理问题有积极作用。然而，Anginer 等人（2015）指出，企业有别的方式可以减少委托代理问题。作者们考察了通过独立董事以及更强的持股人权利保护进行的内部监督能否替代通过短期融资进行的外部监管。来自 2003 年至 2008 年间 23 个国家 7000 个企业的数据显示，公司治理更好的企业对短期信贷的使用较少，至少在投资者保护法较强的国家如此（专栏 2.7）。相关文献研究了政治联系和企业对长期融资的使用之间的关系。来自中国的实证研究表明，政治联系的确有助于长期融资的使用（专栏 2.8）。

关于企业使用长期融资的政策建议

稳定的政治和宏观经济环境是长期融资繁荣发展的必要条件。政治和宏观经济稳定性是经济机构预测与长期投资有关的风险及回报的基础。如果政治风险高，或者宏观经济不稳定（如通货膨胀率高或变化剧烈），企业可能不愿意投资固定资产，因此长期融资的需求可能就比较低（也见 Caprio and Demirgüç-Kunt 1998）。

金融发展与企业的长期融资可获性有关。企业获得长期融资的能力在拥有有竞争性且监管良好的银行体系及资本市场的国家要更强（Demirgüç-Kunt and Maksimovic 2002；Demirgüç-Kunt，Martínez Pería，and Tressel 2015a）。政府有时会试图通过补贴、直接贷款、国有银行等人为扩展信贷期限。然而证据显示，这些干预可能起到不良作用（Schiantarelli and Sembenelli 1997；Demirgüç-Kunt and Maksimovic 1998）。

健全的法律制度能增加企业对长期融资的使用。如果出资人能依赖法律制度来执行自己要求偿还贷款的诉求，他们就会更少利用短期信贷约束借款人（Diamond 2004）。通过如特别债务追偿法庭之类的快速合约执行机制，能够延长企业的信贷期限（Gopalan，Mukherjee，and Singh 2014）。其他有助于出资人执行自己诉求的法律制度包括债权人权利保护和破产法。

有效的公司治理框架能够减少企业对短期信贷的依赖。公司治理与贷款期限有关，是因为通过独立董事和更强的持股人保护措施监督企业管理者能替代通过使用短期信贷进行的监督。Anginer 等人（2015）发现公司治理良好的企业在所在国进行改善持股人权利的重大公司治理改革后使用的短期融资甚至更少。

专栏 2.7　短期信贷和良好治理：它们互为替代还是互为补充？

短期信贷使得企业暴露在信贷供给冲击及流动性风险之下。学界及政策制定者明白金融企业不能进行信贷展期进而无法偿还债务是导致 2008 年全球金融危机产生传染性违约的主要原因。

与此同时，短期信贷也能减少管理者和持股人之间潜在的委托代理问题。短期信贷将管理者置于投资人、评级机构等更频繁的监督之下。由于短期信贷需要不断展期，因此，这是一种监督企业管理状况的有力工具。

由于短期信贷既有流动性风险这一负面因素，又有监管作用这一正面因素，因此一个实证问题就自然浮现出来了，那就是企业是否应寻求替代短期信贷的其他方式来减少委托代理问题。或者说，短期信贷和良好治理在减少企业内部的委托代理问题时是否有替代性？

Anginer 等人（2015）利用 2003 年至 2008 年 23 个国家的企业层面数据调查了通过独立董事及更强的持股人保护而进行的内部监管是否能替代通过短期融资进行的外部监管。他们发现信贷期限和治理之间的关系取决于决定特定国家持股人及债权人权利的制度环境。

他们的研究结果显示有较强持股人权利保护和公司治理的企业从短期融资当中能得到的好处较少。也就是说，良好的公司治理能作为短期融资的替代品减少企业内的委托代理问题。但若债权人在企业破产时有较多权利，则良好的治理和独立董事会就是短期融资的补充。当债权人可以在不景气的情况下给管理者和企业带来巨大成本的时候，治理良好的企业的董事会和持股人会更多利用短期融资，以便将企业管理人置于这类强大债权人的外部监督之下，减少破产带来的无效率。从债权人的角度看，当他们有更多的权利、能有效地自己监督企业的时候，他们也不愿意依赖董事会的内部监管。与这一看法相一致，Anginer 等人发现公司治理、董事会独立性、有效的董事会规模等都和普通法系国家的短期信贷负相关，这类国家债权人权利保护较少，投资者权利保护较多。

Anginer 等人（2015）通过研究样本期间内加强持股人权利的重大公司治理改革确认了他们得出的跨国性结果。他们发现改革实施后公司治理和董事会独立性在减少短期信贷方面的作用有了很大提高（图 B2.7.1）。

图 B2.7.1　企业公司治理改革和短期信贷

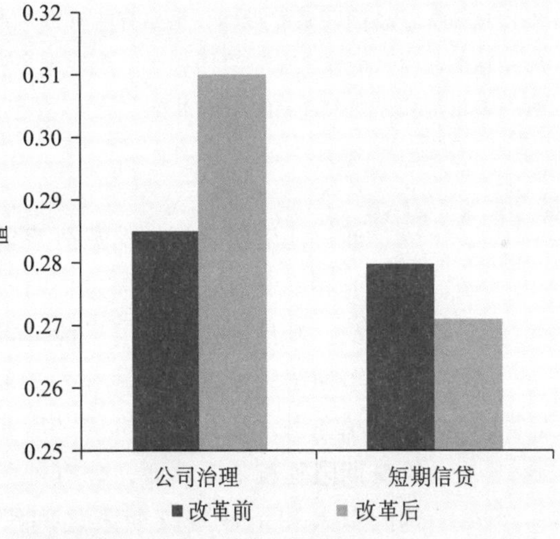

资料来源：Anginer and others 2015。

注：图中显示公司治理指数和短期信贷（一年内到期的信贷和总贷款的比）的均值，分别为改革前一年和改革后一年。治理指数是多项与治理有关的项目的平均，值越高代表公司治理越好。在考察期间内进行了治理改革的经济体包括澳大利亚、加拿大、芬兰、中国香港、意大利、挪威、瑞典。

专栏 2.8 政治联系与中国企业对长期融资的使用

两项不同研究的结果表明政治联系对中国长期融资的使用有积极影响。Li、Yue 和 Zhao（2009）利用包括 2000 年至 2004 年间超过 40 万个中国企业的（ASIF）数据表明在控制了其他企业特征变量之后，国有企业倾向于有更多长期信贷。

更近的 Liu 和 Xu（2014）的研究利用三个互补数据集的数据调查了中国政治联系的作用：2000 年至 2002 年世界银行企业调查；包括 1992 年至 2011 年上市公司数据的中国股票市场和会计调查数据集；1998 年至 2007 年工业企业年度调查数据库。他们的研究表明国有企业比非国有企业有更多的长期信贷，这一差异随时间推移而持续存在（图 B2.8.1）。此外，其他衡量政治联系的指标，例如有能够便利政府贷款的政府官员或企业本身附属于中央或地方政府等，也都和长期融资的使用正相关。

图 B2.8.1 中国企业对长期信贷的使用

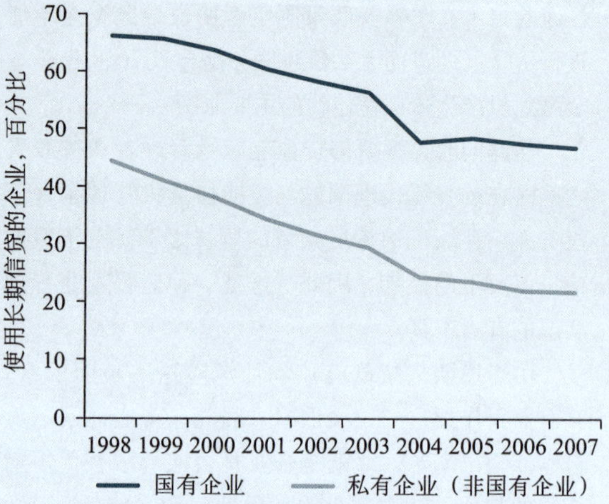

资料来源：Liu and Xu 2014。

注：本图基于 ASIF 数据，其覆盖了中国产值超过 500 万元的所有企业以及所有国有企业（无论规模）。

通过征信所进行的信息分享能凭借减少企业和出资人之间的信息不对称促进长期融资。来自征信所的信息能降低出资人通过短期信贷监督企业管理者的需求。研究显示在引入私有征信机构之后企业平均信贷期限延长了。然而，公有征信注册机构的引入和企业贷款期限之间没有联系（Martínez Pería and Singh 2014）。

动产抵押登记能增加企业可以用来抵押的资产总量，这有助于它们取得长期贷款。企业通常需要有形资产作为长期贷款抵押物，而机器或设备这类动产通常占企业资产的很大份额。引入动产登记和银行向企业贷款的期限正相关（Love, Martínez Pería, and Singh，即将出版）。

租赁机构能为固定资产提供融资。租赁是一种能让企业使用并最终拥有固定资产及设备的融资安排。尽管租赁倾向于在制度强有力的环境中更流行，但没有强有力合同法的国家也可以通过恰当的租赁立法发展租赁市场（IFC 2009）。

家庭对长期融资的使用

为什么家庭使用长期金融工具？

长期融资能让家庭在生命周期内完成他们不断变化的目标。如 Campbell（2006）观察到的，家庭需要在很长但有限的视界内做出计划，尽管他们借款的能力可能会受到很多约束，但他们有重要的不可交易的资产，例如人力资本，此外还有一些非流动资产，例如住房。随着家庭年龄增长，他们未来的不确定性会下降，但死亡的概率会升高。投资和预防动机是年轻家庭积累资产的主要原因（Gourinchas and Parker 2002）。在这一阶段，家庭可能需要债券、抵押贷款、学生贷款等金融产品，以帮助他们为未来作准备或者对物质资本或人力资本进行购置。在后面的阶段，预防动机变得更加不重要，但退休动机开始出现。[10]长期金融工具，例如年金、保险和养老金，开始成为较年老家庭的相关产品。[11]

长期融资和家庭生命周期风险

家庭要面对不同的生命周期挑战，例如与长寿、健康、死亡等相关的问题，这些可以通过长期金融工具更好地加以平滑。1965 年，Yaari 强调当消费者为未来做打算时，他们必须在不知道自己能活多久的情况下作决策。他证明生命存续时间的不确定性会导致生命周期中消费的增长更慢。拥有能对抗生命中不确定性的保险可以使得消费增长率更加接近完全确定性环境。年金、养老金、保险这类工具能在这种不确定性下保护家庭。年金和养老金帮助家庭为退休和长寿的风险作准备。最简单的年金合约由一份保险公司和消费者之间签订的合同组成，其中消费者一次支付金钱，以换来自己生命存续期间的定期收益。与之类似，养老金通常是固定支付，在退休后开始生效，基于固定基数，直到受益者死亡为止。其他产品，例如人寿保险、健康保险、长期护理保险，将潜在损失的成本，例如家庭收入来源者的死亡、疾病等，转移给第三方，并付出固定支出，例如保费。Yaari 的著作指出，对于风险厌恶型家庭，购买公平年金是对抗生命存续长度风险的最优工具。加入约束性较弱的假设后，Davidoff、Brown 和 Diamond（2005）得出了类似的结论。

然而在数据当中反映出来的家庭对特定长期金融产品的使用率还是很低。例如在美国，Koijen、Van Nieuwerburgh 和 Yogo（2011）利用来自医疗与退休研究的数据对家庭如何使用金融工具平滑长期健康、长寿、死亡等事件带来的风险进行了全面评估。通过研究保险决策、年金及私人养老金的生命周期模型，他们估计出了家庭偏离预期最优计划要付出多少成本。将私人保险的实际需求与模型估计出的最优需求进行对比后，研究显示家庭中位年龄为 51 至 57 岁，对于这一年龄，福利成本相当客观，约为其生命总消费的 3.2%。偏离最优可能是因为市场不完善，例如私人信息问题或借款约束，也可能是因为家庭自身做出次优选择。

其他研究显示对年金的需求在家庭中特别低。例如，英国是调查这一问题的最好实验室，因为其拥有多样化的年金市场供消费者选择。例如，利用对 50 岁及以上英国人进行双年面板数据调查分析，Inkmann、Lopes 和 Michaelides（2011）研究了年金市场的自愿参与。他们发现只有 6% 的家庭自愿参与年金。购买年金与家庭生命长度、受教育水平、金融财富、之前参与股票市场等行为正相关。通过度量生命周期储蓄模型并量化每个因素对年金需求的影响，Inkman、Lopes 和 Michaelides 得出结论，观测到的低年金需求可以用一系列因素来解释，其中包括已有养老金计划，也有家庭遗赠动机等等，这些都使年金成为不那么有吸引力的工具。低年金需求的一个例外是智利，在过去的几十年里其年金市场一直在扩张（专栏 2.9）。

专栏 2.9 智利年金市场的兴起

智利是第一个要求工作者购买退休产品的国家。它的退休产品，不论是以年金的形式还是其他分期返还形式，都在受益人在世时提供固定收入流。

1985 年，只有 3% 的智利人选择年金，2007 年则有 58%，这使得智利成为世界年金持有比例最高的国家（图 B2.9.1）。如 Rocha 和 Rudolph（2010）所述，多种因素使得这个国家的年金需求上升。

一个主要的原因是 1981 年国家养老金改革，当时智利用新的基于有限缴纳的私有全额拨款体系取代了旧的公有费用发生体系。在新制度下，退休金缴纳对所有工作人员都是强制性的，占工资的 10%，累积入个人账户。当他们退休时，可以自行决定是用累积缴纳向保险公司购买分期返还的养老基金年金，还是购买递延年金。对于支付的限制增加了所有退休工具的需求，包括年金。

图 B2.9.1 智利养老金比例，按退休产品选择类别分类

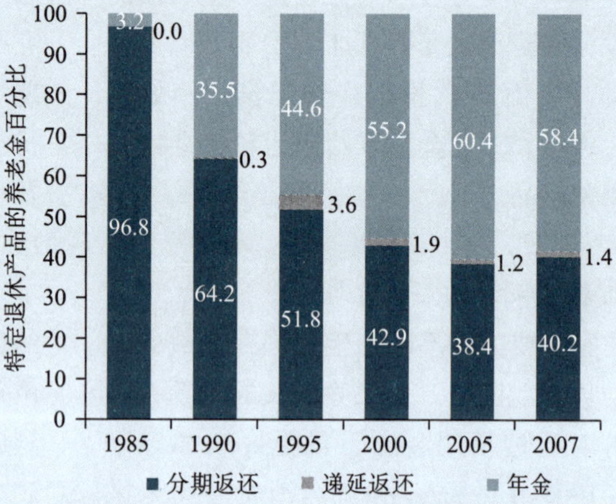

资料来源：智利养老金监管局，圣地亚哥，http://www.spensiones.cl。

每种退休产品都针对人们不同的需求和风险。尽管年金能提供针对通货膨胀、投资、长寿等不同风险的保护，但总体而言它们不能满足遗赠动机。另一方面，分期返还不仅满足遗赠动机，还能让购买者分享资本市场的收益。然而，这些工具不能保护购买者免于投资和长寿风险。由于分期返还的收益会随着时间而下降，它们最终会耗尽，此时购买者从政府获得最低回报（PBS 水平）。递延年金可以在早期负担较大额的支付，同时还有递延获得时的长寿保险。

由于智利 PBS 的价值相对较低，同时缺少统一的公立养老金，中高收入退休者比起分期返还工具更倾向于年金。这一倾向被保险公司的强大市场策略加强了。收益接近 PBS 的低收入工作者发现分期返还更有吸引力，因为他们可以在退休早期获得高收益。

因为年金、社会保险、养老金和保险等都能彼此部分替代，因此对其进行联合研究就十分重要了。以社保和人寿保险市场为例。一方面，社保计划能够通过使家庭平滑医疗及长寿风险，降低对人寿保险的需求（Lewis 1989）。利用经合组织 25 个成员国的样本研究保险市场，Li 等人（2007）发现社保系统规模和保险市场发展之间存在负相关。他们认为社保可能对人寿保险产生了挤出。另一方面，如果随着养家糊口者死亡而社保福利中止，同时又没能被遗属福利替代，则社保仅仅在养家糊口者在世的时候才能代表一种能增加家庭消费的资产。在这种情况下，社保支出可能与人寿保险正相关（Browne and Kim 1993）。尽管两个市场间的影响可能很模糊，但这些联系对于那些要研究这类产品的人而言很重要。

家庭长期投资的长期金融工具

正如企业中的例子，家庭可以利用长期金融工具进行购买或投资行为。通过将付款分散在不同时间，如抵押贷款或学生贷款这类金融产品能帮助家庭负担物质或人力资本投资，或是购买住房以及其他耐用消费品。

人力资本投资对金融市场的发展十分敏感。因为人力资本回报通常是要经过较长时期才能看到，因此学生贷款这类长期融资工具就是使这些投资变得可以承受的有效工具。人力资本和物质资本的重大差异之一在于它无法出售，这种投资是不可逆的，同时人们也没法用人力资本作抵押，因为这是无法扣留的。重要的是，人力资本投资通常是在特定的关键年龄发生的，因此不能延迟。满足所有这些条件的金融工具在较发达的金融市场里更常见。对一系列拉美国家进行的跨国研究发现，即使控制了一系列变量，信贷市场发展和入学率之间还是有着非常强的关联（Flug, Spilimbergo, and Wachtenheim 1998）。然而，这一发现只能被视为相关，因为这可能是其他因素导致的。

即使文献中一直以来都表示人力资本投资有正回报，但在很多国家里入学率仍大大依赖于家庭收入水平。如专栏 2.10 所示，很多针对发展中国家的研究显示由于资本市场不完美及缺乏信贷市场，存在儿童教育投资不足，童工上升的问题（Jacoby and Skoufias 1997; Baland and Robinson 2000; Ranjan 2001）。Ranjan（1999）指出如果贫困家庭能借到足够多的钱，超过儿童作为童工能赚到的，他们会愿意将孩子送到学校去而不是让他们去工作。在没有信贷机会的时候，贫困家庭送孩子上学成本太高了。

即使在高收入国家，不同收入家庭的入学率差异也很大。利用美国的数据，Carneiro 和 Heckman（2002）发现有两个因素能解释大学入学率：入学期间的短期信贷约束和更长时期的信贷约束。他们认为尽管短期信贷约束有影响，但与大学入学率更相关的决定因素是在儿童成长时期缺乏长期融资，并贯穿他们的整个成长过程。作者认为大部分入学率方面的家庭收入鸿沟可以用以下长期因素来解释：资源水平更高的家庭生出来的孩子在学校表现更好，能利用更高教育水平的优势。Carneiro 和 Heckman 提出为有少年儿童的家庭提供学费补贴的政策不能解决上述问题。他们认为让家庭在数年时间内能够投资于儿童教育的政策是在长期增加大学入学率的更有效措施。

长期融资和房产

在高收入国家，住房通常是家庭最大也是最重要的资产。因为大多数家庭只有在能够将房款分散在一定时期之内时才能买得起房，因此购房融资的可获性至关重要。

除了耐用消费品外，住房也是一项能严重改变家庭金融资产组合的投资。最近由 Chetty 和 Szeidl（2010）进行的研究通过将财产价值效应从家庭资产财富效应中区分出来，确认了住房对资产组合选择的影响，样本为美国的 6 万余个家庭。由于家庭在进行融资组合和购房决策时会依据一些无法观测到的信息，例如风险偏好，所以 Chetty 和 Szeidl 利用工具变量法分离了抵押贷款和家庭资产财富。这种方法分析了平均房产价格和住房供给弹性下房地产市场间的差异。一方面，作者发现在财

专栏 2.10 人力资本投资对信贷市场发展的敏感性

20 世纪 90 年代以来，越来越多的文献研究了借款约束对发展中国家人力资本积累及童工的影响。实证和理论证据都显示，放松家庭信贷约束能对儿童人力资本投资产生重要影响。

Jacoby（1994）是最先通过实证研究借款约束对入学率的影响的人之一，他着重关注秘鲁的儿童。他建立了一个家庭人力资本投资模型，其中包含信贷配给。这个模型最有力的结论是，投资人力资本只在没有信贷约束时才独立于双亲收入。如果家庭借款能力受到限制，则消费和人力资本决策的分离就会消失，低收入家庭就会牺牲人力资本投资来获得更高的消费。在用数据检验这一假设的时候，Jacoby 发现对于能获得信贷的样本家庭，收入较高的家庭受教育时间并没有增加。相反，对于信贷受限的家庭，收入较高意味着更高的入学率。

Jacoby 的结论表明助学贷款或助学金这类补贴对于增加信贷受限家庭的孩子的入学率可能是有效的。然而，这类政策应谨慎定位，因为它们只会影响信贷受限家庭儿童的学校教育行为。

其他研究得到了类似的结论。例如 Jacoby 和 Skoufias（1997）研究了不完全融资市场和人力资本投资的关系。他们着重关注印度乡村地区的儿童入学率与总体及个别收入波动的关系。他们的发现表明，家庭在面对收入波动时入学率的变化是对收入波动的自保式的反应，而这些变化平均起来只造成人力资本的轻微损失。

Beegle、Dehejia 和 Gatti（2003）研究了坦桑尼亚童工、收入冲击和信贷约束之间的关系。他们假设发展中国家乡村家庭以童工作为平滑消费的手段，这对未来的家庭收入有重要负面影响。他们发现粮食歉收会产生更多童工，拥有耐用消费品的家庭更能对抗这种冲击。他们的研究结果显示童工受信贷约束影响，因此更发达的信贷市场会对贫困家庭的人力资本投资有重要影响。

在南非，Edmonds（2006）对比了两组家庭之间的入学率和童工状况的区别：一组是现在有资格领取养老金的家庭，一组是知道自己明年就会有资格获得养老金的家庭。他发现领取养老金的家庭的儿童入学率大幅上升，总工作时间下降，另一组的儿童则没有变化。他的发现和信贷约束存在时是一致的，这两者都会导致家庭选择让儿童比没有约束的情况下少受教育。

富不变的情况下更高的抵押贷款会导致家庭更少进入股票市场，无论是集约边际或是扩展边际均如此。另一方面，在抵押贷款不变时家庭资产的增加会通过财富效应使家庭更多地参与股票市场。[12]

住房也可以让家庭放松信贷约束，因为它可以作为抵押物使家庭进入信贷市场。作为抵押物，住房能通过多种方式帮助家庭，从便利消费风险分担到改变家庭劳动和投资决策等等。Lustig 和 Van Nieuwerburgh（2004）发现住房抵押能帮助家庭放松借款约束，因此便利消费风险分担。他们发现当美国住房抵押没有普及时，地区消费对收入冲击的敏感度大约高出一倍。住房抵押更少的地区也有更高的敏感度。作者校准了一般均衡模型，之后又将其和数据趋势进行了比较。

作为抵押物，住房可能也能使家庭从更好的投资机会中获益。Adelino、Schoar 和 Severino（2013）表明，分离了个别和总体的需求效应后，在美国住房抵押还能便利创业和个体经营。他们发现美国房价在 2002 年至 2007 年出现了景气，比起房价没有变化的地区，房价上涨的地区出现了小企业创业的显著增加。更重要的是，在房价上涨的地区大企业的状况没有变化。

其他国家的研究支持了这些后来的发现。对高收入国家和发展中国家的研究一致发现家庭层次的信贷约束与创业有关（Evans and Jovanovic 1989；Holtz-Eakin, Joulfaian, and Rosen 1994；Gentry and Hubbard 2004；Cagetti and De Nardi 2006）。Wang（2012）分析了中国房改对劳动力市场的影响。这一改革赋予国企员工以优惠价格购买国企公租房的机会。实证研究表明，这些国企员工进行个体经营的可能性上升了 2 到 8 个百分点，相对对照组而言增加了近一倍。数据还表明他们换工作的比例也提高了，其拥有的商业资本量也出现了显著增加。

长期储蓄和期限升水

长期资产还让进行储蓄的家庭能积累并收获重要的期限升水，但相应也要承担更多风险（Merton 1971，1973）。因为长期储蓄通常比短期储蓄有更高的风险，更高风险的投资需要更高的期望收益才能吸引投资者。正如美国财政部收益曲线显示的（图 2.6），投资者期望从品质相同但期限不同的债券中获得的收益会随着债券期限的增加而增加。正如图中指出的，2014 年收益曲线的长期储蓄升水比 2008 年低。

图 2.6　美国财政部收益曲线

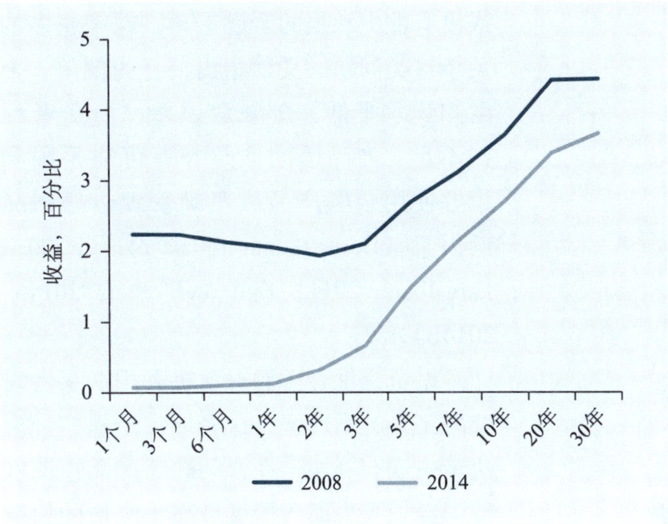

资料来源：美国财政部，华盛顿，http：//www. treasury. gov。

注：曲线将短期国库券收益与长期国库券及国债收益进行了比较。

最近几年期限升水下降了，研究显示，这种下降与宏观经济环境更缺乏流动性相关。多项研究认为，期限升水主要反映未来通货膨胀的不确定性：未来不确定性越高，投资者就需要更多的补偿来进行长期储蓄。能降低这种不确定性的措施也能减少长期投资者的风险，同时降低长期储蓄工具所需的补偿数额。大多数已有的关于估计期限升水的文献都集中关注美国，但 Wright（2011）利用 10 个高收入国家建立了名义零升水政府债券收益面板数据集。[13] 他估计并比较了每个国家的期限升水，发现在过去 20 年里，所有 10 个国家的期限升水都下降了。他的结论与通货膨胀是期限升水的重要组成这一论点是一致的：最大的下降出现在货币政策框架出现重大改革的国家，例如，引进通胀控制目标、增加央行独立性等。

与家庭使用长期融资有关的风险

家庭借款人和储蓄者可以从不同的长期融资产品中获益，但使用这类产品也有相当的风险。实证数据表明，容易遭到损失的消费者可能会购买他们自己并不了解或没有能力承担的金融工具。越来越多的关于这类问题的文献指出，行为偏差、金融知识水平低、金融意识差、消费者保护不足、产品透明度差等等可能是限制家庭使用金融产品或正确管理金融产品的因素（Hastings and Tejeda-Ashton 2008；Lara-Ibarra 2011；Cull and others 2014a，2014b）。

融资提供者可能有动机利用购买者对金融工具的不理解，这会导致严重的金融决策失误。例如，在智利缺乏产品透明度使得经纪人为那些提供最高手续费的保险公司出售年金，但这些年金不一定对退休者而言是最好的产品。即使要求退休者在自己选择年金之前必须获得至少 6 个月的报价，经纪人仍然能将客户引导到手续费最高的保险公司。2004 年，智利政府引入了年金电子报价系统来解决这一问题。这个系统提升了消费者可以获得的信息质量，因为它能让购买者直接掌握所有年金报价情况。多年以来，这个系统增加了透明度和价格竞争，成功地降低了经纪人在年金决策方面的影响。最近的参数表明这一系统帮助了退休者选出那些报价最优的年金（Rocha and Rudolph 2010）。

政府促进家庭更多参与长期融资的政策可能产生不良后果，例如美国的次贷危机。正如上一部全球金融发展报告（World Bank 2013a，2014）中讨论过的，美国次贷危机的关键因素是向低信用借款人过度扩张信贷，以及对抵押标准的放松。结果，很多房主进行了超过自己支付能力的抵押。利用国家消费者信用局个人信用档案进行随机抽样，Mian 和 Sufi（2009）研究了 1997 年到 2008 年间 7 万个美国房主的信贷行为。他们发现较年轻的、信用卡使用率高、初始信用积分低的房主有最强的借款倾向，而非增加家庭财富。Mian 和 Sufi 估计 2002 年到 2006 年的以房产为基础的借款占 2006 年至 2008 年新增违约中的 34%。多国的研究也表明如果房价与房主借款行为关系紧密，则房地产市场的明显波动可能通过消费或抵押贷款违约等对实体经济产生影响（专栏 2.11）。

家庭使用长期融资的指标及决定因素

在过去的 50 年里，全世界金融体系通过多种方式得到了长足发展。然而，这种发展并不一致。中等收入和低收入国家金融体系的深化不如高收入国家快（Beck，Demirgüç-Kunt，and Levine 2010）。关于长期家庭融资的证据显示出了类似的模式：长期家庭融资的使用在高收入国家仍然要高出很多（Honohan 2008；Badev and others 2014）。

最近收集的数据催生了一些衡量家庭对长期融资使用的新指标，既有国内指标也有跨国指标。我们这里特别提出一些能反映保险及抵押贷款市场发展情况的跨国指标。利用 Global Findex 提供的信息（Demirgüç-Kunt and Klapper 2012），我们提出了一系列特征事实，这些特征事实将多种长期融资工具的使用与家庭特征变量联系在一起，如收入和受教育水平。[14]基于一些研究成果，我们将继续讨论长期融资市场发展的主要驱动力。

保险市场发展的指标显示，高收入国家相对 GDP 的保险行业规模比发展中国家大。为了研究保险业的发展，Feyen、Lester 和 Rocha（2011）整理了 2000 年至

专栏 2.11　房产的繁荣与萧条

美国抵押贷款违约率的急剧增加导致了这个国家有史以来最严重的一次金融危机（图 B2.11.1）。Mian 和 Sufi（2009）表明，2007 年抵押贷款违约率的上升在那些次级借款人比例高的县里也更明显。有趣的是，随着次级抵押证券化的加剧（从 2002 年到 2005 年），抵押信贷在次级地区上升速度也异常高。

他们的研究表明，要理解抵押违约危机，关键是确认导致抵押信贷向全美次级县不成比例扩张的因素。多项研究指出，抵押信贷政策的扩张、与证券化相关的借款标准的弱化、不良抵押产品的不断增殖等都是次级抵押贷款异常增长的关键诱因（Glick and Lansing 2010；Rajan 2010；World Bank 2014）。

正如 Glick 和 Lansing（2010）指出的，多个高收入国家（如爱尔兰、西班牙、英国）经历了类似的房产繁荣—萧条周期。来自经合组织的数据显示，在前危机时期，家庭杠杆率在一些欧洲国家出现了显著增加。这些国家的房价在同期也更可能增长。在危机时期，一旦房价出现了下跌，消费就会显著下降。这一证据显示危机在那些增长由不可持续的借贷趋势推动的国家中更为严重。

图 B2.11.1　美国商业银行住房贷款违约率，1991—2004 年

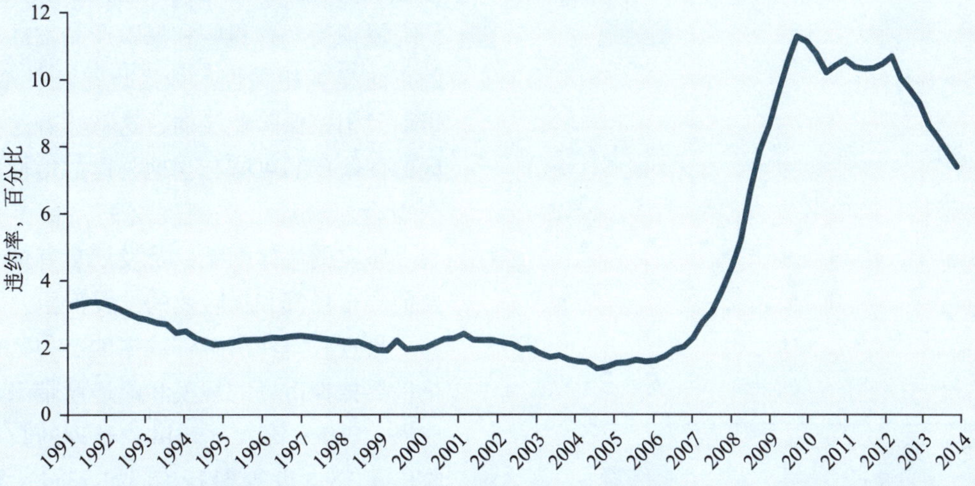

资料来源：联邦金融机构调查委员会（FFIEC），现状和收入的统一报告（1985—2000：FFIEC 031—034；2001 - 2014：FFIEC 031，041）。

注：违约贷款是指超过 30 天未支付且继续累计利息的贷款，以及非应计贷款。其比例按占期末截账的百分比来计算。

2008 年间 90 个国家不同资料来源的年度数据。他们用两项指标衡量特定国家保险市场的重要性。一个是一国人寿保险金总量与 GDP 的比，反映了保险市场在这一国中的渗透度。第二个指标是保险公司总资产与 GDP 的比。正如图 2.7 所示，这些指标表明发展中国家的保险市场仍然有巨大的发展空间。此外，如中东和北非这

图 2.7 不同地区保险业的渗透程度和规模，2000—2008 年

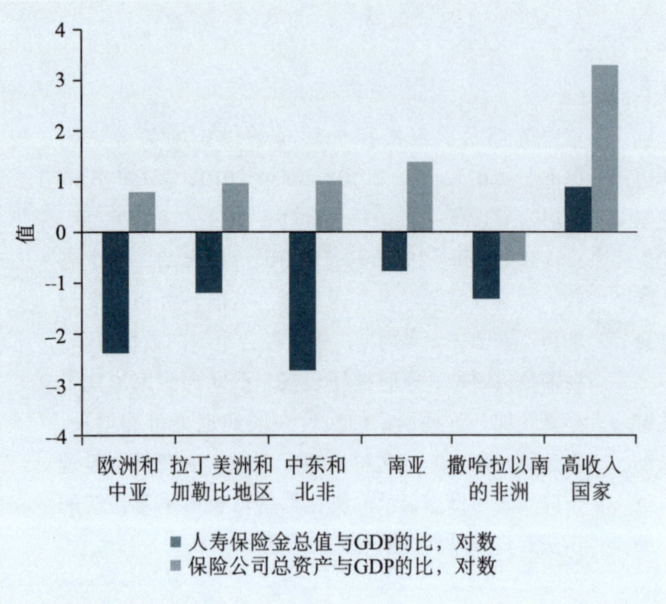

资料来源：Feyen，Lester，and Rocha 2011。

图 2.8 人寿保险金的规模和收入

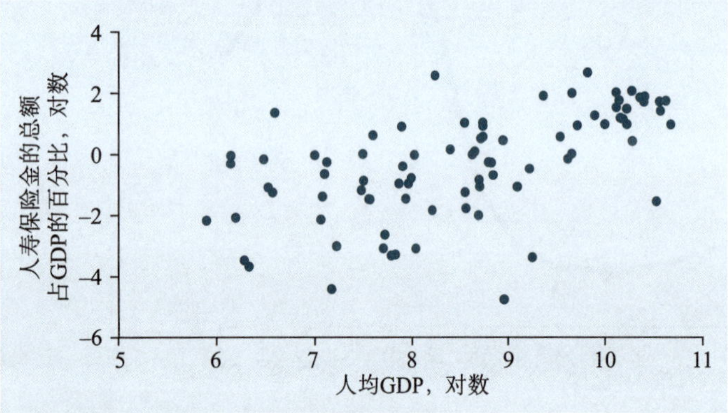

资料来源：Feyen，Lester，and Rocha 2011。

类地区的保险市场发展度最低。

稳定和健全的宏观经济环境与保险市场的发展相关。想要利用跨国数据明确判断哪些因素推进保险市场的发展是非常困难的，因为很难避免忽略变量或产生逆向因果问题。尽管如此，Feyen、Lester 和 Rocha（2011）发现了有提示性的证据，即在宏观经济层面，保险业的发展与收入和通货膨胀强烈正相关。这种联系是有启示意义的：因为保险是正常商品，高收入会提高家庭对保险产品的需求（如图 2.8 所示）。相反，当通货膨胀率上升时，保险的价值下降，使得保险产品对家庭的吸引力下降。这些发现也出现在相关文献中（Browne and Kim 1993；Beck and Webb 2003；Li and others 2007）。

人口和人口密度、地区、制度环境等也会影响保险市场的规模。人口和人口密度不仅仅代表市场规模，同时也代表风险分担的"池"的规模，因此是预示保险业规模的重要变量（Feyen，Lester，and Rocha 2011）。尽管理论上受教育程度应该也和保险需求正相关，但只有少数实证研究发现受教育程度和保险产品发展程度的正向显著相关性。地区也是相关变量，伊斯兰国家保险业较弱，这意味着这些地区的保险产品可能与当地公民的信仰不完全吻合。最后，在制度层面，私有竞争者、坚实的法律框架以及发展良好的信贷及债券市场都和保险业的发展正相关。

最近收集住房融资数据的努力为研究全世界抵押市场的规模和渗透度带来了新成果。Badev 等人（2014）整理的数据集收集了来自世界银行 Global Findex 数据库、房产融资信息网（HOFINET）、各国中央银行及金融监管机构、房产融资部门的多达 148 个国家的信息。[15] 利用这些数据，研究者为样本中的每个国家建立了两个指标。第一个是抵押深度，是流通在外的抵押贷款与一国 GDP 的比。第二个是抵押渗透度，是成年人中有房贷的人的占比。

与保险市场类似，这两个指标显示住

房融资市场在很多国家受到了严重限制。在样本中大多数国家，抵押深度低于10%，只有几个国家，例如丹麦、荷兰、瑞士，抵押深度超过80%。与之类似，在一半的国家里，只有不到4%的成年人有房贷（图2.9）。

尽管深度更高的抵押市场也能惠及更多的人，但按揭比率（LTV）并不与抵押市场的发展相关。数据显示，即使一些国家可能抵押深度更高（或渗透率更高），但两个指标的相关性很强。有趣的是，来自HOFINET的数据显示典型的LTV比率起始值不与房贷渗透率或深度显著相关（图2.10）。如墨西哥或格鲁吉亚这类国家，抵押深度和渗透率都很低，但LTV则和两个指标都很高的国家相差无几。这一发现表明，抵押市场的壁垒在于其扩展边际，而非集约边际。在有抵押的情况下，不同国家的集约边际相差无几。

所以宏观经济层面的指标是决定不同国家、不同时期抵押市场发展的因素吗？只有收入水平很高时抵押深度才上升，只有通货膨胀率很高时它才下降（图2.11）。Badev等人（2014）发现对抵押深度和房贷渗透度都有以下结论：在低收入和中等收入国家，抵押深度和渗透度都低，只有在很高收入水平的时候两个指标才开始显著上升。

这一状况表明，与银行体系不同，按揭抵押行业只有在国家达到高收入水平时才能得到发展。与之类似，在中等或高通货膨胀水平下，这些指标会持续较低，只有在通货膨胀率低的时候才会上升。正如作者指出的，这种与之前研究一致的关系表明稳定的宏观经济环境是发展按揭抵押这类长期融资的关键要素。Warnock和Warnock（2008）用不同的样本给出了证明抵押期限在发展中国家不像在高收入国家那样受欢迎的证据。发展中国家典型的抵押更倾向于更快到期且利率可变，而不

图2.9　抵押市场的深度和渗透度

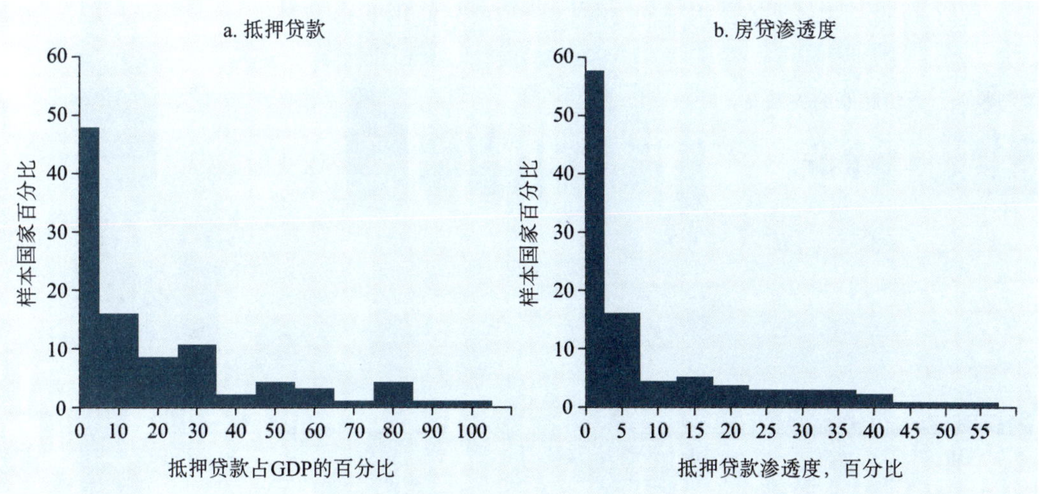

资料来源：Badev and others 2014。

图 2.10 抵押深度和典型初始抵押按揭比率

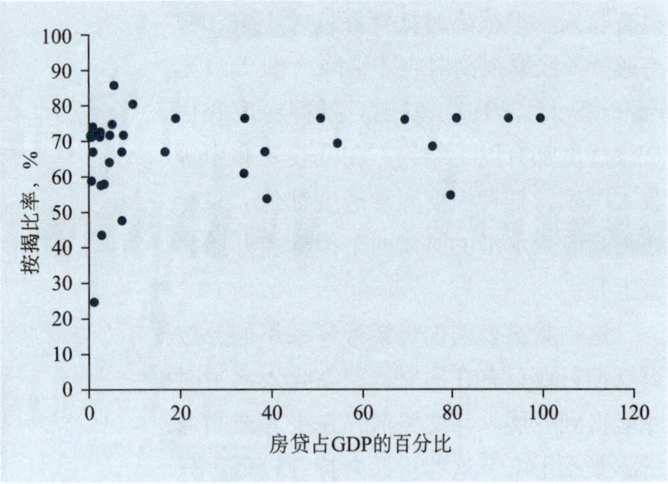

资料来源：房产融资信息网，宾夕法尼亚大学，费城，http：//www. hofinet. org。

是采用固定利率。

即使控制宏观经济变量，其他政策因素也与抵押市场的发展高度相关。Badev 等人（2014）进行的跨国回归显示国有银行以及对银行房地产活动的监管性约束与抵押系统的深度和渗透度负相关。与之相对，较强的消费者权利保护以及更有效的准入程序与抵押市场发展水平正相关。Warnock 和 Warnock（2008）的发现与 Badev 等人（2014）一致，显示住房融资发展程度和借贷双方合法权利保护（以抵押及破产法来衡量）显著正相关。[16]

重要的是，深度更高的保险业和更具流动性的股票市场也和更强大的抵押市场正相关。这一发现表明住房融资会随着其他长期融资市场一同增长。[17]

进一步的基准化分析确认了一国抵押市场与预测值相比是高还是低。Badev 等人（2014）利用回归分析得出了给定国家的抵押深度和渗透度是由多少国家层面的因素决定的（例如 GDP、人口规模及密度）。这一分析将在专栏 2.12 中详细讨论，它使得作者能预测哪些因素使得一国抵押市场没有达到应有的最优水平。

长期融资的发展和使用不仅在不同国家有很大不同，在一国之内差异也很大。Global Findex 的数据提供了特定国家有按揭贷款的成年人比例的信息，此外还有其他社会人口统计变量信息。这些数据让我们能够审视主要家庭特征变量对长期融资产品使用的影响。

图 2.11 抵押贷款与收入、通货膨胀的关系

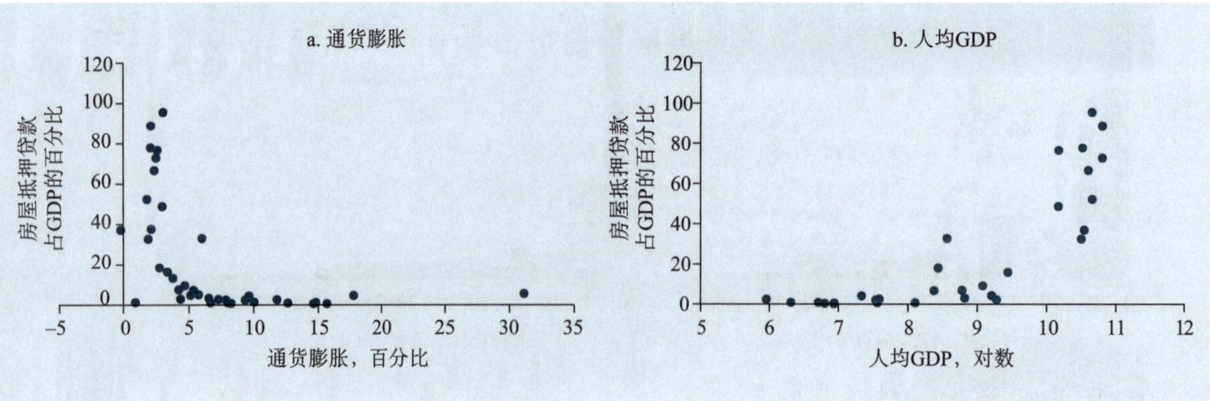

资料来源：房产融资信息网，宾夕法尼亚大学，费城，http：//www. hofi net. org。

在一国之内，收入是影响按揭抵押贷款使用的主要因素。[18]收入较高的个人更倾向于使用按揭抵押贷款。此外，跨地区比较显示高收入国家最贫穷的个人比低收入国家最富裕的个人更倾向于拥有按揭抵押贷款（图 2.12）。尽管个人收入与高收入国家有抵押贷款的比例近乎线性，但在很多发展中国家这种关系是指数式的，表示只有收入相当高的个人才有按揭抵押贷款。

尽管跨国长期储蓄产品的使用方面的详细数据难以获得，但 Global Findex 收集的信息有助于为我们理解家庭储蓄模式提供一些帮助。当被问及是否为未来储蓄时（无论是为了进行大宗购买、支出还是预备突发事件），发展中国家和高收入国家分别有 28% 和 50% 的成年人给出了肯定的回答。在高收入国家，大多数受过高等教育的成年人无论收入水平是多少都会储蓄。与之相对，在发展中国家只有受教育程度最高、收入也最高的人群中进行储蓄的人才超过 50%。专栏 2.13 给出了关于发展中国家贫困家庭如何进行储蓄的详细信息。

专栏 2.12　对购房融资进行基准化分析

Badev 等人（2014）进行了实证研究，对一国抵押市场应有多大规模进行了基准化分析，并将其与该国现有规模进行比较。这一分析指出了哪些国家按揭抵押市场规模因房产繁荣（例如因政府补贴或其他异常利好）超过了预期，因而似乎不可持续；哪些国家则因缺乏竞争或监管方面的限制而低于预期。

通过将按揭抵押深度和渗透度这两个指标对 GDP、人口规模、人口密度这类代表国家人口统计变量、经济特征变量的参数进行回归，Badev 等人可以预测一国应有的约束最优状态。图 B2.12.1 显示了购房融资缺口，或者说是按揭信贷深度及渗透度预测值与实际值的差。正缺口意味着预测值比实际值高，负缺口意味着实际值超过了预测值。

在东亚及太平洋地区、中东及北非地区，按揭抵押贷款比预测值高。欧洲和中亚、南亚、撒哈拉以南的非洲则和预测值接近。拉丁美洲低于预测值。

图 B2.12.1　按揭抵押深度和渗透度的缺口

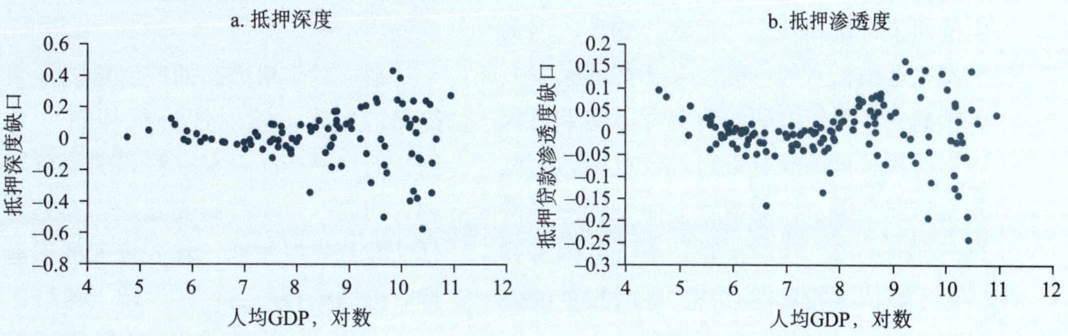

资料来源：Badev and others 2014。

图 2.12　有按揭抵押贷款的成年人，按收入和地区列示

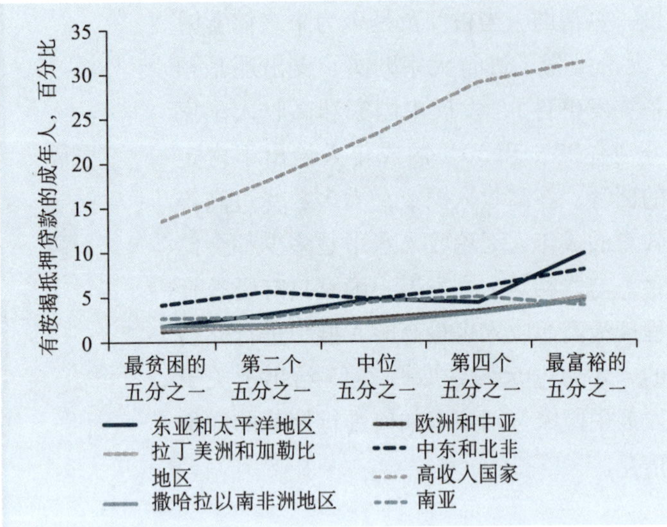

资料来源：Global Findex 数据库，世界银行，华盛顿，http：//www. worldbank. org/globalfindex。

低收入家庭较低的储蓄率可能是因为高收益伴随着高风险，而较贫困的家庭不愿意承受这样的额外风险。Zimmerman 和 Carter（2003）设计了一个模型，用以研究低收入、风险、不完全市场情况下的资产组合决策，他们发现应对风险的成本和能力在富裕和贫困的家庭之间差异很大。在他们的模型中，家庭在两种资产的选择上呈现了异质性。一种是高收益的增殖性资产，有变动性的回报，例如土地或牲畜。另一种是不能增殖的资产，有低但固定的回报，例如现金、存粮、珠宝。因为消费临近最低点的可能性对于贫困家庭而言很高，所以较贫困的消费者会追求更保守但回报较低的投资策略。较贫困的家庭不是试图平滑自己的消费，而是试图平滑自己拥有的资产。结果是，不仅贫困家庭错过了高回报投资的收益，同时投资的差异进一步加剧了贫困和富裕家庭之间的不平等。

总体而言，个人层面的收入和受教育程度与国家层面的收入、宏观经济稳定性、法律环境等一样，都是家庭使用长期融资时重要的决定因素。高收入、受教育程度更高的个人更倾向于利用长期融资工具，无论是作为储蓄者还是借款人。即使在控制了个人特征变量后，宏观经济环境稳定、低通货膨胀、法律体系健全的高收入国家其长期融资市场发展得还是更好。

受教育程度和认知偏差如何影响长期融资的使用

缺乏金融意识、金融知识和产品透明度等都限制了家庭使用金融工具或是正确管理金融工具。Lusardi 和 Mitchell（2006）在 2004 年健康和退休研究中加入了一个金融知识模型，以便更好地理解美国人如何做出退休计划。缺乏金融知识现象在较年长、受教育程度较低、女性、少数族裔的被试当中是很普遍的。作者发现，金融知识和对未来的计划高度相关。另一些研究更令人惊讶：金融知识匮乏的人对退休想得更少，他们大多数什么退休计划都没有。50 岁及以上的被试当中只有不到三分之一有退休计划。此外，金融产品，特别是长期产品，都很复杂，可能很难弄清楚。产品缺乏透明度会使客户更难做出正确的决策。

缺乏对金融产品的理解可能导致代价高昂的错误。这对按揭抵押而言尤其适用，而这种产品是家庭签署的最重要的金融合约之一。一些研究发现，家庭，特别是受教育程度较低、收入较低的家庭，通常对按揭抵押产品存在误解。通过比较出资人报告的数据和家庭报告的信息，Bucks 和 Pence（2006）发现有可调利率

专栏 2.13　发展中国家的贫困人群如何储蓄

发展中国家的贫困人群需要储蓄工具吗？一些研究显示贫困家庭愿意出高价购买低风险的储蓄工具，这反映出这些家庭有很强的储蓄意愿（Wright and Mutesasira 2001）。

Banerjee 和 Duflo（2007）分析了在 13 个发展中国家进行的家庭调查，这些调查记录了低收入家庭的生活状况。研究了两组家庭：极端贫困家庭，即人均消费低于每天 1.08 美元的家庭；贫困家庭，人均低于 2.16 美元的家庭。作者发现低收入家庭很少进行正式的储蓄或参与正规信贷市场。例如，信贷活动在调查之中水平很高，但极少有贫困家庭从正式出资人那里获得贷款。大多数都是向亲友、杂货铺店主、邻居等借钱或赊账，这种行为通常不可靠而且成本高。他们的储蓄模式也与之类似。

进行储蓄的贫困家庭会非正式储蓄。这部分是因为其可以获得的储蓄产品有限。在发达国家，即使贫困家庭也能接触到储蓄账户这类的基本产品，甚至是债券、储蓄存单这类略复杂的产品。发展中国家的贫困家庭通常没法获得这些产品，如 Karlan 和 Morduch（2010）所述。因此储蓄者通常投资于高风险资产，例如牲畜，或者利用非正式渠道，例如贷款联合或合作存款，这会收取较高的费用（Rutherford 2000）。

正如一些随机实验显示的，发展中国家的家庭如果能接触到更符合他们需求的储蓄工具，就能更多储蓄（Dupas and Robinson 2009；Brune，Goldberg，and Yang 2011；Dupas and others 2014）。和更富裕的家庭一样，贫困家庭也需要储蓄来面对生命周期的挑战，来对抗突发事件，来积累资产。因为他们的收入每笔都通常很小，所以他们需要能进行零存整取的产品，以便安全便利地存钱，并管理自己的多笔小额存款。

越来越多的从业者正在进行多项革新，以便将这些理论落实。例如在孟加拉，格拉珉银行发起了一个养老金产品，叫作格拉珉养老储蓄，这个产品要求客户每月存入固定的钱。5 到 10 年后，客户可以取出所有的钱，还加上利息。尽管这个产品的本意是帮助家庭养老，但这种账户也用来当作改善住房条件的存款或其他目的（Karlan and Morduch 2010）。尽管还需要更多的证据，但这类储蓄产品似乎在孟加拉越来越受欢迎。在对 2100 个服装工人进行的最近的一次调查中，大约五分之一的人称在银行拥有定期存款（Breza，Kanz，and Klapper 2015）。

按揭抵押的家庭（这种产品更复杂）会低估利率变化的总量，而且总的来说并不了解自己合约的条款。Campbell（2006）还表明，在美国很多家庭不能在利率下降的时候为自己的按揭抵押再融资。

最近的心理学及金融学方面的文献也关注了家庭金融决策时的行为偏差问题。Stango 和 Zinman（2009）发现个人在储蓄和借款时会出现不同的行为偏差。一方面，人们倾向于低估给定现值、期限、回报率的存款的未来值。另一方面，借款人会低估给定首付、月供、期限的贷款的利率。作者表明，即使控制了多种人口统计变量和收入因素，这些偏差仍和更多借款、更少存款、偏爱短期借款和短期资产正相关。正如 2015 年世界发展报告指出的，理解这些行为偏差及其如何影响金融决策，可以使我们设计出更恰当有效的政策，例如金融教育、自动登记注册系统、电子提醒系统等。专栏 2.14 总结了最近

专栏 2.14 通过实验学习改变赌博行为

Abel、Cole 和 Zia（2015）进行了一项创新实验来传达关于概率的信息。他们没有采用指导式的方式，而是考察了实验性学习如何影响人们的行为偏差。

为了做到这一点，他们进行了随机实验，被试被要求掷一个六面骰，直到出现 6 为止。一旦出现了 6，他们就用两个骰子重复进行实验，直到掷出两个 6。很快大多数人就意识到一次掷出两个 6 的概率非常低。然后他们被告知要想在南非国家彩票中奖相当于一次掷出九个 6。通过这个简单的游戏，参与者明白了概率的概念，而不需要参加任何复杂的数学或统计学课程。

这个实验的对象是 840 个来自南非乡村地区、受教育程度很低的妇女。研究包括两步随机化。首先是随机选出样本的一半来进行骰子游戏，另一半作为控制组。第二步随机化是实验的次数，这一步随机化只与实验组有关。对每个参与者，掷出两个 6 的次数都是随机的，掷出两个 6 需要花的时间越长，参与者理解中彩票概率很低的效果就越明显。

结果显示，在进行实验后，与控制组相比，“不幸运”的参与者（为了得到两个 6 而掷的次数超过中值）参与彩票赌博的概率低 40%，实验结束一年后的概率低 35%。

的体验性（非传统）研究成果。

尽管金融教育有效果，但证据显示有效进行金融教育是很难的。越来越多的利用随机提供金融教育进行的研究帮助我们确定了金融教育是否能够改善，以及最有效的信息传递机制是什么。尽管这些研究在初始设定、目标群体、干涉时间上各不相同，但仍有一些经验值得我们学习。

例如，Bruhn、Lara-Ibarra 和 McKenzie（2013）进行了随机实验，为巴西高中的学生提供金融教育。基于学校的教育干涉提供了重复教育和练习的机会，这有利于使学到的概念得到巩固。有很多高中被随机选进实验组或控制组。实验组的学生接受 17 个月的金融教育。尽管结果在量上只能说是一般，但即使教育结束 16 个月之后，实验组的学生在金融知识方面的得分仍更高，也更倾向于为未来的购买行为进行储蓄，而非进行分期贷款。

第二个例子来自在金融机构和政策制定者中越来越受欢迎的一种干涉手段。这种计划通常包括免费金融教育课程，内容有关于更好地负责任地管理个人金融的基础知识。Bruhn、Lara-Ibarra 和 McKenzie（2013）进行了对这种手段的估计。他们研究的计划在墨西哥城，是一项面向一般大众的半天的课程。课程内容包括储蓄、退休、信用卡、负责任地使用信贷等。为了评估这个项目的作用，研究者利用了一个激励设计策略，这种策略随机激励一些个人参加项目。他们的第一个发现是参与率非常低，即使在样本中感兴趣的人也是一样。在参加训练 6 个月后，实验组的储蓄略有上升，但管理数据显示对储蓄的影响是相当短期的。尽管课程包括了关于退休的信息，但对退休产品的意识或为退休进行的储蓄都没有发生任何影响。

目前的研究正在探讨其他替代性创新

措施的有效性，例如录像、大众媒体、游戏等在提高家庭金融知识方面的作用。娱乐媒体提供了广阔的接触空间，因为几乎每个家庭现在都有电视，也都是被俘获的受众。此外，当节目和观众之间建立起情感联系的时候，它会提供一个相当有力的平台来沟通信息并影响行为（世界银行，2014）。相当多的信息（特别是在健康和教育领域）表明了媒体在影响社会行为方面的成功。Berg 和 Zia（2013）评价了通过南非的一个热播电视肥皂剧“丑闻!”进行金融教育的效果。这一教育措施是一个长达两个月的故事，其中的主角通过赊账和赌博过度借款，陷入了信贷陷阱，最终寻求帮助脱离困境。结果显示看了这个故事的人改变了自己的行为，倾向于更正规、更长期的借款。

从金融教育相关文献中得出的一些教训有助于发展更有效的干预措施。针对大众进行宽泛的多主题金融教育的措施，例如墨西哥城的那个计划，通常成效甚微。原因之一是让成年人坐在课堂里可能不是传递信息的最佳方式。我们需要更多关于如何向更广泛的受众更好地传达信息的研究，但一个行之有效的方式应该是通过娱乐媒体进行教育，如 Berg 和 Zia（2013）所确证的那样。此外，各种评估一致认为，金融知识只有在所谓“可授时刻”才能最好地传达给受众。着重将具体知识传达给目标群体的策略通常更有效。例如，针对那些即将做出养老金计划的工作者发起退休计划讨论组，可能帮助他们做出更好的决策。

其他干涉手段，如默认登记注册系统或支付提醒等，能有效避免家庭犯金融方面的错误。默认登记注册系统能降低行为偏差或知识匮乏引发的问题。研究显示自动将工作者加入养老金计划这一简单的行为能激励养老金参与和缴费。Madrian 和 Shea（2001）发现，在企业自动将新雇员登记注册到新的 401（k）退休计划中时，计划参与率从 37% 提高到了 86%。其他研究者也发现了可观的影响（Thaler and Benartzi 2004）。基于这些证据，2006 年美国养老金保护法进一步便利了企业员工自动登记注册养老金计划的过程。提醒系统也能成为有效的工具。在玻利维亚、秘鲁、菲律宾进行的实验中，随机选取一些有定期储蓄账户的客户每个月接收信息提醒他们自己的存款承诺（Karlan and others 2010）。这些提醒计划让客户完成储蓄计划的比例提高了 3%，储蓄量提升了 6%。

对于家庭使用长期融资的推荐政策

总计起来，有很多政策有利于企业和家庭的长期融资发展。一方面，跨国研究发现了宏观经济层面的很多共同因素与有利的长期融资市场相关。这一证据表明，保险和按揭抵押业都能从健全稳定的宏观经济框架中获益。

一国的制度框架也和长期融资的发展相关。例如，保险业中，私有能促进行业增长，尽管在很多国家，国家是行业的主要从业者。具有支持性的法律框架和发达的信贷及证券市场也能加强这一行业的增长和发展。与之类似，国有银行和对银行业从事不动产的限制约束与按揭抵押的深度和渗透度都负相关。此外，研究发现购房融资和通过抵押法、破产法等形式对借贷双方的权利保护力度显著正相关。

对于家庭而言，需要开发更恰当的能符合不同客户需求的工具。尽管要明白国家层面强大制度环境及健全宏观经济环境与个人层面行为偏差及金融知识的关系，还需要更多的研究，但已有的研究显示后者是家庭的重要限制约束。例如，与其他金融工具一样，保险产品需要让客户在文化上和宗教上能够接受。近些年各国也开发了其他触及低收入家庭的手段。其中的一个例子是小型保险业，作为一种降低贫困人群脆弱性的工具，它正赢得越来越多的关注（Arun，Bendig，and Arun 2012）。

监管者也应当促进金融市场中产品透明度和消费者保护的发展。金融产品，特别是长期产品，可能对于使用者而言相当复杂。这种复杂性，加上融资提供者误导消费者购买对提供者而言更有利可图的产品的动机，可能会导致家庭犯代价高昂的错误。产品透明度能够提高消费者能获得信息的质量。

一种提高家庭金融教育和意识水平的方式是利用创新手段传达信息的金融教育干涉活动。

新的体验式而非传统式教育计划可能是更有用的信息传达方式；一个例子就是利用娱乐媒体进行干预，以便惠及更多受众。包含了太多主题的课堂教育难有收获。研究认为，金融观念在所谓“可授时刻”才能最好地得以传达。

其他干涉手段，例如默认登记注册和提醒系统能对偶发的错误进行实用的补救。行为经济学表明，这些工具有助于减少行为问题，例如过度借贷或储蓄不足。即使美国这样的高收入国家也正开始对工作者进行养老金计划的自动登记注册。

注释

1. 另一个实证问题是一些研究可能同时包括需要长期融资的企业和不需要的企业，而衡量长期融资对投资和企业业绩的效果基本上只和那些需要长期融资的企业相关（不管是否能真正获得融资）。
2. 这些发现可能是由对中国企业的补贴贷款导致的，这与其他研究一致，即长期融资若是按非市场条件提供，则并不一定与更好的企业业绩相关（Schiantarelli and Sembenelli 1997；Demirgüç-Kunt and Maksimovic 1998）。
3. 本章使用的 ORBIS 数据仅包括 1 个低收入国家和 13 个中低收入国家，但包括了 30 个中高收入国家和 43 个高收入国家。
4. 企业调查数据包括 30 个低收入国家，43 个中低收入国家，39 个中高收入国家，11 个高收入国家。
5. 通过股票市场和债券市场进行的长期融资的数据在第三章会进一步讨论。大多数国家能通过这些渠道融资的企业比例都比较低。
6. Broner、Lorenzoni 和 Schmukler（2013）建立了关于不同期限主权债券价格、回报等的数据库，包括 1990 年至 2009 年 11 个新兴市场经济体，这个数据库显示平均起来这些国家对长期债券要比短期债券支付更高的升水。
7. 较大的企业可能也有更多资产，这可能使他们更容易获得长期信贷。然而 Magri（2010）表明即使在控制了有形资产和资产期限之后，雇员数仍然与信贷期限显著正相关。
8. 例如 Bradley 和 Roberts（2004）发现对管理行为施加限制的信贷合约在美国很常见，当借款人是小企业时更容易包含此类保护性条款。
9. 对这一发现的另一种解释时，更多有形资产也意味着企业资产有更长的期限，因此将期限长的资产与期限长的负债进行匹配就是最优的（Hart and Moore 1995）。
10. Gourinchas 和 Parker（2002）用美国家庭估计了结构性生命周期模型，以便确认家庭储蓄的主要动机。结果表明，当家庭成员达到 40 岁的时候，他们的储蓄开始转变为由退休驱动的预防性动机。

11. 本章着重关注私人产品的提供。在公共产品存在的国家，对私人产品的需求会更低，这正如在关于特定长期融资工具的讨论中提到的一样。
12. Fougère 和 Poulhes（2012）利用法国家庭数据得到了类似的结论。然而，在量上他们发现持有更多家庭资产的财富效应在购置更昂贵住房时超过了风险效应，而在美国的数据中，两个效应彼此抵消。
13. 10 个国家是澳大利亚、加拿大、德国、日本、新西兰、挪威、瑞典、瑞士、英国、美国。
14. Global Findex 数据来自世界银行 2011 年的调查。这一调查代表国家层面，收集了 148 个国家关于市场金融产品以及其他成年人的社会人口统计变量。
15. HOFINET（房产融资信息网）是一个由宾夕法尼亚大学沃顿学院、世界银行集团、荷兰发展金融公司（FMO）建立的非营利机构。其中包括定期更新的国际房产融资信息。
16. Warnock 和 Warnock（2008）也发现信贷信息系统和住房融资发展之间存在正相关，Badev 等人（2014）的研究中这种关系统计上不显著。
17. 理论上，不动产市场的发展对按揭抵押市场的发展而言也很重要，例如为其提供流动性、便利市场估值。
18. Global Findex 数据也显示女性比男性更不倾向按揭抵押贷款，但差异不如收入组别之间的差异大。高收入国家中平均 20% 的女性有按揭抵押贷款，男性为 23%。发展中国家相应的数字为 2.7% 和 3.5%。在使用按揭抵押方面性别上的差异可能部分是因为在一些国家妇女在拥有财产的合法权利方面与男性不同（世界银行 2013b）。

第三章：关键信息

- 企业通过股票、债券和联合贷款进行的长期融资自 1991 年以来显著增长。其总量的实际值在高收入国家增加了 5 倍，在发展中国家增加了 15 倍。
- 长期市场的增长主要是由信贷市场（联合贷款和公司债券）推动的，占总增长量的 80%。
- 不是所有企业都通过股票或债券市场募集长期融资。只有一些规模十分大的企业才如此，且只有最大和历史最长的企业才发行最长期的债券。因为发展中国家的企业通常较小，因此发展中国家企业使用这类市场的比例也较小。
- 对于能接触信贷市场的企业，发展中国家的企业比发达国家的企业期限更短。这部分是因金融业和非金融业企业之间的差异以及融资项目的差异推动的。
- 国际市场在发展中国家企业的长期融资提供中起到了关键作用。它们募集的期限较长的资本大多是通过国际渠道获得的。国内信贷市场在大多数这类国家仍处于发展程度很低的水平。
- 2008—2009 年全球金融危机对信贷市场的打击尤其严重。因为高收入国家的银行处于危机的中心，发起自这些国家的联合贷款也出现了最大的下降，金融企业在公司债券发行发面也出现了长期下滑。发展中国家企业在危机中受到的影响尤其严重，因为国际借款在他们通过联合贷款募集的总信贷当中占到了近 100% 的比例。
- 危机之后，发展中国家的公司债券和国内联合贷款扩张了，但这些增长仍集中在极少数国家，而且因此不能弥补国际联合贷款市场提供的长期信贷的下降。
- 为了将长期融资扩展到少数大型企业之外，并减少那些能接触国际市场的企业的依赖性，发展中国家应进一步通过解决市场失灵和政策缺陷问题来进一步发展国内市场。特别是稳定的宏观经济环境、稳定的制度、国内金融系统的发展、政府债券市场的发展（若不对私有部门造成挤出）似乎对国内市场的发展有帮助。

第三章

市场对长期融资的作用

缺乏成熟的长期融资市场在很多发展中国家都是重要且难以解决的问题。自 2008—2009 年全球金融危机发生以来，这个问题在政策讨论中变得更为突出。接触长期融资基金能让政府和企业为大额投资进行融资，也能降低展期风险和降低出现代价高昂的危机的风险。已有的文献中有很多证据表明，融资的短期性正是一些著名金融危机的原因，无论发展中国家还是高收入经济体（Eichengreen and Hausmann 1999；Rodrik and Velasco 2000；Tirole 2003；Borensztein and others 2005；Brunnermeier 2009；Jeanne 2009；Raddatz 2010）。本章中将提出一些能帮助经济体延长信贷期限的政策建议；这包括显性高级债券的引入或与 GDP 相关的主权信贷工具（Borensztein and others 2005）。

尽管短期融资不是在什么情况下都是最优选择，但它们也有自己的用处。它能够使债权人监督借款者，并应对道德风险、委托代理问题、风险、监管和制度方面的不足等等（Rajan 1992；Rey and Stiglitz 1993；Diamond and Rajan 2001）。特别是因为借款者通常需要为短期信贷不断展期，债权人有能力在借款者行为与预期产生偏差、不能保证偿付融资的时候切断融资。结果是，短期信贷在投资者政策不那么友好的经济体中会更普遍（Jeanne 2009）。当长期信贷的成本超过短期信贷的成本时，借款人可能就会选择更短的债务期限（Alfaro and Kanczuk 2009；Broner，Lorenzoni，and Schmukler 2013）。

因此，将长期融资问题理解为债权人和借款者之间的风险分担问题可能更有益。长期借贷将风险转移给债权人，因为他们必须承担违约可能性变动及其他金融市场状况变动的风险。自然，债权人需要一笔升水作为这种信贷带来的更高风险的补偿，升水的数额取决于他们风险偏好的程度。与之相对，短期信贷将风险转移给借款者，因为它迫使借款者不断进行展期。因为这种关系，长期信贷未必在所有情况下都是最优的。理想状态下，借款人和债权人最终会决定在不同期限下如何分担风险。

然而，在很多经济体中，债权人和借款人并不总能进行长期融资。长期融资工具的缺乏可能是潜在问题的征兆，例如市场失灵和政策扭曲。缺乏长期融资也会对经济增长和发展产生不利影响。特别是这些经济体中的企业可能不愿意为长期项目融资，因为这会使自己面对与短期融资相关的展期风险（Diamond 1991，1993）。

为了理解不同经济体的企业如何进行短期和长期融资，本章记录了 1991 年至 2003 年间世界各地的企业如何使用关键市场（股票、债券、联合贷款）。本章分析了长期融资市场的增长，表明了有多少企业从接触这些市场的过程中获益，同时也表明了这些企业与完全不进行贷款的企业有何不同。本章还比较了高收入国家和发展中国家期限结构的差异，区别了国内与国际市场，显示了 2008—2009 年的全球金融危机在多大程度上影响了这类市场的主要趋势。本章的数据来自 Cortina、Didier 和 Schmukler（2015），其中详述了所有数据的来源。

本章中讨论的证据解决了数个问题。特别是企业使用哪些市场获得长期融资，这些市场如何发展，哪些企业能接触这些市场，有多少企业使用长期市场，企业的哪些特质与接触这些市场相关，长期与短期证券发行者有什么区别，高收入国家和发展中国家的企业有什么区别，国内和国际市场的长期融资条款有什么区别，最近的金融危机如何影响了这些市场的主要趋势。

本章首先描述了股票、公司债券、联合贷款的一般趋势，提出了关于企业使用这些市场的数量和特征的特征事实，以及高收入国家和发展中国家在期限上的差异。随后，本章介绍了国内与国际市场的差异，分析了 2008—2009 年全球金融危机如何影响了国内与国际企业债券及联合贷款市场的主流趋势，同时还包括了政策讨论。

金融市场和长期融资

这一部分提供了关于企业（金融类和非金融类）在 1991—2013 年如何使用股票、债券、联合贷款市场的系统性例证，区分了信贷市场内不同期限的融资。[1]本部分显示了资本市场的使用范围有多宽，并讨论了资本市场的使用与企业特征变量的关系，见 de la Torre、Ize 和 Schmukler（2012）以及 Didier、Levine 和 Schmukler（2014）的研究。大多数关于发展良好的金融市场重要性及其与经济发展联系的文献都着重关注这类市场的规模（Levine 2005；Beck，Demirgüç-Kunt，and Levine 2010）。[2]本部分提出的例证检视了初级市场的活动，区别了长期和短期融资，进而扩展了已有文献的研究。

在最近 20 年里，股票、债券和联合贷款的总融资量快速增长。高收入经济体中企业使用这类市场的总融资在 1991—2013 年间增长了 5 倍，发展中经济体则增长了 15 倍。尽管在发展中国家观察到巨大增长，但两种经济体之间的鸿沟仍然存在。尽管发展中经济体在 2013 年信贷总量占世界的 16%，大大多于 1991 年的 6%，占到了 GDP 的 5%。但在高收入经济体中，2013 年这类市场募资的总量占到了 GDP 的 15%。

图 3.1　股票、公司债券、联合贷款市场的总募资额，1991—2013 年

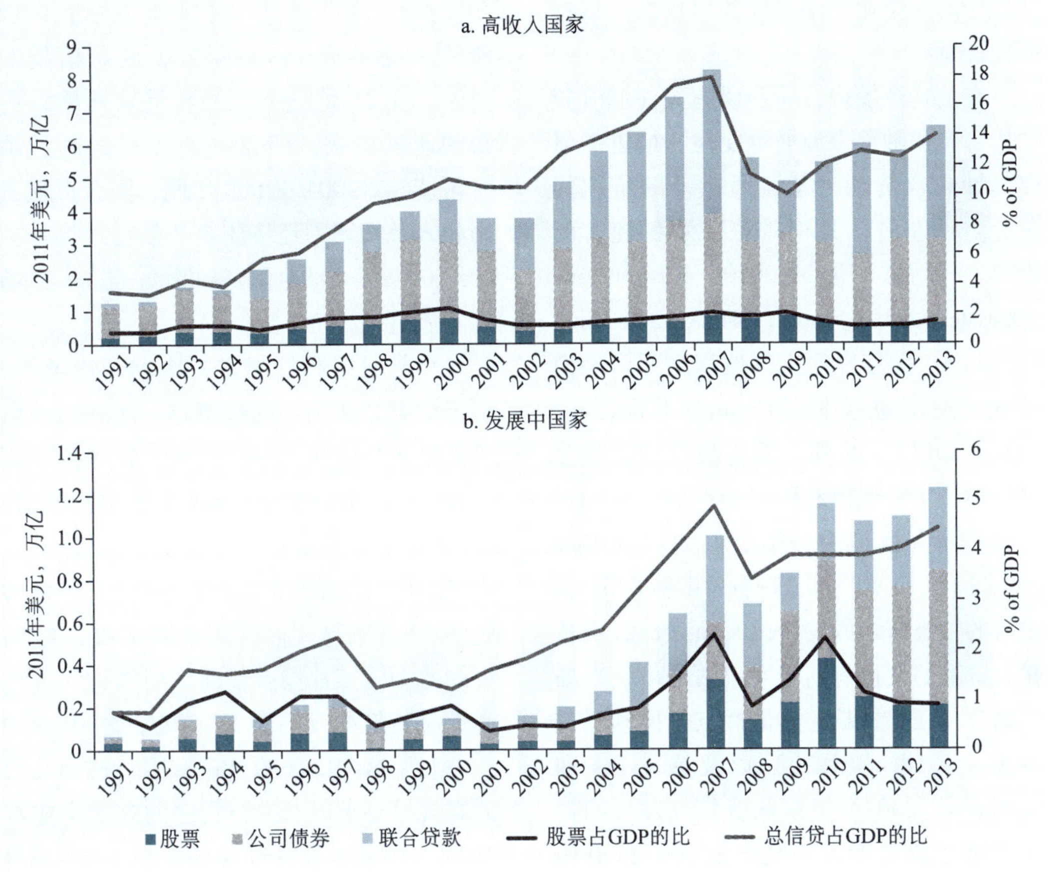

资料来源：Cortina，Didier，and Schmukler 2015。

大多数增长都出现在初级公司债券市场和联合贷款市场，而非股票市场。这两种信贷市场占高收入经济体企业年募集融资总量的86%，占发展中经济体企业募资总量的 72%。[3] 每年高收入经济体（图 3.1）。在发展中经济体，总额从 400 亿左右上升到了 1.2 万亿。[4] 在两个经济组别中，股票的上升都很缓慢。直到 21 世纪初，发展中国家的信贷市场才开始急速增长。结果是，1991—2013 年，长期信贷与股票的比在高收入国家从 4 增加到了 10，在发展中经济体从 1 上升到了 5。

尽管信贷是企业外部融资的主要来源，但股票和信贷市场可能有互补关系。一些研究显示，发达且流动性好的股票市场在创造并收集经济活动及企业基础信息方面起着关键作用。根据这种可以追溯到 Hayek（1945）的观点，股价代表了很多市场参与者的信息，这种信息反过来对企业管理者及其他决策者，例如资本提供者、消费者、竞争者、管理者等，是十分有用的。最近的实证证据支持“股价信息对企业投资及其他公司决策有影响”这一观点（Bond，Edmans，and Goldstein 2012）。其他研究关注股票和信贷市场间的互补性。例如 Demirgüç-Kunt 和 Maksimovic（1996）指出，金融体系欠发达经济体中的大企业会随着股票市场的发展提高杠杆率。

在信贷市场内，一些研究关注联合贷款作为企业融资来源的重要性。最近的研究估计联合贷款占总流通在外的贷款的三分之一左右，其相对重要性正随时间推移而加强（Huang 2010；Ivashina and Scharfstein 2010；Cerutti，Hale，and Minoiu 2014）。联合贷款比其他贷款通常规模较大，期限也较长（Cerutti，Hale，and Minoiu 2014）。此外，因为联合贷款和公司债券在交易规模和期限上近似，它们对于企业而言就是两个很近似的融资来源（Altunbas，Kara，and Marques-Ibañez 2010）。规范的二级市场的发展以及独立评级贷款联合贷款的发行有助于实现两种信贷市场的融合。联合贷款的其他优点也推动了这一潮流。Allen（1990）以及 Altunbas 和 Gadanecz（2004）发现联合贷款发行的初始费用比债券低，且联合贷款可以更快速、更审慎地发行。

联合贷款对出资人也有吸引力，见 Godlewski 和 Weill（2008）。银行能通过联合贷款获得更多样化的贷款组合，降低违约风险，增加融资稳定性。联合贷款也能避免向单一企业过多贷款，这是银行业监管不允许的，但与此同时仍能够与借款人保持商业联系。此外，领导银行（监督联合贷款安排的银行）可以获得服务费作为收入，因此能多样化自身的收入来源。最后还有一个很重要的优势，就是联合贷款能让缺乏某种特定交易类型发起权的银行为贷款提供资金。本章后面的部分会直接将联合贷款的模式与公司债券进行比较。[5]

联合贷款融资的重要性与日俱增。公司债券在 20 世纪 90 年代时是企业长期融资的主要来源，占每年发行的总信贷的 65%。在 21 世纪初，联合贷款开始以更快的速度扩张，到 2004 年，已经超过了公司债券。2004—2008 年间，联合贷款占高收入及发展中经济体企业信贷发行总额的约 60%。[6]全球金融危机延缓了这一市场的发展（见图 3.1）。

尽管股票和信贷发行市场高速增长，但极少有企业利用这些市场，能利用的也多数是大型企业。平均起来，在中位高收入经济体，每年只有 19 家企业发行股票，22 家发行公司债券，10 家进入联合贷款市场。中位发展中国家的值更低，分别为 8、6、6（表 3.1a）。两个国家收入组别中的典型国家都没有任何市场随时间推移而扩展的趋势（图 3.2）。

利用这些市场的企业有限，这和发行的高规模要求以及发行程序的高固定成本有关。中位公司债券发行额是 8900 万美元，中位联合贷款是 9400 万美元，中位股票是 1500 万美元。[7]发行额通常很大，因为小规模的发行不经济。发行的固定成本包括披露（间接成本）、投资银行佣金（通常是最高的成本）、法律费用、税费、评级机构费用、营销和出版发行费用（Blackwell and Kidwell 1988；Zervos 2004；Borensztein and others 2008）。因为它们限制了规模较小的企业通过资本市场发行证券的能力，因此这些成本对发行活动的供给方有影响。[8]需求方（如投资者基础）的力量也很重要，因为它们决定了有什么样的证券会提供出来。在一些经济体中，例如智利和墨西哥，机构投资者要求特定种类的证券，因此决定了企业如何使用资本

表 3.1　平均每年发行证券的企业数，1991—2013 年

国家/地区收入组别	股票	债券	联合贷款
a. 中位国家			
高收入国家	19	22	10
发展中国家	8	6	6
b. 国家/地区总量数据			
美国	1, 277	1, 220	1, 916
中国	217	127	62
印度	319	83	70
非洲	32	8	18
澳大利亚和新西兰	650	103	102
亚洲高收入国家	681	494	853
东欧和中亚	69	54	89
亚洲发展中国家	247	122	84
拉丁美洲和加勒比地区	110	270	69
中东	46	15	40
西欧	854	799	627

资料来源：Cortina，Didier，and Schmukler 2015。

注：本表报告了股票、债券、联合贷款市场的平均年度活动情况，表 a 中的数据先按年平均，再取国家中位，根据国家收入组别报告。表 b 报告了地区内各年的平均值。

图 3.2　平均每年的发行者数量

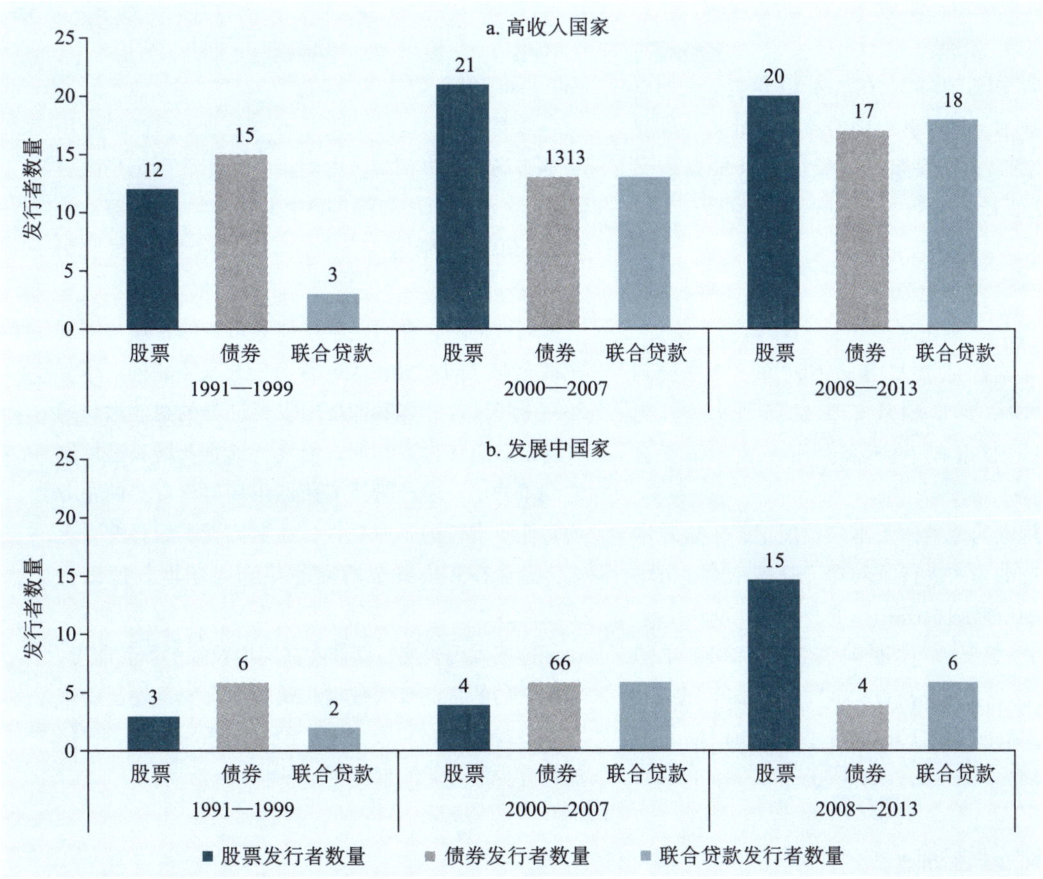

资料来源：Cortina，Didier，and Schmukler 2015。

市场。中小企业特别依赖外部融资，却不能利用这些市场，只能依靠银行（通过双边贷款）来为投资融资。

资本市场的使用在一些经济体和地区当中似乎比别的地方广泛得多。例如，美国平均每年发行者数在每种市场上都超过1000（表 3.1b）。一些发展中经济体也很突出。巴西就经历过资本市场的高速增长，这全拜组织良好的机构投资者和更良好的治理环境所赐（de la Torre，Ize，and Schmukler 2012）。

所有上市企业中（大型、成熟、能接触资本市场的企业），那些极少数能不时发行新股或新债券的企业通常比不发行的企业更大、增长更快、杠杆率更高（见专栏 3.1 里中国和印度的例子）。这些企业之间的差异具有统计显著性（表 3.2）。发行者之间也有很大差异：发行债券的企业比发行股票的企业更大、杠杆率更高、资格更老。[9]这一结果与公司融资啄序观点相对，后者认为更不透明的企业在发行股票前先发行债券的倾向更强（Myers and Majluf 1984；Fama and French 2002；Frank and Goyal 2003，2008）。

专栏 3.1　中国和印度的金融与增长

很难忽视中国与印度。在过去 20 年里，它们以极快的速度成为全球经济当中的强大力量。到 2012 年，中国已经成为世界第二大经济体（根据名义 GDP），印度第十。中国和印度加起来占世界总人口的 36%。[a]

它们的金融体系也发展迅速，根据多项标准，其深度也在增加，但在很多方面仍然落后。例如，中国股票市场总值从 1992 年占 GDP 的 4% 发展到 2010 年的 80%，印度则从 22% 发展到 95%。到 2010 年，中国股市有 2063 家上市企业，印度有 4987 家。

这两个国家的金融体系不仅扩展了，还从基本以银行为基础的模式进行了转型。股票和债券市场占金融体系的份额在中国和印度分别从 1990—1994 年的平均 11% 和 57% 扩展到了 2005—2010 年的 53% 和 65%（Eichengreen and Luengnaruemitchai 2006；Chan，Fung，and Liu 2007；Neftci and Menager-Xu 2007；Shah，Thomas，and Gorham 2008；Patnaik and Shah 2011）。

重要的是，这种扩张并不与企业更广泛地使用资本市场相关。例如，中国企业使用股票市场融资的数量在 2000—2004 年平均每年增加 87 个，2005—2010 年则为 105 个，而平均上市公司数为 1621 家。

与此同时，利用股票或债券市场的企业与不利用的企业之间差异很大，行为模式很不相同。尽管 2004—2011 年中国和印度未发行证券的企业增长速度与经济总体大致相同，但发行的企业增长速度则达到了两倍。通过股票或债券市场募集资金的企业通常比不发行的企业更大，在募集资本后会变得更大。企业在募集资金的前一年和当年增长速度会更快。

这些发现表明，即使在高速增长的中国和印度，即使它们的企业有无数增长机会、有大量外国资本流入，即使它们的股市中已经有上千家企业，但仍然只有少数企业能直接参与资本市场活动。

a. 更详细的分析见 Didier 和 Schmukler（2013）。

表 3.2　企业特征变量，按国家收入组别列示，2003—2011 年

特征变量	非发行者	股票发行者	短期债券发行者	长期债券发行者
a. 高收入国家				
总资产（百万，2011 年美元）	123.4	246.2**	1,406.7***	6,739.8***
销售额（百万，2011 年美元）	114.8	1,140.1**	295.2***	2,569.5***
雇员数	225	344***	948***	5,521***
资产增长率（%）	3.6	8.5***	8.9**	6.7***
销售增长率（%）	4.2	8.8***	5.7**	5.5**
雇员增长率（%）	0.7	4.9***	5.0***	3.2***
杠杆率（%）	49.4	52.2***	57.3***	62.5***
长期信贷与总负债的比（%）	16.7	21.0***	29.7***	39.1***
资产回报率（%）	3.1	2.7**	1.3***	3.9**
企业年龄（到 2011 年）	23	17***	20**	32**
企业数	16,857	11,516	1,166	2,587
占全部企业的比例（%）	56.27	38.44	3.89	8.6
总资产观察值	119,001	81,949	8,984	20,022
b. 发展中国家				
总资产（百万，2011 年美元）	66	191.2***	866.7***	2,027.3***
销售额（百万，2011 年美元）	49.6	111.8**	257.9***	744.1***
雇员数	498	814**	3,750***	2,777***
资产增长率（%）	4.3	13.1***	12.3***	11.4***
销售增长率（%）	7.6	10.5***	13.9***	11.7***
雇员增长率（%）	1.6	4.2**	4.3**	4.5**
杠杆率（%）	47.3	51.2**	57.8***	59.1***
长期信贷与总负债的比（%）	11.8	20.9***	30.7***	42.0***
资产回报率（%）	4.1	4.6**	5.0**	4.8**
企业年龄（到 2011 年）	30	21***	25**	35**
企业数	10,328	4,682	558	688
占全部企业的比例（%）	66.3	30.1	3.6	4.4
总资产观察值	69,650	31,579	4,262	5,150

资料来源：Cortina，Didier，and Schmukler 2015。

注：本表报告了中位企业值。企业层面的数据是将每个企业按时间平均。本表还报告了每个组别发行者与非发行者之间中位检验的显著性。非发行企业是在样本期间内未发行的企业。长期债券发行者定义为在样本期间内至少一次发行过 5 年以上期限的债券的企业。短期债券发行者是样本中其余的债券发行者。显著性水平：* = 10%，** = 5%，*** = 1%。

尽管高收入国家和发展中国家的大型企业都能接触到证券市场，但发展中国家的大企业数量较少，因此使用这类市场的企业比例也较小。[10]发展中经济体中小企业比例较高也预示着有更高比例的企业不能通过使用这些市场来获得外部融资（Tybout 2000；Gollin 2008；Poschke 2011）。

对于各种信贷期限，募集资金期限长

表 3.3 公司债券平均期限，1991—2013 年

发行地区/国家收入组别	所有企业	非金融企业	金融企业
a. 中位国家			
高收入国家	6.7	8.6	5.9
发展中国家	7.2	8.2	6.7
b. 国家/地区汇总数据			
美国	7.8	10.8	5.6
中国	7.3	5.9	9.1
印度	7.5	8.3	7.2
非洲	7.7	7.9	7.5
澳大利亚和新西兰	6.1	9.6	5.2
亚洲高收入国家	7.1	7.6	6.3
东欧和中亚	7.2	8.2	6.3
亚洲发展中国家	8.1	8.6	7.6
拉丁美洲和加勒比地区	8.4	9.1	7.3
中东	7.6	10.2	6.5
西欧	6.7	8.4	6.2

资料来源：Cortina，Didier，and Schmukler 2015。

注：表 a 中的数据先按年平均，再取国家中位，根据国家收入组别报告。表 b 报告了地区内各年的平均值。

的企业通常是最大、历史最长、杠杆率最高的。例如，高收入经济体中位股票发行者的资产约 2.46 亿美元，中位短期债券发行者（发行期限小于等于 5 年的债券）资产约 14 亿美元，中位长期债券发行者（发行期限长于 5 年的债券）约为 67 亿美元。在发展中经济体，这三个值分别是 1.91 亿美元、8.67 亿美元、20 亿美元。如果考察雇员数或销售额而非总资产，则不同类别发行者的规模差异会更大（见表 3.2）。此外，长期债券发行者通常比短期发行者的历史长 12 年，在发展中国家这个差异是 10 年。这些关于企业规模和期限的发现与理论一致，即小企业比大企业更容易面对委托代理问题或企业与投资者之间信息不对称的问题，因此发行的证券通常期限更短（Myers 1977；Barnea，Haugen，and Senbet 1980；Titman and Wessels 1988；Barclay and Smith 1995；Custódio，Ferreira，and Laureano 2013）。

发展中经济体的企业如果能接触到信贷市场，发行的短期信贷不会比高收入经济体的企业多。发展中经济体新发行的公司债券的平均期限比高收入经济体略高。例如，中位高收入经济体的公司债券平均期限是 6.7 年，中位发展中经济体为 7.2 年（表 3.3a）。[11]这一状况在各经济体和地区内一致（表 3.3b）。

在不同行业之间，金融企业通常比非金融企业发行的证券期限要短，在高收入经济体中这类企业发行额占债券市场总量高于发展中经济体。在高收入经济体中，金融业占总募资的 65%，平均期限 5.9 年；发展中经济体中，金融业占 49%，平均期限 6.7 年（图 3.3；表 3.3a）。在非金融部门，高收入经济体企业发行的债券期限比发展中经济体略长（平均长 0.4 年）。

图 3.3　公司债券的比例和期限，按企业行业类别和国家收入组别列示，1991—2013 年

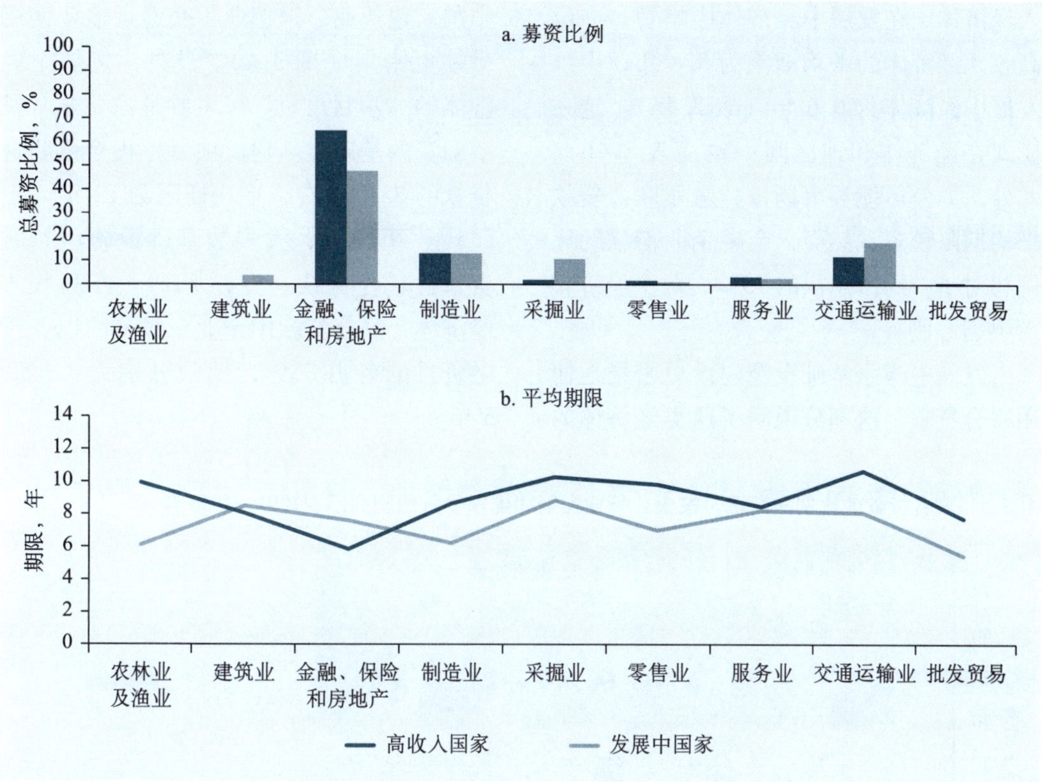

资料来源：Cortina，Didier，and Schmukler 2015。

表 3.4　联合贷款平均期限，1991—2013 年

发行地区/国家收入组别	所有企业	非金融企业	金融企业
a. 中位国家			
高收入国家	5.8	6.1	4.7
发展中国家	6.6	7.6	4.0
b. 国家/地区汇总数据			
美国	4.2	4.5	3.2
中国	9.6	10.5	7.6
印度	9.4	10.0	4.8
非洲	6.7	7.4	4.1
澳大利亚和新西兰	4.6	4.8	4.1
亚洲高收入国家	4.2	4.2	4.4
东欧和中亚	5.3	6.3	2.8
亚洲发展中国家	6.7	7.4	4.3
拉丁美洲和加勒比地区	6.0	6.3	4.1
中东	8.3	9.4	4.8
西欧	5.5	5.6	4.8

资料来源：Cortina，Didier，and Schmukler 2015。

注：表 a 中的数据先按年平均，再取国家中位，根据国家收入组别报告。表 b 报告了地区内各年的平均值。

在联合贷款市场中，平均期限在高收入经济体比在发展中经济体中略短。中位高收入经济体的平均期限为5.8年，中位发展中经济体为6.6年（表3.4a）。这一模式在经济体和地区间一致（表3.4b）。此外，如公司债券市场，金融业联合贷款平均期限较短。然而，金融企业借款的比例相对小，约占总额的15%，两个经济收入组别近似。

发展中国家基础设施建设更密集地使用联合贷款，这部分说明了这类经济体的企业为什么借款期限相对长。例如，发展中国家建筑业、采掘业、交通运输业使用借款更密集（图3.4）。此外，发展中经济体的“项目融资”（主要是需要非常长期融资的基础设施建设项目）占全部联合贷款的25%左右，平均期限为12年（图3.5）。[12]事实上，大多数基础设施项目融资来自联合贷款（专栏3.2）。在高收入经济体，联合贷款中企业一般目的以及再融资目的的各占35%，期限分别为4年和5年。

图3.4 联合贷款的比例和期限，按企业行业类别和国家收入组别列示，1991—2013年

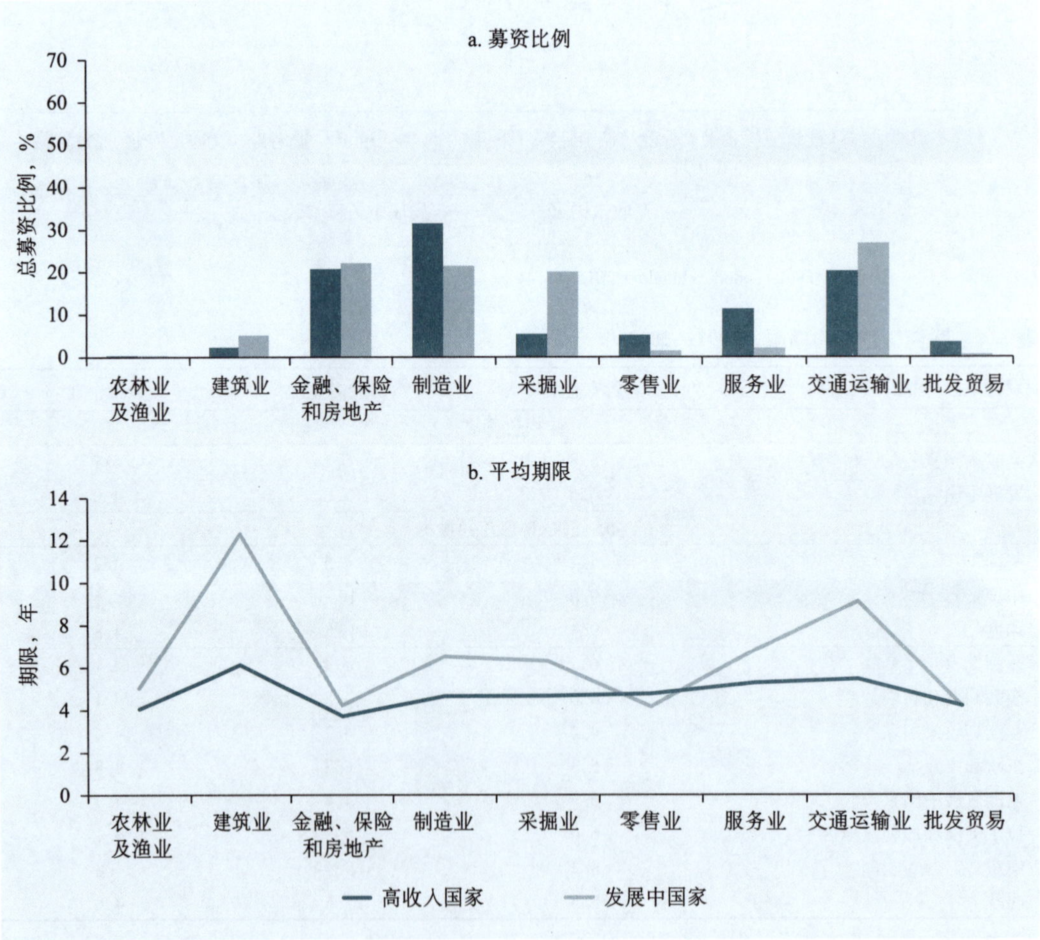

资料来源：Cortina，Didier，and Schmukler 2015。

图 3.5　联合贷款的比例和期限，按企业最初目的和国家收入组别列示，1991—2013 年

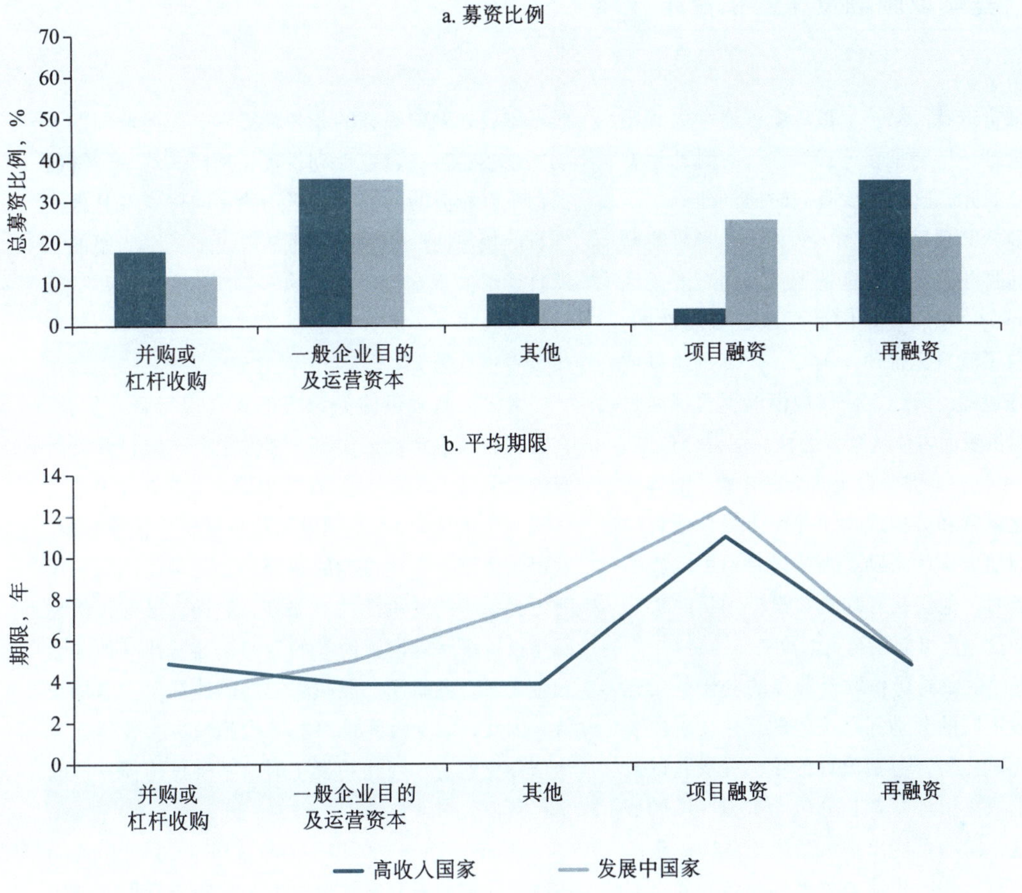

资料来源：Cortina，Didier，and Schmukler 2015。

专栏 3.2　基础设施融资和公私合作

最近几年里，关于增加基础设施融资的问题正越来越受关注。公私合作（PPPs）作为一种由公共部门提供基础设施的替代或补充手段，在近些年正变得越来越普遍。不仅国内机构，连国际组织，如国际金融公司、拉美开发银行等都对参与这类合作表示了兴趣。

PPP 通过所谓特殊目的载体（SPV）将基础设施的投资和服务捆绑进一个单一的长期协议。一系列私营投资者（通称赞助人）为项目融资并管理项目的建设，并在长期维护、运营项目设施，通常是 10 年到 20 年，在合约中止后资产回到政府手中。在移交前，私营合作者能收到支付流，以补偿起始投资和运营维护支出。根据项目及基础设施的类型，这些回报可能来自于使用费或来自于政府采购。

典型的 PPP 基础设施项目包括一个大规模初始投资，这是沉没成本，还有一个规模相对小的运营维护成本，这种成本贯穿整个项目的生命周期。大多数 PPP 项目都有四个主要经济特征非常重要，有

专栏 3.2 基础设施融资和公私合作（续）

助于理解其融资选择。第一，PPP 项目通常大到足以进行独立管理，特别是在建设阶段，有时即使在运营阶段也是如此。通常极少有同时协同建设或运营两个或更多 PPP 项目的时候。例如，项目可能坐落在离消费其服务的地方很远的地点，而有效规模是取决于地点的。项目资产因此是缺乏流动性的，如果项目失败了就毫无价值。第二，大多数建设或运营过程是分包的。因此，任何规模的项目都通过专业化服务提供者而内化（建筑公司、运营分包商、收费者等）。第三，捆绑建设运营会很有效。捆绑迫使投资者内化运营和维护成本，并产生设计项目以最小化生命周期成本的激励。当建设者对可实施的服务标准负责时，他们就有动机在设计项目时考虑到这些标准，这一点可能甚至更为重要。

PPP 融资的生命周期和融资资源的变化是由建设和运营阶段不同的激励问题决定的。建设阶段要面对巨大的不确定性，包括设计的重大变更，以及在很大程度上取决于赞助者和分包商努力程度的成本。因此，这一阶段可能出现大量道德风险。正如人所共知的那样，银行扮演监督者的角色，通过对项目合约的变更及 SPV、分包商的行为施加严格控制，可以降低道德风险。为了控制行为，银行只会在项目各个阶段完成的时候逐步放款。即使设计变更是没有预料到的，银行之间也可以迅速就重新建设进行协商。

在项目完成后，风险会大幅下降，只限于运营中可能影响现金流的状况。这一阶段应适合债券融资，因为债券持有者只关心影响现金流安全性、进而影响债券回报的重大事件，并不直接参与管理或控制项目。

PPP 的受欢迎产生了金融市场上的一种观点，即基础设施是一种新资产类型，具有独特的特征：高准入壁垒和经济规模（很多项目都是自然垄断），对基础设施融资服务的非弹性需求，与商业周期波动关系较小，高营业毛利，较长期限。这些经济特征似乎有相应的融资上的吸引力：与国家及其他类别资产相关性低的回报，通常超过通货膨胀率的长期且稳定的现金流，低违约率。理论上，这些特征对保险公司、一些养老基金、财富基金这样的长期投资者很有吸引力。

大多数基础设施的融资都来自银行联合贷款。在美国和其他高收入国家，债券融资与银行联合融资的比例是 1:5 或 1:6。在除中国之外的发展中经济体这一比例是 1:5。基础设施项目融资中债券较少，这仍是个谜。一种可能的解释是，基础设施项目风险更高，违约的可能性也略高。然而，尽管在最初四年投资级基础设施债券的违约率通常比其他非金融企业发行者略高，但四年之后的违约发生率要更低。因此，随着时间推移基础设施债券会变得比其他债券更安全。当违约发生时，基础设施债券回收率比其他公司债券高。

Ehlers、Packer 和 Remolona（2014）认为缺乏结构恰当项目的渠道通常折射出法律和监管框架的不足。基础设施投资在法律和金融方面十分复杂，专业性很强。这种专业性成本很高，投资者只有在有充足且可预测的基础设施投资机会的渠道时，才会愿意承担这些固定成本。否则，比起公司债券等其他资产，基础设施投资的成本可能会轻易超过潜在的收益。换言之，因为项目债券市场规模小，专注于这类证券的中介可能还未出现。作者们还指出，缺乏针对基础设施项目的连贯且可信的法律框架会阻碍基础设施融资的发展。此外，项目的经济可行性通常取决于政府的决策，例如定价、环保规范、交通运输、能源政策。即使有牢靠的法律框架，政府方面可能也会缺乏进行大规模基础设施项目的最优经验。

资料来源：Engel，Fischer，and Galetovic 2014。

国内和国际信贷市场

区分国内与国际市场很重要。在全球化及市场整合的时代，企业能同时接触到国内和国际市场。此外，这些市场能提供给企业不同的融资选择，包括不同的期限、不同的量、不同的发行货币（Gozzi and others，即将出版）。对于发展中国家的企业而言尤为突出，因为国际市场大多位于世界较为发达的金融中心，可以提供给这些企业接触那些企业本国市场不具备的融资机会。本章的其余部分着重关注使用非金融企业获得的数据，因为这些企业同质性更强。[13]

大多数中位高收入国家和发展中经济体公司债券市场的融资都发生在国外市场。1991 年至 2013 年，中位发展中国家比中位高收入经济体在国际公司债券市场上扩张幅度更大（83% 比 76%，表 3.5a)。[14] 只有 6 个发展中国家（玻利维亚、中国、马来西亚、巴基斯坦、泰国、越南）在国内市场融资的比例超过 70%。[15]

高收入经济体国内债券的期限比发展中经济体长。中位高收入经济体的平均发行国内期限比中位发展中经济体长 1.6 年。如果考察累积汇总数据，则差异为近 4 年（表 3.6a）。

表 3.5　每年募集的公司债券总额，按市场所在地区列示，1991—2013 年

发行地区/国家收入组别	国内市场（2011 年美元，百万）	国际市场（2011 年美元，百万）	国际市场占总量的百分比
a. 中位国家			
高收入国家	490	1, 558	76. 1
发展中国家	72	361	83. 3
b. 国家/地区汇总数据			
美国	309, 484	78, 264	20. 2
中国	29, 373	2, 393	7. 5
印度	3, 555	1, 786	33. 4
非洲	160	1, 146	87. 8
澳大利亚和新西兰	2, 731	10, 077	78. 7
亚洲高收入国家	75, 511	22, 287	22. 8
东欧和中亚	4, 128	6, 512	61. 2
亚洲发展中国家	8, 350	3, 768	31. 1
拉丁美洲和加勒比地区	17, 296	19, 297	52. 7
中东	266	2, 678	91. 0
西欧	62, 195	151, 599	70. 9

资料来源：Cortina，Didier，and Schmukler 2015。

注：表 a 中的数据先按年平均，再取国家中位，根据国家收入组别报告。表 b 报告了地区内各年的平均值。

表 3.6 国内与国际市场发行的公司债券的平均期限，1991—2013 年

年

发行地区/国家收入组别	国内市场	国际市场
a. 中位国家		
高收入国家	8.0	8.6
发展中国家	6.4	10.0
b. 国家/地区汇总数据		
美国	11.3	8.9
中国	5.8	6.9
印度	8.8	7.2
非洲	6.3	8.1
澳大利亚和新西兰	10.0	9.6
亚洲高收入国家	8.0	6.7
东欧和中亚	8.3	8.2
亚洲发展中国家	7.6	10.9
拉丁美洲和加勒比地区	7.5	10.6
中东	10.5	10.2
西欧	9.2	8.0

资料来源：Cortina，Didier，and Schmukler 2015。

注：表 a 中的数据先按年平均，再取国家中位，根据国家收入组别报告。表 b 报告了地区内各年的平均值。

国内金融发展与国内市场发行的公司债券平均期限之间存在正相关。这种关系通过将样本中每个经济体的国内公司债券发行平均期限与四个不同的金融市场发展指标进行比较就可得出：私有公司债券市值总额与 GDP 的比；私有信贷与 GDP 的比；股票市场市值总额与 GDP 的比；国内市场总发行数（图 3.6）。图中四个面板数据都显示金融发展程度与发行时的平均期限正相关，这表明长期市场会晚于短期市场发展，后者在经济不确定性更强的经济体中更普遍（Siegfried，Simeonova，and Vespro 2007）。在发展初期，国内市场发行的证券倾向于更加简单，期限更短。一旦国内市场变得规模更大、更有流动性，就会发行结构更复杂、期限更长的证券（IMF 2013b）。这一结果表明国内金融发展的重要性，这与企业能否在国内市场进行长期融资相关。

发展中经济体利用国际市场发行债券的企业通常期限较长。中位发展中经济体在国内发行的债券平均期限为 6.4 年，国外发行的债券为 10 年（表 3.6a）。此外，发展中经济体的国际发行比国内发行期限长，这一点是独立于发行的货币币种的。因此，无论是用本币发行还是外币发行，这个结论都不变。这表明期限的差异不完全是由企业是只在国内市场发行还是只在国际市场发行决定的。[16]这一结果说明利用国际市场的发展中经济体的企业是借此克服国内市场的不完全性。

国际债券发行规模比国内大，在国际

图 3.6　国内市场平均期限与国内金融发展程度的关系，按国家收入组别列示，1991—2013 年

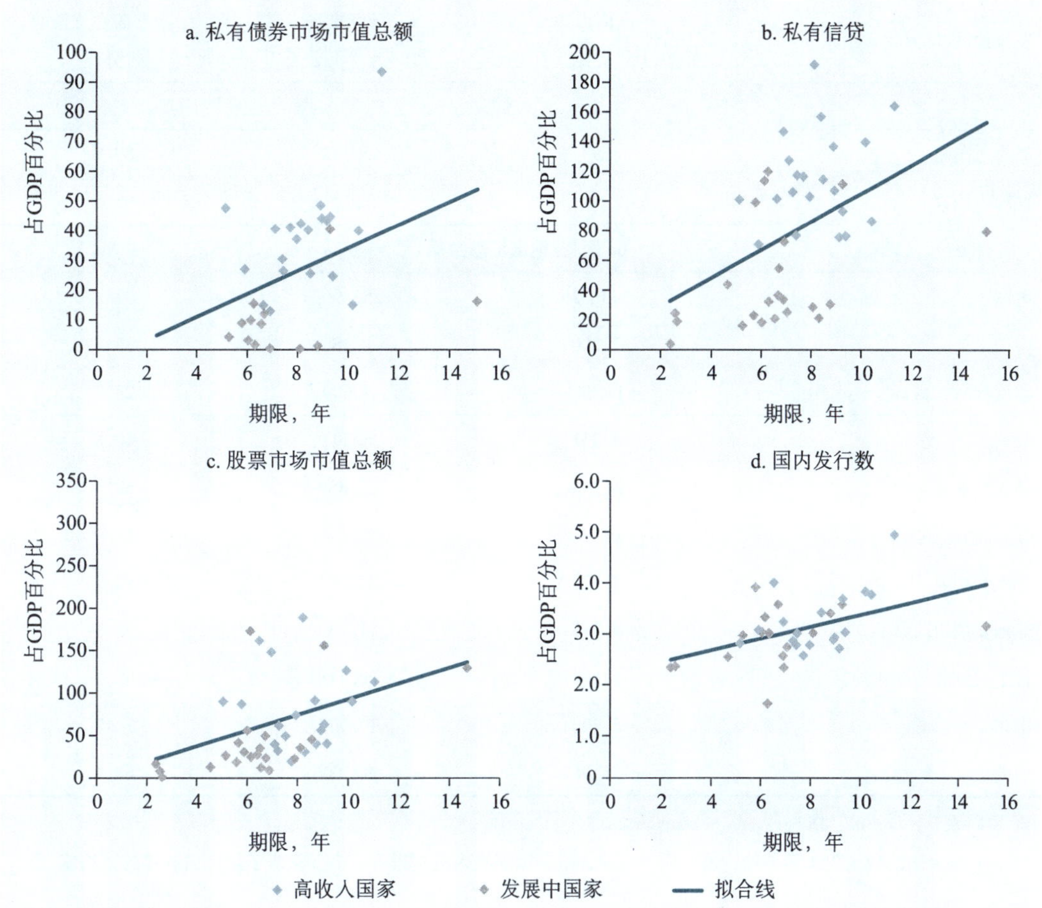

资料来源：Cortina，Didier，and Schmukler 2015。

市场上发行的企业也比在国内市场发行的规模大。国际市场债券发行规模上的分布比国内更偏向规模大，国际发行者自身的规模的分布也更偏向规模大（Cortina，Didier，and Schmukler 2015）。此外，国际发行期限最长的那些债券是由规模最大的企业发起的。国际债券和国际发行者的分布向规模大偏移，这在发展中经济体更突出。这一结果可能是因为使用国际市场比使用国际市场的壁垒更高。为了满足国际买家对流动性和规模的要求，最低交易规模通常比国内市场大（Zervos 2004）。此外，为了满足国际规范、支付国际评级费用，国际证券发行有较高的法律成本。事实上，高收入经济体中位公司债券发行额为 4700 万美元，发展中经济体为 1.18 亿美元，在国际市场上，中位值分别为 1.86 亿美元和 2.06 亿美元。

换言之，发展中经济体里少数能接触到资本市场的企业中，只有最大的那些才能海外发行，它们比在国内发行的债券规模更大、期限更长。这一结果表明发展中经济体里相对较小的企业不能发行国际债券，因为成本高昂，因此其很难接触到更

表 3.7 联合贷款市场年募资总额，按市场所处位置列示，1991—2013 年

发行地区/国家收入组别	国内市场（2011 年美元，百万）	国际市场（2011 年美元，百万）	国际市场占总量的百分比
a. 中位国家			
高收入国家	593	5, 292	89. 9
发展中国家	62	1, 283	95. 4
b. 国家/地区汇总数据			
美国	543, 326	252, 902	31. 8
中国	7, 200	4, 385	37. 8
印度	14, 837	4, 609	23. 7
非洲	1, 331	5, 593	80. 8
澳大利亚和新西兰	14, 356	21, 889	60. 4
亚洲高收入国家	101, 275	20, 546	16. 9
东欧和中亚	2, 379	27, 972	92. 2
亚洲发展中国家	4, 048	11, 133	73. 3
拉丁美洲和加勒比地区	1, 600	22, 118	93. 3
中东	5, 396	17, 773	76. 7
西欧	135, 962	294, 006	68. 4

资料来源：Cortina，Didier，and Schmukler 2015。

注：表 a 中的数据先按年平均，再取国家中位，根据国家收入组别报告。表 b 报告了地区内各年的平均值。

长期限的融资。与之相对，高收入经济体中的企业平均起来比发展中经济体更大，它们既能利用流动性更强的国内市场，也能利用国际市场，因此其接触长期融资的机会也更多。

与之类似，中位高收入国家和中位发展中国家大多数联合贷款都始自海外（表 3.7a）。国际借款在发展中国家总借款中占到了 73% 到 93%（表 3.7b），这表明最大规模的联合借款源自少数高收入经济体，主要是美国和西欧。印度是唯一国内市场占总联合贷款市场比例超过 70% 的发展中国家。在样本中大多数发展中国家，国内联合贷款活动规模很小或是根本不存在。

发展中经济体中的企业在长期融资方面对国际市场的依赖使得这些经济体更容易受到外部冲击。发展中经济体通过国际市场募集的几乎所有贷款都是外币。外币贷款如果没有得到适当对冲会有很大风险，因为汇率在资本流动时发生的变化可能会骤然增加还贷负担（Goldstein and Turner 2004）。[17]本币公司债券的发展可能是个长期难题，即使发展中经济体的政府能成功以本币发行期限相对长的政府债券，结果也是如此（专栏 3.3）。[18]这些经济体的公司债券市场发展缓慢表明私有信贷市场比公有信贷市场发展起来要更复

专栏 3.3　支持本币市场发展

在过去 20 年里，国际组织越来越关注并致力于支持各国发展国内信贷市场，以增强融资稳定性，并提供金融业更广泛发展的基础。

建立政府债券市场发展的概念框架

由 1997 年亚洲金融危机这类重大全球问题引发的本币债券市场发展，在 20 世纪末、21 世纪初越来越成为发展中国家关注的焦点，它们希望以此发展本地资本市场、降低金融脆弱性。广泛的国际关注以及来自发展中国家的不断上升的对支持建设更深化、更有效的债券市场的需求使得世界银行和国际货币基金组织这类国际组织更关注并致力于支持这些领域的政策制定者。首先是关注将健全的执行力与发展具有一致性的概念框架结合起来，指导政策制定者建设国内政府债券市场。世界银行与国际货币基金组织合作，在 2001 年出版了《发展政府信贷市场》（*Developing Government Debt Markets*）以便作为政策制定者的参考。为了对这些指导进行补充，并帮助各国从市场评估阶段走向改革落实阶段，国际组织的援助方向转向了实际操作。例如，世界银行的一个导航计划支持了 12 个国家进行诊断性评估，并为发展中国家政府债券市场提出了行动计划。这些计划中得出的经验随后被写入了《国内政府信贷市场：从诊断到改革落实》（*Domestic Government Debt Market: From Diagnostic to Reform Implementation*）一书。

从改革设计到落实

随着发展中国家从发行硬通货外部债券转向发行本币国内债券，增加国内市场深度和流动性的需求与日俱增，国际组织也开始转向支持各国落实市场改革计划。作为这种努力的一部分，世界银行于 2007 发起了全球新兴市场本币债券市场（Gemloc）动议，以加强向这些国家提供发展政府债券市场的顾问服务。利用这个项目以及其他一些计划，世界银行与各国财政部、中央银行、证券监管者合作，设计基于客户需求的解决方案，并积极支持它们的落实。这些帮助包括定向帮助解决特定问题，力图将本地市场基础设施与国际对接；也包括全面解决更为广泛的问题，例如战略问题或建立可靠的利率标杆。世界银行的计划也提供了虚拟论坛，以便各国通过对话深度交换意见和经验；同时通过南南合作促进各国政府和世界银行合作应对一般性改革问题。自 2009 年发起至今，对话论坛已经有 25 个国家、14 个议题，例如政策挑战、全球金融危机的影响、电子交易平台的使用等等。

发展国内政府债券市场——一些例子

在过去 5 年里，世界银行支持了 6 个地区超过 25 个国家发展其国内政府债券市场。提供给这些国家的解决方案和建议涵盖了加强市场运行的核心元素到创新性解决特定市场瓶颈的方案等等。

在摩洛哥，世界银行支持了一项复杂计划的落实，以建立可靠的利率标杆并促进市场流动性的增加。作为这一努力的一部分，建立了一个初级市场发行计划，以支持标杆建设计划，不断修改初级市场交易者协议以便更好地加强价格形成机制，同时建立了电子交易平台，增加价格透明度，鼓励初级交易者积极活动。

为了支持肯尼亚的投资者基础多元化，并为零售业提供正规储蓄渠道，发起了一项创新计划，以便设计并落实一个通过手机进行的新的政府证券发行渠道。这个计划旨在通过简化程序、通过手机技术提供低成本政府证券发行途径，扩展零售投资者接触政府证券市场的渠道。

巴西正在进行一项创新固定收益兑换贸易基金计划，以解决市场流动性约束，协助扩展投资者基础，这项计划是由世界银行协助设计并发起的。这

专栏3.3 支持本币市场发展（续）

一发行人驱动的计划是一种新金融工具，能提高发展中国家固定收益基金在经济上的可行性。

促进本地公司债券市场发展的合作努力

自2008年依赖世界银行集团和其他国际组织支持20国集团进行与本币债券市场发展相关的工作。[a]作为这项工作的一部分，众多国际组织于2011年11月发起了联合行动计划，以便将促进发展中国家地方公司债券市场发展的努力加以整合。2013年，发布了一个一般性地方公司债券市场诊断框架，以帮助政策制定者和技术提供者评估这类市场的发展情况和效率，并设计发展战略。国际组织间的合作也包括向发展中国家提供关于地方公司债券市场发展的技术援助，这得到了国际组织间项目数据库及各种年度会议的支持。

资料来源：IMF and World Bank 2001；World Bank 2007；IMF 2013b；www. worldbank. org/capitalmarkets；www. gemloc. org。

a. 参与国际组织工作组的机构包括世界银行集团，国际货币基金组织，亚行，非洲开发银行，美洲开发银行，欧洲重建及发展银行，经合组织，国际清算银行，同时也得到了德意志银行的积极支持。

杂，需要更强的制度和监管框架。

一些研究关注发展地方公司债券市场的益处。良好的公司债券市场能够提升长期融资的可获性，便利资本流动，缓解外部危机或资本外流的影响，提供稳定的国内企业融资来源，让广泛的储蓄来源成为投资源泉（Gyntelberg 2007；Laeven 2014；Levinger and Li 2014）。[19]对发展中国家而言很重要的一点是，国内市场的发展有助于使金融体系多元化，而正如前文所述，目前它们大多依赖国际市场。此外，发展良好的公司债券市场让企业能接触除银行外不同的长期融资来源。这不仅直接降低这类企业的资本成本，还会增加银行体系的竞争压力，提高经济体中资本分配的效率。

国内债券市场的发展需要宏观经济和制度的健全、运行良好的金融基础设施、具有流动性的政府债券市场。Burger 和 Warnock（2006）表明，历史通货膨胀率低、制度更良好、具有可执行的债权人权利保护的国家也会有更发达的本地公司债券市场。这一研究还发现，公司债券市场发展的必要条件与其他相关市场的发展类似，例如企业债券市场。Guscina 和 Jeanne（2006）发现国内政府信贷比例、货币稳定性、国内金融发展之间正相关，这表明银行业规模大有助于政府在国内发行债券。与这一结果一致，Claessens、Klingebiel 和 Schmukler（2007）发现金融体系深度更大（投资者基础更大）的经济体有规模更大的国内政府债券市场。发展良好的政府债券市场是国内公司债券市场发展的基础，因为前者能提供债券定价的标杆，从而创造必要的交易基础设施（专栏 3.4）。

国际市场提供的服务对于金融发展也很重要，因为它们能向企业提供接触全球的多样化投资者的机会，通过这一点能弥补国内债券市场的发展不足。外国市场也有可能成为竞争性市场，通过将流动性引离较不发达的国内市场来阻碍后者的发展。Gozzi 等人（即将出版）表明这种竞争性替代可能性较低，因为能同时接触国内外市场的企业会利用两种市场进行不同类型的融资，这表明国际市场对于那些非常大型的企业是补充，而不是国内市场的替代品。

专栏 3.4　国内公司债券市场发展的基本元素

尽管智利和马来西亚这样的发展中国家成功发展了初级公司债券市场，取得了公司债券市场得以繁荣发展的均衡条件，而这在很多其他发展中国家都很难做到，在其他发展中国家里，一小撮买入后囤积债券的投资者支配了市场，因此缺乏市场流动性（Garcia-Kilroy and Caputo Silva 2011）。

规模适当的积极的债券市场需要健全的公司治理、强健的法律框架、多样化的投资者基础、有效的基础设施（Laeven 2014）。特别是由于公司债券本质上流动性相对较弱，因此集中发展公司债券市场的努力应放在加强初级市场的效率上，同时确保在二级市场上提供恰当的退出机制。

至于初级市场框架，首要的重点是确定潜在国内债券发行者的需求。特别是市场评估应考虑到发行者的规模和类别，以及可能的结构性约束。例如，一些国家之中，由于大企业借款人与银行之间存在健全有效的关系，因此企业对资本市场融资的需要有限。在这类国家，促进公司债券市场的发展可能更为困难，需要更长的时间。此外，要便利企业接触公司债券市场还需要监管框架，这个框架不宜在披露要求、准入程序、时间、成本上过于严苛。

健全的国内公司市场发展还需要相关市场的良好表现（IMF 2013b）：

第一，运行良好的货币市场是运行良好的长期信贷市场发展的前提，因为前者能确定短期信贷工具的价格。货币市场提供给投资者管理风险和期限的工具，因此对二级市场的流动性而言也同样重要。在这一意义上，有效运行的货币市场提供了收益曲线短期一侧的关键市场定价，影响了长期公司债券。

第二，政府信贷市场是国内公司债券市场的基石。健全的主权信贷管理及定期发行不同期限的标杆债券是建立收益曲线的核心，而收益曲线对于公司债券有效定价又是必须的（特别是长期）。此外，中央政府的融资需求决定了公司债券的范围，特别是在政府和私有部门竞争有限的长期资源的相对较小的市场里更是如此。

然而正如一些研究报告的，政府与公司债券市场之间通过竞争投资者基金而产生的挤出效应也是非常重要、值得考察的（Friedman 1986）。例如，Graham、Leary 和 Roberts（即将出版）发现了政府借款和公司信贷发行之间存在负相关，这和挤出效应对公司信贷需求曲线的影响是一致的。

第三，银行系统也扮演着公司债券重要的供给者、担保者和购买者（自己购买或为客户代购）角色。这种角色会随着国家发展、金融体系深化、国内投资者基础多元化而演进。与此同时，银行体系会向那些不能接触债券市场的家庭提供金融服务，这有助于加强市场流动性，延长金融证券的期限，因为银行体系可以代表家庭持有证券。

全球金融危机：关于债券和联合贷款的证据

2008—2009 年的全球金融危机暂时延缓了发达国家和发展中国家信贷发行活动的快速扩张。[20] 2000—2007 年间非金融企业发行的公司债券和联合贷款在高收入经济体年均增长率为 10%，发展中经济体为 23%。2008 年总信贷发行量分别削减了 40% 和 33%。

公司债券发行在 2009 年再次开始增长，但联合贷款融资的崩溃规模更大、持续时间更长。公司债券市场在 2009 年很快反弹并在后危机时代持续增长，特别是在发展中国家更是如此。与之相对，联合贷款融资在 2007 年到 2009 年间，在高收入经济体和发展中经济体里分别下降了 63% 和 56%。尽管联合贷款的量此后开始增加，但 2013 年的总量还是低于 2007 年。在前危机时期联合贷款的更快速扩张以及后危机时期更大规模的回落显示出了联合银行借款比起公司债券融资波动性更强、周期性也更强。

结果，公司债券自危机之后变得更为重要，特别是在发展中经济体更是如此。2007 年，公司债券占长期信贷发行总额的比例在发达和发展中国家分别达到了 19% 和 29%；2009 年，这一比例分别为 49% 和 64%。在一些地区公司债券发行的快速增长完全在量上弥补了联合贷款的下滑。在拉美及加勒比地区，通过公司债券募集的资金总量从 2008 年到 2013 年上升了 170%，联合借款下降了 42%。公司债券发行的加速部分是由全球投资者正在总体低利率的环境中寻求较高回报，而这种总体低利率的环境是源自低政府债券收益。从银行融资转向债券融资会对一些行业产生更大的影响。基础设施部门受到的影响很大，因为联合贷款融资对于这类项目的早期阶段有着十分重要的作用。此外，尽管关于市场替代的数据仍缺乏，但债券发行的上升有可能是因银行贷款再融资或使用公司债券为此前由联合贷款融资的项目融资而导致的。

在危机时期，新发行的公司债券的平均期限在两个国家收入组别都下降了，而新发行的联合贷款平均期限只在高收入经济体下降了。更进一步，在 2007—2009 年间，企业债券的平均期限在高收入经济体下降了几乎 3 年，在发展中经济体为 2 年多。[21] 联合贷款的平均期限在同一时期的高收入经济体下降了 1.6 年，在发展中经济体增加了 2 年多（图 3.7）。然而这一增加是由短期贷款减少导致的，而非长期融资的增加（长期贷款在危机时期也急剧减少）。

更详细地研究危机期间公司债券活动会发现，国际债券发行在危机后快速反弹，特别是在发展中地区（图 3.8）。例如，拉美及加勒比地区的国际债券发行在 2008 年和 2009 年之间增加了近 8 倍，至今仍相当高。一些特定地方证券的国际市场发行，例如伊斯兰债券（sukuk），也出现上升（专栏 3.5）。因为国际市场债券发行几乎完全是外币，一些研究警告发展中国家正面临越来越严重的货币错配及潜在的国际投资者发生变化的风险（Chui，Fender，and Sushko 2014；*The Economist* 2014a，2014c；IDB 2014；Turner 2014）。

发展中国家发行的国内公司债券总额在危机期间和危机后也都出现了上升。但

图 3.7　公司债券和联合贷款发行的平均期限，2000—2013 年

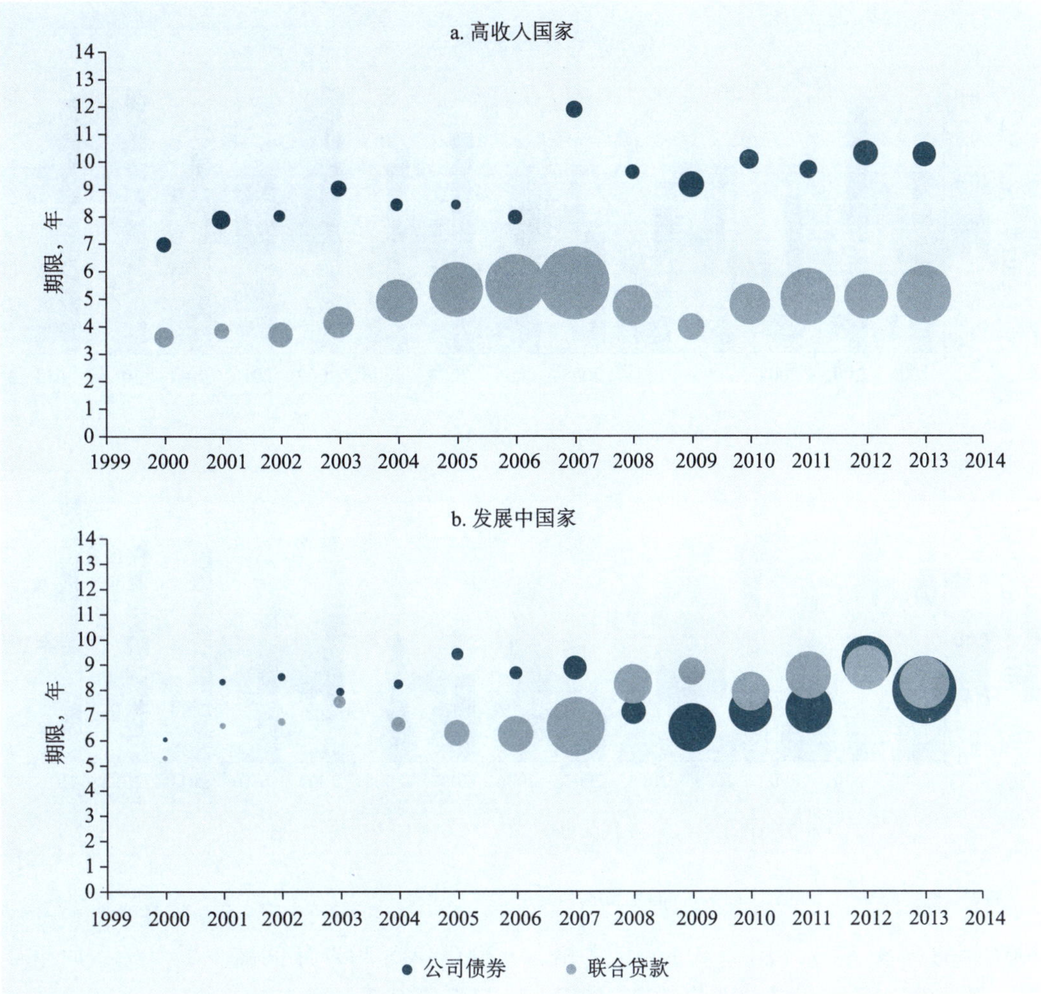

资料来源：Cortina, Didier, and Schmukler 2015。

这种扩张很大程度上集中于少数国家。总体而言，发展中国家的企业在 2008—2013 年间的国内公司债券发行量增加了 1 倍多（图 3.8）。[22] 中国企业占总量的 58%，巴西 12%，俄罗斯 8%，印度 6%。[23] 这 4 个经济体加上其他 6 个经济体占发展中国家国内募资总增加额的 99%（图 3.9）。尽管这 10 个国家的数据显示国内债券市场可以扮演备胎的角色（Chan and others 2012），但对大多数发展中国家而言本地债券市场一点也没有发展。在样本的 33 个发展中经济体里有 14 个的国内债券市场既几乎完全没有得到开发（对于大多数发展中经济体而言，政府债券市场在危机期间和危机后也扩展了，见专栏 3.6。这类市场是国内债券市场的基石，是建立收益曲线、使私有债券得以定价的基础）。

公司债券活动最大的下降是在高收入国家的金融部门，在 2007 年之后，它们经历了发行总量的剧烈下降（金融企业与非金融企业会分别加以研究）。金融企业 2013 年通过公司债券募资的总量约为

图 3.8 非金融企业通过国内和国际公司债券市场募集的总资金，2000—2013 年

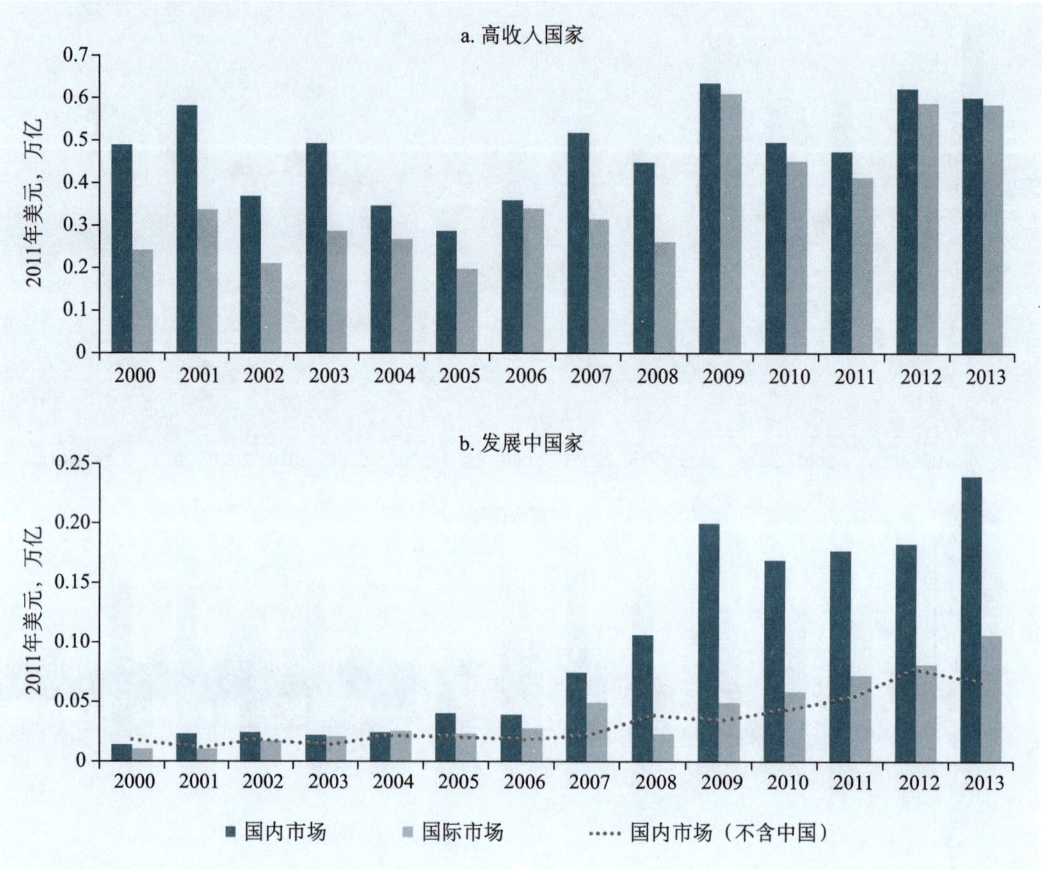

资料来源：Cortina，Didier，and Schmukler 2015。

2007 年的 58% 左右（图 3.10）。与之相对，发展中国家的金融企业自 2009 年后快速恢复。2013 年，其募资总量已达 2007 年的两倍。

在联合贷款市场，高收入国家的国内和国际贷款都崩溃了，发展中国家只有国际贷款崩溃了。高收入经济体在 2007 年到 2009 年国内和国际市场的总募资额都下降了 60%（图 3.11）。这种崩溃对那些大多从国际市场获得联合贷款融资的发展中国家企业而言尤为可怕。向发展中国家企业的国际贷款在两年内从 2560 亿美元下降到了 640 亿美元。发展中经济体的联合贷款大部分来自西欧的银行，它们在 2007 年到 2009 年间减少了 80%，时至今日仍然很低（图 3.12）。[24]

尽管发展中经济体国内联合借款总量在危机期间和危机后都高速增长，但中国和印度两国就完全吸纳了其中四分之三。具体而言，发展中经济体的企业在国内市场募集的总量在 2007 年为 510 亿美元，2009 年为 760 亿美元，2013 年为 1160 亿美元（见图 3.11）。中印两国国内借款分别占总额的 23% 和 53%。[25]大多数发展中经济体在 2008—2013 年间没有任何国内联合借款的增长。这种缺乏增长的现象加上国际借款的崩溃，意味着大多数发展中经济体的企业在近些年很难从联合贷款渠道获得长期融资。

专栏 3.5 伊斯兰债券：融资渠道的另一种选择

最近的伊斯兰金融的发展基于风险分担原则和参与性融资，为长期融资提供了另一种选择。在这一不断发展的融资形式下管理的金融资产总量在2014年年底估计已经超过了2万亿美元。非洲地区正在利用大规模伊斯兰融资来进行大型基础设施建设。尽管银行支配了市场，但以资产为基础的资本市场工具正越来越成为伊斯兰及非伊斯兰国家国内国际市场的共同融资源泉。

伊斯兰债券是一种以资产为支撑的证券，代表拥有者对资产及其产生的收益拥有所有权。它在伊斯兰国家通常等同于债券。然而与传统债券不同，伊斯兰债券不是仅仅表示债务所有权，还赋予投资者资产的一部分，以及与之相连的现金流和风险。因此，伊斯兰债券符合伊斯兰教法禁止支付或收取利息的规定。到2014年年底，流通在外的伊斯兰债券总量已近3000亿美元。

因为这种证券本质上是以资产为基础，因此其对伊斯兰或非伊斯兰国家的各种借款人和投资者都有吸引力。2014年使用伊斯兰证券作为融资工具的高收入经济体包括中国香港、卢森堡、南非、英国，这是这种工具作为一种新兴资产广为接受的例证。对符合伊斯兰金融原则的高质量信贷评级的证券的强烈需求十分明显，一个例证就是英国这种证券的发行被超额认购了约12倍。利用这种新兴工具，世界银行成功在2014年募集了5亿美元，以帮助建立在非洲的免疫接种项目。伊斯兰开发银行（IsDB）是通过伊斯兰债券动员融资发展资金的领导性多边机构。伊斯兰开发银行在2014年最近一次公开发行伊斯兰债券时共为自己成员国的发展项目募集了15亿美元。马来西亚是发行国内伊斯兰债券的主要国家，拥有全球市场的最大份额。

此外，伊斯兰债券曾成功为长期基础设施项目融资。由沙特阿美石油公司（Saudi Aramco）和陶氏化学公司（the Dow Chemical Company）联合组建的萨达拉公司（Sadara Company）就发起了一个20亿美元的伊斯兰债券，期限16年，为建设一个石化厂融资（计划花费125亿美元）。马来西亚国家能源有限公司（Tenaga Nasional Berhad）发行了10.9亿美元的伊斯兰债券，期限27年，为建设1000兆瓦超高压火力发电站融资。

尽管伊斯兰证券仍处于起步阶段，但由于具有以资产为基础的机构和风险分担特征，它似乎有着为基础设施及中小企业融资的巨大潜力，而且不止局限于中东和北非地区（估计在未来10—15年里每年有750亿美元到1000亿美元的基础设施投资需求），还适用于全球其他高收入及发展中市场。

资料来源：Bank Negara Malaysia 2014；IIFM 2014；Standard & Poor's 2014；http://www.zawya.com/islamic-finance。

因为联合贷款是基础设施项目早期发展的关键，这类项目也就因联合贷款的匮乏深受打击。债券和联合贷款彼此之间不能完美替代，特别是在这类项目的建设阶段。联合贷款最适于项目初始阶段（计划和建设阶段）风险既复杂又较高的状况，而债券则更适于更稳定的阶段（运行阶段）。[26]危机之后银行对信贷的缩紧严重限制了联合贷款，因此发展中国家基础设施项目在初始阶段的融资少有替代渠道。来自高收入经济体向发展中经济体基础设施项目的借款在2007年到2009年间下降了62%，威胁到了与这些项目相关的长期增长（Calderón and Servén 2014）。见图3.13。

在联合贷款融资的崩溃及复苏乏力的背后，是周期性和结构性原因。这种衰退部分反映了需求的下降，因为在衰退期都纷纷撤销了扩张性计划（Ivashina and

图 3.9 十个国内公司债券市场最大的发展中国家的募资比例，2008—2013 年

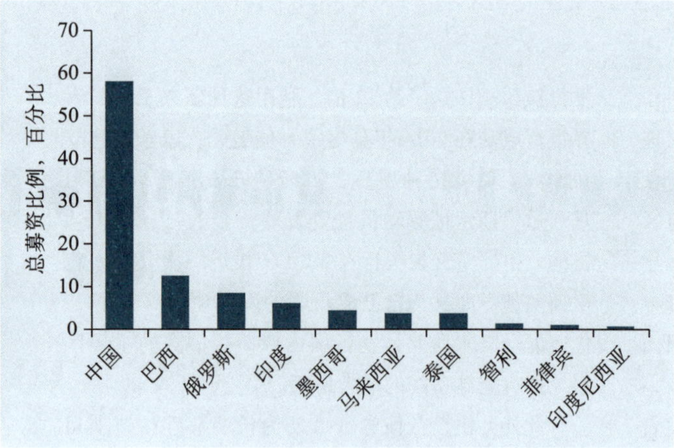

资料来源：Cortina，Didier，and Schmukler 2015。

Scharfstein 2010）。尽管如此，联合贷款的衰落比典型衰退期来得更加严重，因为需求的减少现象因去杠杆化和银行监管加强导致的供给下降得到了加强（Chui and others 2010）。供给的收缩对利率造成了压力，导致了贷款的更大下降。Laeven 和 Giannetti（2012）认为，所谓“flight home”是跨境联合贷款市场崩溃的另一个原因，意思是，出资人将自己的资产组合向自己的国内借款人进行再平衡。最近的报告认为，跨境流动的减少可能也是欧洲银行经历的紧急金融危机的结果，这一危机的起因是主权信贷危机影响了数个欧洲国家（Feyen and Gonzalez del Mazo 2013；IMF 2013a；Laeven and Tressel 2014）。其他可能的导致供给下降的原因包括贷款期限的上升，再融资比例下降，以及危机之前数年已有的联合信贷提取借款的增加（Roberts and Sufi 2009；Cerutti，Hale，and Minoiu 2014）。

专栏 3.6 发展中国家的宏观经济因素和政府债券市场

21 世纪初发展中国家的经历表明，宏观经济基础的改善能为建设本地债券市场创造动力，并有助于它们克服全球金融危机的不利影响。

在危机之前的几年里，发展中国家在提升宏观经济环境方面取得了显著成绩。

政府的基本财政收支（以 GDP 的百分比表示）在此期间基本上都是向好的，总体预算收支（以 GDP 的百分比表示）在所有地区都稳步向好。

价格稳定、预期良好，这些对于发展中国家而言都是提振长期债券信心的重要因素，其中也包括政府债券。在很多国家，特别是历史上曾有过居高不下或是变动幅度巨大的通货膨胀的国家，这些因素都为降低利率、建立本币收益曲线、延长国内政府债券平均期限铺平了道路。

高增长加上更健全的财政政策都会使债务占 GDP 的比例下降。财政指标、利率和 GDP 增长率反映了这一比例的决定因素。大多数发展中国家都经历过这些因素长期向好的时期。

发展中国家境外账户的改善提供了降低面对冲击时的脆弱性的坚实基础，同时也逆转了资本流向。外部账户的改善是由导致极高国际流动性的周期性因素驱动的，而积极主动降低信贷脆弱性（回购境外负债，转向国内市场融资）的政策对于快速改变国内状况而言至关重要，这一点可以通过外债脆弱性指标进行验证。

除了健康的宏观经济基础之外，发展中国家还能够改变政府债务组合，发展国内债券市场。样本发展中国家的外债与内债的比从 2000 年的 0.75 稳步下降到 2009 年的 0.22。政府债务的货币构成也大幅度向本币转移，降低了货币兑换的风险。

若债务管理者能够通过发行长期固定利率工具降低风险，此时国内信贷结构就会发生重大转变。短期浮动信贷与固定利率信贷的比从 2000 年的 2.0 下降到 2009 年的 0.7。

专栏3.6　发展中国家的宏观经济因素和政府债券市场（续）

增加货币政策可靠性，并使投资者基础多样化，能够促进债务平均期限的扩展。更稳定稳健的宏观经济政策，加上养老金及保险业改革，这些都改变了此前几乎完全由商业银行构成的投资者基础。国内机构投资者（养老金和保险）的信贷持有量稳定上升。外国投资者对墨西哥、巴西这样的国家的本币及长期固定利率工具开始产生兴趣。

尽管发展中国家最初和发达国家一样遭到了全球危机的打击，但前危机时期取得的进步使得发展中国家在面对危机时抗逆性更强，让它们在危机后能更快复苏（Didier，Hevia，and Schmukler 2012）。即健全的宏观经济政策似乎对于缓冲危机冲击及帮助发展中国家更快恢复而言是至关重要的。发展中国家在全球金融危机出现时的政府债务组合有更好的抗逆性，使其能够在经济周期和市场情绪之下进行转变。国内信贷比例的增加降低了汇率冲击以及面对资本流入突然停止时的脆弱性。本币固定利率工具期限的延长降低了危机时期的展期及利率风险。在危机时期，信贷管理者有回旋余地，可以快速适应，吸收市场带来的一些风险。

资料来源：Anderson，Caputo Silva，and Velandia-Rubiano 2010。

图3.10　金融和非金融业企业在公司债券市场募集的资金总额，2000—2013年

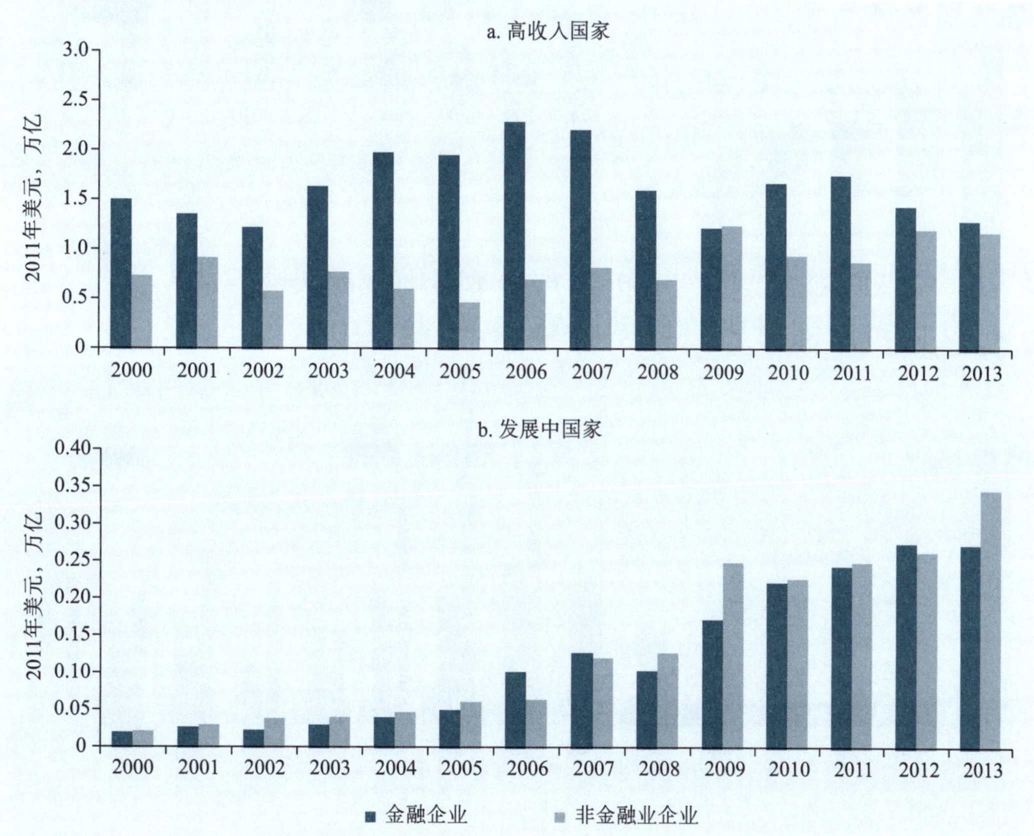

资料来源：Cortina，Didier，and Schmukler 2015。

图 3.11 非金融企业在国内及国际联合贷款市场募集的资金总额，2000—2013 年

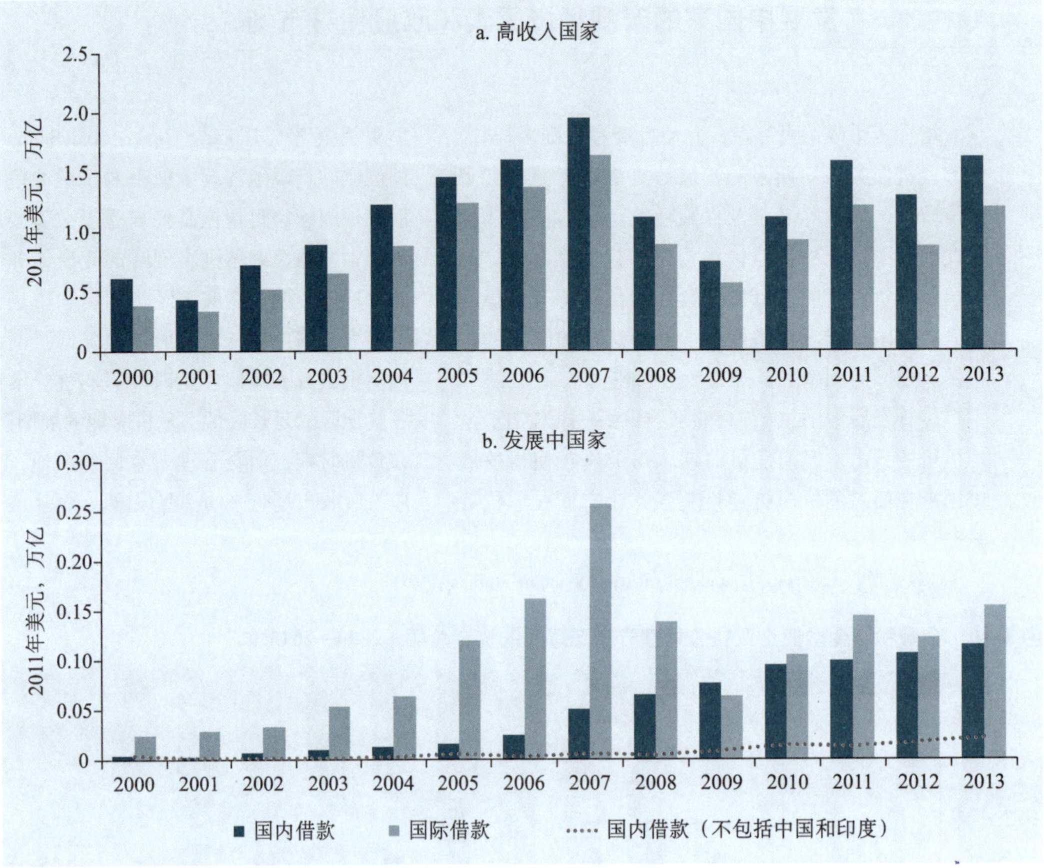

资料来源：Cortina，Didier，and Schmukler 2015。

图 3.12 发展中国家通过联合贷款市场的总借款，按出资人地区列示，2000—2013 年

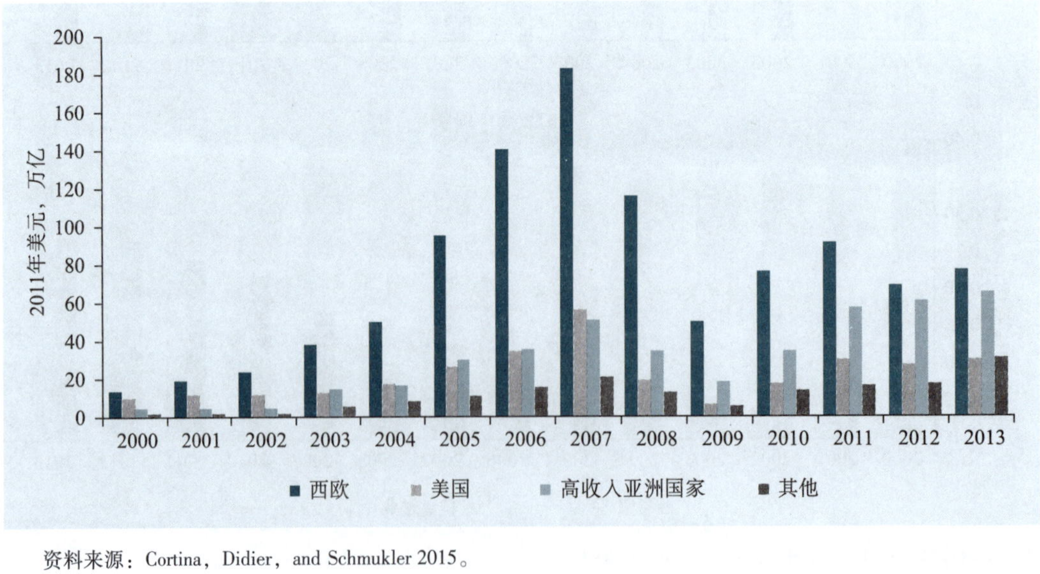

资料来源：Cortina，Didier，and Schmukler 2015。

图 3.13　发展中国家为项目融资进行的联合借款，2000—2013 年

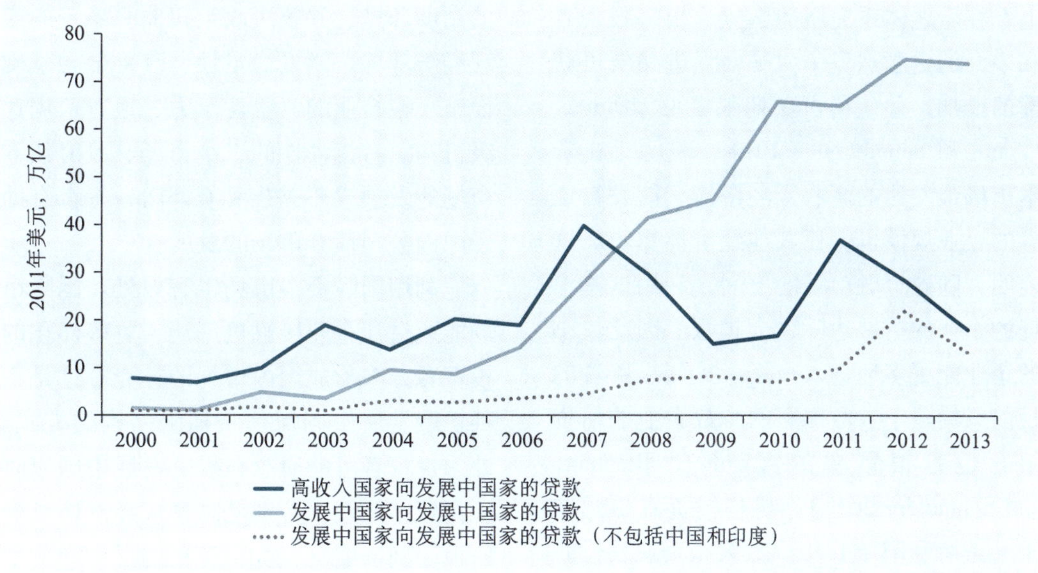

资料来源：Cortina，Didier，and Schmukler 2015。

结论

资本和联合贷款市场在过去的十年里显著增长。然而，只有少数非常大型的企业能使用这些融资市场，只有最大、历史最长的企业发行长期信贷证券。对于那些使用长期市场的企业，发展中国家的企业发行的证券期限并不比高收入经济体短。

因为发展中经济体的企业通常规模更小，因此能接触股票、债券、联合贷款市场的企业比例也更小。因此，这类国家的更大比例的中小企业需要外部融资时，能够获得的替代性渠道也更少，难以利用投资机会，因此不得不依赖其他工具（至少在一定时期内），例如双边贷款。这些企业因此会处于不利地位。第一，银行借款可能有时波动性比以市场为基础的证券更强，也更顺周期性。第二，以市场为基础的证券和联合贷款提供了另一种选择，可能是融资的补充性形式。第三，能接触以市场为基础的外部融资来源的企业似乎比那些只能接触私有市场（银行贷款）的企业拥有更好的信贷条件，即使在控制了贷款和企业的特定变量因素后也是如此，特别是在衰退期（Santos and Winton 2008）。

将长期资本市场的可获性从一个很小的大型企业集团中扩展开来是很难的。降低与发行过程相关的交易成本可能扩大能接触资本市场的企业的数量，对二级市场和总体经济增长产生溢出效应。由于一些国家的这类市场已经很有竞争性，因此通过政府干预降低成本是很难的。另一个便利较小、评级较低的企业在资本市场发行证券的方式是发展创新性工具（例如迷你债券）和证券化（Borensztein and others 2008；Giovannini and others 2015）。

相关的难题是扩展投资者基础，并扩展投资者资产组合的视界。理论上讲，市场规模和投资者基础较小的国家会因鼓励外国投资者参与国内市场而获益，或者通

过加强与外国市场的接触而获益。事实上，在金融体系完备的国家，更多投资者和中介的更激烈竞争似乎会促进融资可获性的增加，并使得可获期限更长。Didier、Levine 和 Schmukler（2014）表明，在资本市场最发达的高收入经济体，能发行证券的企业规模也会比其他经济体更小。这表明，随着金融市场的发展，利用这些市场的企业的扩展边际也会扩张，因此较小的企业能更多地进入市场。扩展投资者的目前只局限于少数国家的少数企业的信贷组合也是很重要的（Didier，Rigobon，and Schmukler 2013）。机构投资者更倾向于（或者受限于）极少数大型企业发行的高评级债券。理论上讲，机构投资者能从更多样化的投资中获益，这可能有助于扩展市场，但一些对中介程序的限制似乎妨碍了机构投资者获得这些好处。

因为发展中经济体的企业依赖国际资本市场获得长期融资，因此显然它们必须克服比利用国内市场进行长期融资的企业更高的最低规模限制。这就是说，尽管国际市场能支持较大额度的发行（这是全球投资者所需要的），只有最大的企业能够接触这些市场。这意味着发展中国家只有很低比例的企业能接触长期限融资。

此外，只依赖一种类型的市场为长期项目融资是很有风险的，这样的国家会更易受到冲击。对国际资本市场长期融资依赖性更高的发展中经济体企业面对币种错配及国际市场冲击时会更脆弱。

结果是，发展中经济体的企业会从国内债券市场的进一步发展中获益。发展更好的国内债券市场会降低发展中国家能发行国际证券的企业对国际市场的依赖性，并使得这些国家对长期融资的使用更加广泛。为了做到这一点，政府必须发展背后的制度环境，并解决政策扭曲。稳定的宏观经济环境、制度稳定性、改善金融基础设施、银行业的竞争性压力、地方信用评级机构、有流动性的二级市场、政府债券市场的发展（不挤出私有部门）等都有助于国内公司债券市场的发展。

利用国际资本市场也有好处。国际市场能通过让企业接触更广泛、更多样化的投资者，来形成国内市场的补充。这是一种扩展发展中国家信贷期限结构的方式。外国投资者可能愿意在投资发展中国家时承担更多风险，特别是高收入经济体投资回报受到压缩（例如由宽松的反周期货币政策造成）时更是如此。

最后，对单一工具进行长期项目融资的依赖可能有风险。发展中国家在为基础设施项目融资时对国际联合贷款的过度依赖使得设计替代产品的需求更为紧迫。理论上，这种替代工具应产生新基础设施项目融资来源（扩展投资者基础）。基础设施作为一种资产以及基础设施基金的出现似乎是填补其融资缺口的可靠选择（Ehlers 2014）。国际金融机构及国际组织，例如国际金融公司等，有助于培育公司合作，建立必要条件促使其对私有部门的挤入，并有助于金融创新过程。

注释

1. 本章只考虑企业对市场的利用，不考虑发行是来自国内还是国际市场。
2. 更多最近的调查研究了初级资本市场和宏观经济层面增长的联系（Didier and Schmukler 2013；Didier，Levine，and Schmukler 2014）。
3. 信贷发行值和股票发行不能直接等同，因为股票发行实际上没有期限，而债券必须偿付。债券发行过程的一部分通常用来偿付到期信贷，因此只有一部分可以被视为新融资。Henderson、Jegadeesh 和 Weisbach（2006）试图调整关于债券发行的数据，以便将这一事实纳入考虑。他们总结出，即使进行这些调整，债券发行仍在总量上比股票发行规模大得多。此外，不同市场新融资的募集总量的演进也有启示性。

4. 尽管增长迅速，但发展中国家的公司债券市场仍在规模上小于政府债券市场（Didier and Schmukler 2014）。
5. 此外，可以获得类似模式的数据，因此可以进行比较。
6. 联合借款在总贷款中的比例随时间而上升（Cerutti，Hale，and Miniou 2014）。
7. 所有债券中的 67%，所有联合贷款的 70%，股票的 35% 超过了 4000 万美元。
8. 与之类似，银行发起联合贷款向大企业进行借款（Altunbas，Kara，and Marques-Ibañez 2010；Ivashina and Scharfstein 2010）。
9. 与企业规模一致，债券发行比股票发行规模大。在高收入经济体，平均债券发行额是 2.38 亿美元，是平均股票发行的 1.09 亿美元的两倍多。在发展中经济体差距没有这么大，债券是 1.11 亿美元，股票是 0.92 亿美元。
10. 表 3.2 不仅包括公开发行的企业。
11. 显示中位经济体的图和显示地区累计数据的图（图 b）之间的主要区别是第二种方式赋予了较大经济体更高的权重（因为这些经济体的发行额比例高），而第一种方式则赋予每个经济体同样的权重。本章提供了利用两种方式表示的系统性数据。
12. 根据 Blanc-Brude 和 Ismail（2013），全世界所有项目融资的 80% 是为基础设施融资，其余主要流向石油及天然气行业。
13. 这一部分主要关注企业债券市场，因为在联合贷款市场上进行类似的分析存在困难。本部分关于联合贷款分析的附加说明如下：这些贷款的每一笔通常来自不同国家的不同银行。因为这里显示的分析假定每个参加贷款的银行都给予企业同样额度的贷款，因此没有报告每笔贷款的平均期限和市场所处的国家。
14. 大量高收入经济体（特别是欧洲）高度一致。
15. 玻利维亚、巴基斯坦、越南的公司债券市场活动水平很低。
16. 与这一结果一致，Schmukler 和 Vesperoni（2006）发现了企业如何在进入国际市场后增加长期信贷并扩展信贷期限。
17. 跨国公司可能有时会想要发行外币证券，以便将币种与自己的支出相匹配。
18. 讨论 20 世纪 90 年代发展中国家政府只进行短期外币借款的文献中提及了所谓“原罪”（Eichengreen and Hausmann 1999）。无法以本币进行长期借款与财政收支频发有关，也与这类危机导致的较高宏观经济成本有关（Rodrik and Velasco 2000）。
19. 将债权人考虑进来也很重要。本币贷款中有外国投资者意味着汇率可能会受到外国对本币债券兴趣波动的影响。
20. 和之前一部分一样，本部分主要关注非金融企业的发行和借款。
21. 新发行的公司债券的平均期限在 2006 年至 2007 年出现了近 4 年的变动。
22. 发展中经济体国内债券融资的增加伴随着本币发行的上升。
23. 国有企业在 2008 年至 2013 年发行额约占中国公司债券市场总量的 54%。
24. 来自其他高收入地区的借款也崩溃了。
25. 在 2008 年至 2013 年间国内联合贷款活动规模较大的发展中经济体有巴西（总量的 4.4%）、泰国（3.7%）、俄罗斯（3.1%）、马来西亚（3.1%）、土耳其（2.9%）、印度尼西亚（2.7%）、南非（1.6%）、尼日利亚（1%）。
26. Ehlers（2014）报告了联合贷款在基础设施项目早期阶段比之债券的优势：银行更有经验，对项目初始阶段的监督作用更强；银行贷款在提供资金拨付方面更灵活；比之债券融资，银行能就未能预知的事件更容易地进行债务重组协商。

第四章　关键信息

- 不同金融中介和不同国家之间的融资期限有重要且有意义的区别。总的来讲，证据表明通过金融机构在发展中国家延长期限比通常设想的要更难。
- 第一，尽管银行在关系借款方面有优势，但发展中国家的银行似乎不能弥补这些国家普遍的信息不对称和其他市场失灵问题。它们的贷款期限显著低于高收入经济体。然而，即使在弱制度环境下，建立规范良好、有竞争性、私有化、同时又有稳定长期的融资来源的银行体系都能提高长期信贷的提供。
- 第二，大型且复杂的非银行中介的发展不能保证长期资产需求也增长。来自智利的证据显示，国内共同基金及养老基金倾向于短期投资，特别是与保险公司相比期限短。短期策略似乎来自市场及监管机制，这些机制按照短期基础对管理者进行监督，因此给了他们投资短期的激励。
- 第三，关于共同基金的国际证据显示，外国投资者比本国投资者持有更多长期国内贷款。因此，仅仅依赖国内共同基金延长期限结构可能很难。
- 第四，尽管主权财富基金增长快速，但它们的总体投资仍集中在高收入国家的流动性资产，资本市场薄弱，加上政治和经济风险，都会限制主权财富基金作为发展中国家长期融资者的作用。
- 第五，私募股权投资正逐渐成为发展中国家企业融资的重要来源。然而，私募股权投资相对较小，且高度依赖投资国的制度质量及资本市场深度。这限制了它们在很多经济体中作为长期融资来源的作用。

第四章

作为长期融资提供者的银行及非银行金融机构

本章考察银行和非银行金融中介在长期融资提供中的作用。基于不同金融机构的数据，本章报告了金融机构持有多少长期证券，其中哪些更倾向于将期限结构向长期扩展。

银行是世界各国企业和家庭融资的主要来源。因此，理解银行在长期融资当中的作用，以及影响信贷期限的因素，具有至关重要的意义。此外，最近的全球金融危机使得人们更加关注银行去杠杆化缩短债务期限的风险。国际银行监管方面进一步的变化也可能影响银行信贷构成，进而增加对监管并理解银行长期放款程度的需求。

在过去 20 年里，很多国家也开始尝试通过国内非银行机构投资者来推进长期融资。这些国家期望机构投资者能有较长期的投资愿景，这可以使它们利用长期风险及非流动性升水，来为自己的资产获取更高回报。此外，通常人们也认为这些投资者更有耐心，行为具有反周期性，能利用周期性低估值来获得有吸引力的投资机会，进而有助于深化长期融资市场，并增加融资可获性。这种观点出现在了许多研究和文献中（如 Caprio and Demirgüç-Kunt 1998；Davis 1998；Davis and Steil 2001；Corbo and Schmidt-Hebbel 2003；Impavido，Musalem，and Tressel 2003；BIS 2007a；Borensztein and others 2008；Eichengreen 2009；Impavido，Lasagabaster，and Garcia-Huitron 2010；Della Croce，Stewart，and Yermo 2011；The Economist 2013，2014c；OECD 2013a，2013c，2014a；Financial Times 2015）。

非银行机构投资者事实上正成为全球金融市场越来越重要的参与者。家庭储蓄流入这些机构投资者的比例在最近几十年里显著上升，它们管理的资产也在迅速追赶银行业（BIS 2007b）。来自经合组织的数据显示，2013 年养老基金管理的金融资产为 24.7 万亿美元，保险公司为 26.1 万亿美元，投资基金为 34.9 万亿美元

图 4.1 非银行金融机构管理的资产，2001—2013 年

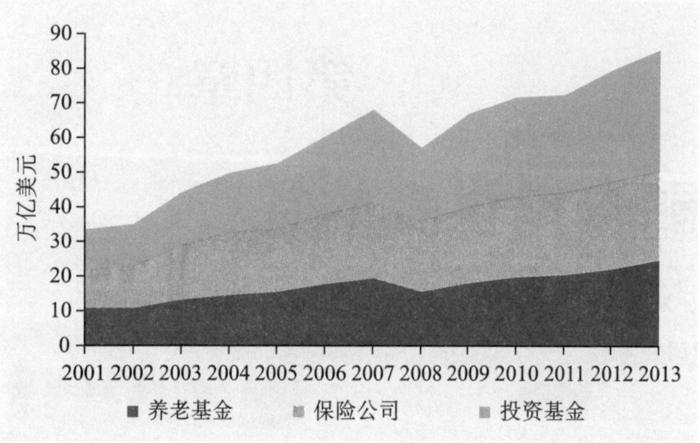

资料来源：OECD 2014b。

注：只包括 OECD 国家的数据。投资基金既包括开放式也包括封闭式。养老基金和保险公司的资产包括投资于共同基金的资产，这些可能也被算在了投资基金里。

(图 4.1)。

然而，少有证据显示这类投资者是否真的能投资于长期证券，或者它们是如何安排自己的资产结构。尽管宏观经济因素和强大的制度环境可能有助于延长这些投资者的期限结构，但本章着重关注激励、市场的力量以及监管在塑造投资者期限结构方面的作用。不同种类的机构有不同目标，似乎会以不同形式向融资市场提供资金。例如，一些机构可能需要将自己的资产期限与负债期限匹配，其他的机构可能管理资产的责任，却没有明确的投资于短期还是长期的目标。当公共储蓄被委托给金融机构时，监管者必须确保管理者能正确管理这些资金，避免承担过多风险，并将损失最小化。这些监管条例设定的方式可以影响管理者的激励，以及他们所选择的期限结构组合。

本章的讨论提出了关于投资策略的经验事实，并着重关注不同类型的银行和非银行金融中介的期限组合。因为收集不同金融机构期限结构的数据很难，所以本章不得不使用不同类型的数据，它们的本质可能并不相同。本章首先提出关于不同国家银行贷款期限的证据。随后给出不同的非银行机构投资者在各国的数据，以及基于债券基金的国际数据，以此来研究共同基金、养老基金和保险公司持有的长期工具。此外，本章还检视了两种正在成长的非银行金融机构的投资状况，据信它们的投资愿景较长，这就是主权财富基金和私募股权。本章的分析采用国际视角，特别关注发展中国家（中低收入国家），并讨论了投资者提供长期融资的潜在限制。本章的结尾讨论了一些来自这些证据的政策建议。

银行

各国银行层面的数据显示，高收入国家银行贷款的期限显著长于发展中国家。[1] 除了联合贷款的数据（第三章已经讨论过）外，可比的关于银行贷款的国际数据主要来源是银行展望（Bankscope），这是一个商业数据库，由毕迪威（Bureau van Dijk）建立，其中包括了 2005 年到 2012 年间 49 个国家 3400 多个银行的贷款期限数据。图 4.2 显示了三种期限的银行贷款平均份额：一年，二年至五年，五年以上。高收入国家银行贷款有近三分之一期限超过五年，发展中国家超过五年的份额约为 18%。与之相对，发展中国家有半数银行贷款是一年以内的短期，高收入国家的短期贷款比例为 40%。二年至五年的贷款在两类国家之间的差异很小：高收入国家 28%，发展中国家 32%。

高收入国家和发展中国家在银行贷款期限的变化上也有不同。然而两个国家类别中都没有一致证据显示最近的危机导致总资产组合中长期贷款的比例下降。[2]对于高收入国家而言，短期贷款的比例从危机前的约40%下降到危机后的37%，长期贷款的比例从31%增加到33%（表4.1）。似乎随着短期贷款的到期，没有继续进行新的展期，因此导致了中长期贷款比例的上升。对于发展中国家而言，短期贷款的比例仍稳定在50%左右，长期贷款比例则略有增加。银行期限长于五年的贷款平均比例上升了3个百分点，从16%上升到了19%，而中位比例从8%上升到了13%。当然，这种模式可能隐藏了借款人构成的巨大差异，有可能在长期银行借款比例相对稳定的情况下，中小企业能获得的长期融资变得更少了（见第二章）。

即使只关注去杠杆化过程有良好数据记录的国际银行债权，也没有有力证据显示金融危机之后出现了全面的期限缩短。[3]国际清算银行季度报告数据显示，主要在发展中国家运营的银行与全世界大多数国家在国际债权方面没什么不同。国际债权

图4.2　平均银行贷款比例，按期限和国家收入组别列示，2005—2012年

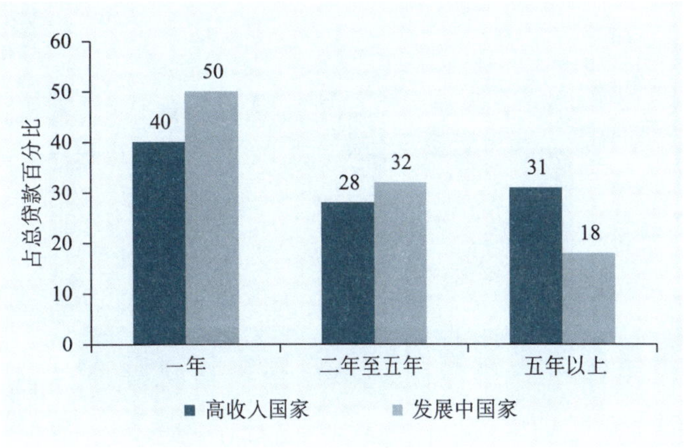

资料来源：银行展望（数据库），毕迪威，布鲁塞尔，http：//www.bvdinfo.com/en-gb/products/company-information/international/bankscope。

由跨境债权（即对于国际银行母国之外其他国家借款人的债权，）和外币本地债权（即通过本国分支行以非母国货币结算的债权）组成。国际清算银行报告的关于国际债权期限明细的数据中区分了三种期限：短于一年，一年到二年，二年以上。在高收入国家，二年以上债权的比例在2005年至2013年间稳步增加（图4.3）。在发展中国家，二年以上债权的比例在2008—

表4.1　不同期限的银行贷款比例（百分比）

期限	国家分类	前危机时期 2005—2007年		危机时期 2008—2009年		后危机时期 2010—2012年	
		平均	中位	平均	中位	平均	中位
一年	高收入国家	40.2	36.4	40.4	33.9	36.8	29.0
	发展中国家	49.9	52.1	48.4	49.6	49.1	47.9
二年至五年	高收入国家	28.6	26.6	26.2	24.8	29.5	29.9
	发展中国家	32.5	32.3	33.4	31.0	31.6	30.4
五年以上	高收入国家	30.6	29.1	33.0	33.6	33.3	30.1
	发展中国家	16.4	8.0	17.9	13.0	19.0	13.3

资料来源：银行展望（数据库），毕迪威，布鲁塞尔，http：//www.bvdinfo.com/en-gb/products/company-information/international/bankscope。

图 4.3 国际银行债权中长于两年的比例，按时期和国家收入组别列示，2005—2013 年

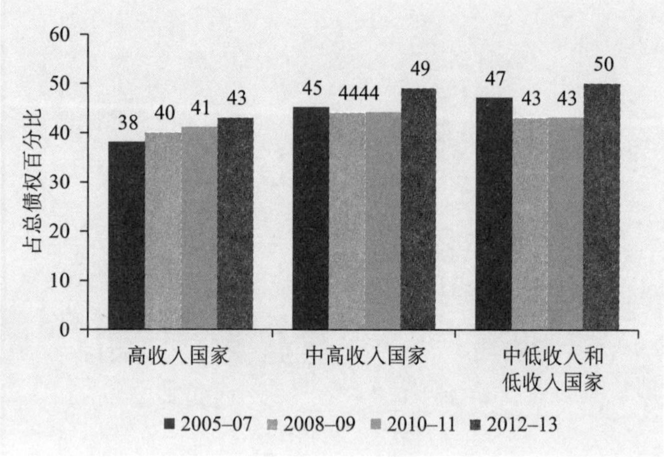

资料来源：统一银行数据（数据库），国际清算银行，巴塞尔，http：//www.bis.org/statistics/consstats.htm。

注：国际债权由跨境债权和外币本地债权组成。

2009 年危机期间略有下降，但在 2012—2013 年间又回到了前危机时期的水平。

有力的证据显示宏观经济因素，例如低通货膨胀率和低国家风险，以及强制度环境等，都有助于延长银行贷款期限。Demirgüç-Kunt 和 Maksimovic（1999），Tasić 和 Valev（2008，2010），Kpodar 和 Gbenyo（2010）都发现通货膨胀率和银行长期贷款比例负相关。Qian 和 Strahan（2007）以及 Bae 和 Goyal（2009）发现国家风险的上升与贷款期限缩短相关。至于制度环境的重要性，Fan、Titman 和 Twite（2012）发现在法律环境弱的国家里，企业倾向于使用更多的短期银行贷款。

其他国家特征变量，例如金融业发展程度、融资和约执行效率、抵押的基本框架、信贷信息环境等，也是银行贷款期限的重要决定因素。Tasić和 Valev（2008，2010）首先利用 74 个国家私有部门国内银行贷款期限的数据，然后利用转型经济体的一个样本中的面板数据集进行研究，他们发现金融业的发展（利用银行信贷占 GDP 的百分比来衡量）对银行贷款期限有积极影响。Bae 和 Goyal（2009）利用贷款数据，Fan、Titman 和 Twite（2012）利用企业层面的数据，都发现较好的和约执行环境与更长的信贷期限相关。利用 129 个国家的信贷机构数据集，Djankov、McLiesh 和 Shleifer（2007）表明债权人权利的法律保护和信息分享机构是私有信贷发展的重要决定因素，这在统计上显著。Qian 和 Strahan（2007）利用 43 个国家的联合银行贷款数据集，发现债权人权利与贷款期限正相关。De Haas、Ferreira 和 Taci（2010）利用转型经济体的数据发现抵押法律环境良好的银行更倾向于发展按揭抵押借款。引入抵押注册和征信所会加强抵押环境及信息环境，结果会延长银行贷款期限（Martínez Pería and Singh 2014；Love，Martínez Pería，and Singh，即将出版）。

大多数这类国家特征变量的重要性通过对银行展望数据最新的分析可以得到确证（专栏 4.1）。这些分析还表明，对银行准入的约束较少与长期贷款份额较高相关。除了通货膨胀的负影响和合法权利保护、低国家风险的正影响之外，这些探索性分析发现银行准入限制和对外国准入的限制与银行贷款期限负相关，表明建立有竞争性的银行业环境在延长信贷期限方面具有重要作用。

研究还发现银行规模、市值等特征变量会影响银行贷款组合的期限。在其他条件不变的情况下，银行越大，长期贷款占总贷款的比例就越高，因为它们要多样化贷款，且有更广的资金来源，有更多的资

专栏 4.1 与长期银行借款相关的因素

2005 年到 2012 年之间，哪些因素与银行长期借款有关？将来自银行展望数据库的银行层面关于期限超过一年的贷款比例的数据与国家层面的数据结合起来，就可以回答这个问题了。这些数据有助于评估长期借款和宏观经济因素、制度因素、监管因素方面的联系。

表 B4.1.1 报告的估计值基于 49 个国家 3400 家银行的数据，表明宏观经济因素、制度因素、监管因素似乎都与长期融资的比例显著相关。在宏观经济因素中，估计值显示通货膨胀率有负面影响，并与长期借款显著相关。较强的合法权利保护和较低的政治风险和长期借款正相关，表明制度因素也很重要。最后，银行监管也很重要。特别地，更严格的银行准入要求（包括对外国银行准入的限制）以及更高的资本要求等都和银行长期贷款负相关。

表 B4.1.1 银行初始期限超过一年的贷款比例的估计

变量	因变量：期限超过一年的贷款比例					
资产的滞后对数	5.975***	3.243**	6.085***	6.954***	5.089***	6.444***
	[3.079]	[2.148]	[3.238]	[2.878]	[3.300]	[3.202]
存款负债的滞后值	-0.009	-0.023	-0.011	0.001	-0.012	-0.003
	[-0.359]	[-0.994]	[-0.465]	[0.024]	[-0.472]	[-0.129]
滞后总股本对资产的比例	0.058	-0.023	0.068	0.075	0.044	0.070
	[0.639]	[-0.257]	[0.764]	[0.781]	[0.522]	[0.734]
滞后流动资产对总资产的比例	0.015	0.019	-0.003	0.001	-0.005	0.000
	[0.646]	[0.880]	[-0.133]	[0.038]	[-0.234]	[-0.018]
滞后收益对资产的比例	0.108	0.526*	0.114	-0.001	0.247	0.008
	[0.379]	[1.879]	[0.390]	[-0.004]	[0.867]	[0.031]
通货膨胀率	-0.864***					
	[-2.916]					
合法权利保护强度		8.084***				
		[5.092]				
政治风险			1.004**			
			[2.517]			
对外国准入的限制				-3.879*		
				[-1.738]		
银行准入要求指数					-2.901**	
					[-2.489]	
资本监管指数						-1.220*
						[-1.918]
常量	-5.115	-30.545	-92.091*	-4.300	27.012	-5.107
	[-0.188]	[-1.087]	[-1.712]	[-0.112]	[1.390]	[-0.196]
观测值	14997	14955	14933	14739	14770	14671
R 方	0.093	0.147	0.095	0.076	0.103	0.090
银行数	3415	3413	3391	3362	3370	3359

资料来源：根据银行展望（数据库）的数据计算，毕迪威，布鲁塞尔，http://www.bvdinfo.com/en-gb/products/company-information/international/bankscope；世界银行，华盛顿。

注：估计值包括银行固定效应。标准误按国家—年层面聚合。显著性水平：* =10%，** =5%，*** =1%。

源来开发信贷风险管理及评估系统来监督自己的贷款。一些实证研究正式了这一预测。利用中非经济和货币共同体中六个国家 2001—2010 年的 35 家商业银行的数据，Constant 和 Ngomsi（2012）发现大银行会进行更长期的商业贷款。Chernykh 和 Theodossiou（2011）在分析俄罗斯银行长期商业借款的决定性因素时发现了类似的结果。表面上看，市值对贷款期限的影响模棱两可。一方面，市值较高的银行可能有更强的能力来应对增加风险更高的长期贷款可能招致的未预期损失。另一方面，市值较高可能意味着银行是风险厌恶性的，可能不愿意放出有风险的长期贷款。已有的经验研究支持市值高的银行发行长期贷款更多的结论，因为它们更有能力应对相关的风险（Chernykh and Theodossiou 2011；Constant and Ngomsi 2012）。

证据显示，银行的所有权也会影响贷款期限。传统上人们认为政府所有的银行与更多长期借款相关，但已有的实证证据并不支持这一结论。例如，利用 1992 年到 2007 年间 14 个转型国家的商业银行向私有部门放款的季度数据，Tasić和 Valev（2010）发现国有银行资产比例与银行贷款期限指标负相关，且统计显著。分析俄罗斯 2007 年跨部门银行业运营数据后，Chernykh 和 Theodossiou（2011）发现在俄罗斯外国银行比国有银行更倾向于进行长期商业贷款。利用 20 个转型经济体 220 家银行的数据，De Haas、Ferreira 和 Taci（2010）发现外国银行比其他银行更倾向于参与按揭抵押借款。

一些研究还显示，银行用来为贷款融资的资金类型与它们的贷款期限结构显著相关。在非洲（Constant and Ngomsi 2012）和俄罗斯（Chernykh and Theodossiou 2011）的关于贷款期限结构的实证研究显示，长期负债比例较高的银行长期贷款比例也较高。这和第二章讨论过的“公司在融资时会将资产和负债的期限进行匹配”是一致的。

尽管银行资产与负债的期限结构之间存在相关，但银行业中也有一些内在的期限转化，这些有利于长期借款。银行通常从储蓄者手里借款，并将大多数资金以更长的期限放出去。通过这种期限转化机制，银行可以保有流动性和偿付能力。

例如存款保险这类政策，其设立的目的是最小化储蓄者的风险，可以影响银行进行长期借款的能力。通过降低银行运营风险，储蓄保险可以降低银行通过增加短期贷款份额对冲这种风险的需求。Fan、Titman 和 Twite（2012）表明在有储蓄保险的国家的企业会有更多长期贷款。尽管类似储蓄保险这样的政策可能缓解这类风险，但它们也会产生道德风险问题，并在某些环境下使银行承担更多风险（Demirgüç-Kunt and Detragiache 2002）。

尽管银行业都会或多或少有一些融资风险，但最近的全球危机的证据显示，过度的期限转化风险可能是银行失灵的主要原因，最终可能对长期借款构成威胁。银行最近对批发融资和衍生融资的依赖已经被确认为是银行在最近的危机期间出现不稳定和失灵的主要原因（Huang and Ratnovski 2010；Shleifer and Vishny 2010；Gorton and Metrick 2012；Brunnermeier and Oehmke 2013）。实证上，Yorulmazer（2008），Vazquez 和 Federico（2012）以及国际货币基金组织（IMF 2013a）都发现有过多结构性融资错配的银行（例如贷款与储蓄的比过高、短期贷款占总负债的比过高等）更容易出现运转失灵的问题。[4]

能影响银行规模、市值和融资的监管法规也能影响长期融资，因为这些银行特征变量和银行贷款期限结构相关。巴塞尔III协议是一套改革措施，由巴塞尔银行监管委员会发布，目标是加强银行业的规范、监管和风险管理。这一协议的资本要求以及新的最低流动性标准不针对长期银行融资，但可能对其造成影响，金融稳定委员会（FSB）在最近的报告中已经指出了这一点（专栏4.2）。[5]具体而言，改革的联合效应会增加交易的监管资本量，深化期限转化风险。其总体效应取决于很多因素，如不同市场部门资金来源的变化。从这一角度而言，其对发展中国家的影响尤为受到关注，因为这些国家的市场相对不发达，非银行金融中介较少，因此如果银行因监管发生变化而削减长期融资的话就会遭受更大打击。

持续的监管变化的影响应仔细加以观察，但与此同时政府政策应帮助银行获得稳定的资金来源。这些政策可能包括改进金融普惠性，以发展银行储蓄基础；促进银行发行债券；让银行改善关于流动性及其他风险的报告，加强会计审计标准以使银行接触国内外资本市场的长期资金来源等（Gobat，Yanase，and Maloney 2014）。

专栏4.2　巴塞尔III协议框架

巴塞尔III协议框架的设计目的是加强银行业的规范、监管和风险管理。它包括两大类政策措施：资本改革和流动性改革。资本改革的主要目的是提高资本质量；流动性改革的主要目的是最小化流动性短缺及压力，同时减少金融业对实体经济的溢出风险。

根据巴塞尔III协议资本制度，一级资本占风险加权资产（RWA）至少6%，其中4.5%为一级普通股（CET1）。此外，同一个机构还要有2.5%的额外储备缓冲，以及0—2.5%的反周期缓冲，具体数值取决于国家环境。对于系统性重要银行（即一旦出现问题就会诱发金融危机的银行）还有1%到2.5%的额外附加（图B4.2.1）。此外，银行还要保证杠杆率在3%，这个要求的目的是控制银行系统，避免出现杠杆率过高的情况。

图B4.2.1　巴塞尔III协议要求

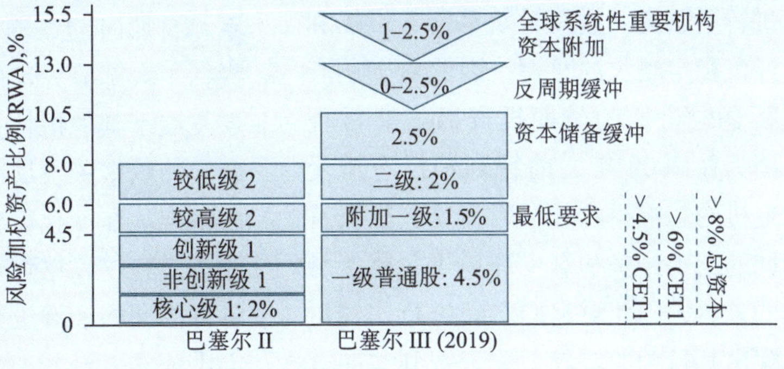

框继续下一页

专栏 4.2 巴塞尔Ⅲ协议框架（继续）

巴塞尔Ⅲ协议的流动性部分包括两个新比率：流动性覆盖比率（LCR）和净稳定资金比率（NSFR）。对于 LCR，要求银行持有充足的高质量流动资产（HQLA），这些资产应可以转化为现金以应对资金紧张情况下 30 天内所有潜在的流动性需求。其分子包括两类容易变现的资产类别。一级资产包括政府债券、现金、特定的央行储备。二级资产包括公司债券这类的评级在 A+到 BBB-的长期证券、特定股票、符合特定条件且有按揭抵押的证券。其分母是 30 天压力状况下总预期现金流出减总现金流入。比例应至少为 100%。

NSFR 的目标是通过确保长期资产由至少一定数量的稳定资金来源进行融资，来保证在一年的期限之内有更强的顺应性。特别指出的是，一年期以上的贷款要能为来源期限也在一年以上的资金覆盖（例如，银行股票和储蓄及批发融资这类的负债）。

金融稳定委员会分析了巴塞尔 III 协议对长期融资产生的潜在影响（Financial Stability Board 2013），他们并不指望引入 LCR 会对长期贷款产生直接影响。然而委员会指出，为了满足 LCR 的要求，银行可能更倾向于持有某些更满足 HQLA 定义的特定流动资产（例如主权债券）。金融稳定委员会希望 NSFR 允许在银行一年期及以上负债能完全为长期贷款融资时产生可观的期限转化，但委员会也认识到如果目前的长期贷款是用短期储蓄或其他负债（定期展期）来融资，那么期限错配需要通过延长融资期限或降低贷款期限来覆盖。

国内机构投资者的投资组合期限：智利的例子

本部分描述了智利非银行机构投资者在期限结构方面的差异，并分析了其背后的因素。这一分析基于 Opazo、Raddatz 和 Schmukler（2015），他们利用智利 2002—2008 年间国内债券共同基金、养老基金以及保险公司的独一无二的月度资产层面数据进行了研究。这段时期是资本市场和总体经济稳定增长的时期，因此对于调查非银行金融机构的长期投资而言非常理想，因为在 2009 年之前智利都没有遭受全球危机的影响。此外，因为这些投资者在相同的宏观经济和制度环境下，能接触同样的工具，因此对它们之间进行比较可以观察出其行为的差异。关于智利共同基金和保险公司持有的信贷数据来自智利证券与保险监督部门。关于智利养老基金的数据来自智利养老金监督部门。

尽管私营养老金行业在发展中国家通常规模很小（强制性的国有养老金计划占支配地位），但如智利这样的少数经济体拥有覆盖大多数劳动者的养老金体系。1981 年，智利首先成为采用强制性私营规定缴费制（DC）养老基金模式的国家，以此取代旧有的公立固定收益（DB）体系。自那时起，养老基金变得规模很大，囊括了大部分人口的长期退休储蓄。智利还发展了其他机构投资者，并提供了长期融资赖以繁荣发展的稳定的宏观经济及制度框架。在资金需求方，智利引入了很多改革措施，以培育资本市场的发展，引导各种不同的证券进行发行，其中包括长期本币证券以及根据通胀指数调整的债券。很多高收入国家和发展中国家追随了智利的例子，改革了自己的养老金体系，从 DB 模式转向私有管理的 DC 模式（Antolín and Tapia 2010；OECD 2013b）。图 4.4 显示了很多 OECD 国家现在最常使用的 DC 体系。

智利养老基金体系采用的监管法规不是智利特有的，是 DC 养老金体系下的典型监管体系，在这种体系下，监管者要确保公共储蓄的安全。例如，智利监管法规规定了养老基金必须保证的最低回报。这种保证在拉美国家很普遍，在中欧（Castañeda and Rudolph 2010）及高收入国家（Antolín and others 2011）也有应用。因此，智利是标杆范例，智利决策者面对的问题为解决发展长期融资市场的各种困难提供了参考。

智利的例子挑战了机构投资者有助于延长期限结构这一传统预期，提出了一个问题，那就是这些投资者的短期性背后的原因是什么。尽管这些投资者的出现在改善市场深度、增加私人储蓄方面发挥了重要作用，但它们对延长融资合约期限的影响似乎很有限。[6]证据显示智利资产管理机构（共同基金和养老基金）持有大量短期工具，总的投资期限相对保险公司而言更短（图 4.5）。共同基金和养老基金都有近半数的资产投资于期限在三年及以下的证券，而保险公司投资于这些短期证券的比例约为三分之一多一些。在更长的期限上，差异甚至更明显。结果是，保险公司的平均期限（9.77 年）比共同基金（3.97 年）、养老基金（4.36 年）的两倍还多。与债券相比，共同基金和养老基金投资期限也要更短些。

养老基金的投资短期性不是受投资工具供给方的限制导致的。智利资产管理者即使在能够广泛获得长期工具以及其他投资者持有长期工具的情况下也会选择短期

图 4.4　一些国家 DB 型养老金资产和 DC 型养老金资产的相对比例，2013 年

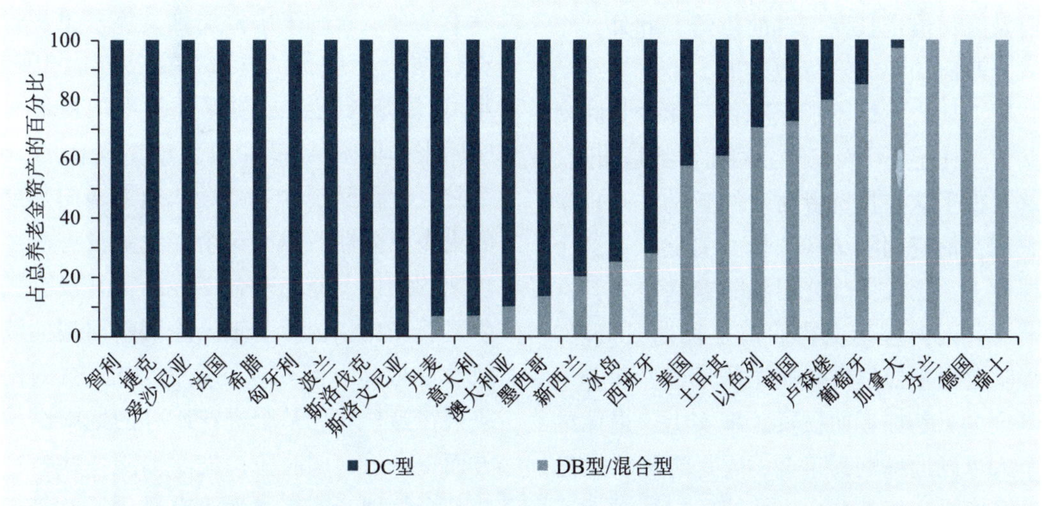

资料来源：OECD 2014b。

注：这些国家都来自 OECD。美国和加拿大的数据仅包括职业养老金。卢森堡的数据仅包括在金融保险监督委员会监管下的养老基金。

图 4.5 智利机构投资者期限结构的差异

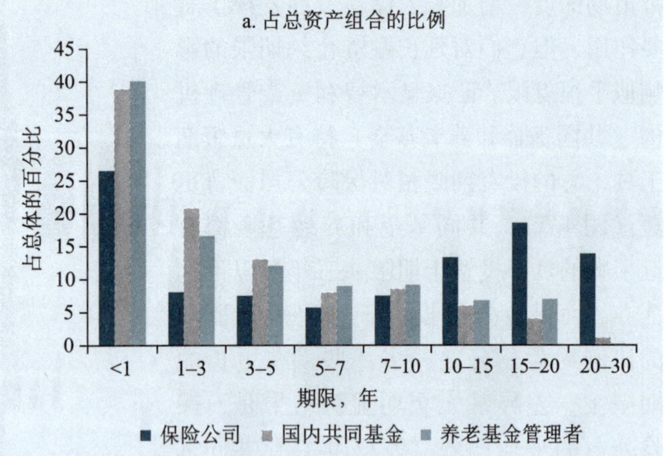

b. 平均期限，年

保险公司	9.77
国内共同基金	3.97
养老金管理者	4.36

资料来源：Opazo，Raddatz，and Schmukler 2015。

注：期限结构按每个共同基金、保险公司和养老基金管理者每月的数据计算。之后在每个投资者集合里平均，再按时间平均。样本期限是 2002 年 9 月到 2008 年 6 月。

工具。而且养老基金并没有用掉所有的政府及公司信贷长期工具的供给。此外，个人对政府拍卖的竞标也表明，养老基金对长期工具的竞标不那么积极，无论是相对其他工具还是相对保险公司而言都是如此。

似乎这些投资者面对的激励才是理解它们在信贷期限结构选择的关键。在这个层面上，比较保险公司和养老基金尤其有意义，因为理论上它们都是长期投资者。保险公司主要提供长期退休年金，而养老基金为了参加者而投资。事实上，退休的个人可以选择购买年金；或是选择将自己的资产投入养老基金，并按照根据预期寿命制定的计划逐步提取本金。除了两者操作目标上的相似之处以外，它们有着不同的本质（开放式和封闭式），其背后投资者和监管者的监督方式也不同，因此这些中介面对的是不同的激励，这导致了其期限结构的不同。这些激烈在专栏 4.3 中会进行详细分析。

养老基金的投资短期性对未来的养老金有重要影响。事实上，智利及其他地方已经有了关于养老金体系的讨论（BIS 2007a；*The Economist* 2014a）以及关于如何在低于预期的人口替换率之下进行养老金改革的讨论。根据一些估计，65 岁养老金领取者的账户平均为 5.5 万美元。如果预期还能活 15 年，这个值相当于每个月 310 美元，或者说是智利平均工资的三分之一。

智利的经验表明大规模、复杂、资金充裕的金融中介的发展并不能保证对长期资产的需求增加。仅仅建立资产管理制度并假定管理者会投资于长期资产似乎并不能真的产生预期的结果，特别是如果政策背景是与智利类似的市场或有着类似的短期监督监管规范的时候就更是如此。对于养老基金，智利决策者使这一体系更多投资长期资产的努力失败了。例如，1999 年 10 月养老基金必须保证的平均最低真实回报率期限从 12 个月变成了现在的 36 个月，旨在赋予养老基金从短期转向长期的更多灵活性。然而这个变化并没有产生预期的结果，养老基金期限结构并没有发生显著变化。选择基于风险调整回报的绩效衡量指标，例如以同类为基础的标杆，应该在延长养老基金资产组合的期限结构方面更有效，同时应该能够消除一些对这些基金管理者的普遍性不良激励。监管部门需要关注于如何将基金来源者的长期目标与基金管理者的短期目标结合起来，使两者一致。

专栏 4.3 智利共同基金和养老基金投资短期性的背后原因是什么?

尽管确定智利开放式共同基金、养老基金相对保险公司投资期限较短背后的终极原因很难，但原因之一可能是代理因素扭曲了管理者激励。[a]在智利，开放式基金的管理者是由背后的投资者、监管者以及资产管理公司按短期进行监督的。这种短期监督加上可用工具的风险组合，产生了使管理者回避长期收益良好但短期表现不佳的投资的激励。与之相对，保险公司不是开放式资金管理者，他们收到的资产短期内不能赎回，因为投资者是采用 DB 模式，因此保险公司有长期负债。正因如此，保险公司并不受制于类似的短期监管。

对于共同基金，它们的短期投资主要是由背后投资者的短期监管驱动的。智利共同基金的赎回特别受短期绩效的影响。例如，在 2002—2008 年，智利共同基金比美国共同基金的流出更大。这种短期监管可能有助于解释为什么这些基金都会回避投资短期收益不佳的长期债券，而是更倾向于投资短期债券。

因为退休储蓄是强制性的，流向养老基金的资金会非常稳定，即使在危机时也是如此。也就是说，与共同基金不同，养老基金不会出现大规模流出。尽管如此，在同一个养老基金内部，投资者也可以换资金管理人，以便获得更好的基金业绩。Da 等人(2014）表明，在智利个人会在更有风险的基金（持有的多是股票）和持有的多是无风险政府债券的基金之间进行变换。养老基金支付人显然努力“为市场安排时间”，不断根据大众投资顾问公司的推荐变化自己的基金。在这种状况下，养老基金管理者大幅削减了自己持有股票和债券的数量，代之以现金，以便回避不断再平衡资产组合可能导致的代价高昂的赎回。

监管体系似乎是另一个导致养老基金投资期限短的因素。智利监管体系规定每只养老基金需要保证的收益在前 36 个月是较低的。这种短期监管似乎推动了管理者改变投资策略，以最小化触发最低收益保证的可能性（Randle and Rudolph 2014）。此外，因为这种限制取决于市场平均收益，它可能会引发羊群效应（Raddatz and Schmukler 2013；Pedraza，即将出版）并促使资产组合向次优方向分配(Castañeda and Rudolph 2010)。

最低回报率可能促使均衡向着短期转变，因为即使一个管理者的资产组合与同僚们接近，持有稍多波动性强的长期证券也可能增加管理者在面对以同行为基础的业绩评估时遭受惩罚的风险。此外，由于长期债券流动性相对较差，这些债券要想再平衡就较难，因为交易者可能会发现很难按自己的开价进入或退出市场，同时还有交易延迟或者在和自己开价相去甚远的价位上交割。因此，期限更长的债券可能会影响跟随市场变化的能力，增加与同业者对比时遭受惩罚的可能性。

尽管这种短期监管模式在开放式基金中有作用，但却很难影响保险公司。投资者对这些公司不是依照短期回报来评估的，也不能随意进行赎回，此外这类公司也不需要随时随地保证自己和同业者们相近。保险公司的期限结构可能是由自己的负债决定的。它们持有长期负债，因为它们大多是向参保人提供年金。因此，满足负债的需求使得它们有持有长期资产的激励。与之相对，共同基金和养老基金只是单纯的资产管理者，没有除了财务义务之外的其他负债。

总的来说，负债的长期性使得保险公司的激励更倾向于长期。与之相对，由于缺乏负债结构，智利养老基金和共同基金的激励就使得它们的期限风险主要由背后出资人、本公司以及监管者决定。

a. 更详细的分析见 Opazo，Raddatz，and Schmukler（2015）。

关于共同基金的国际证据

尽管共同基金最近十年来在发展中国家显著增长，但高收入国家仍占支配地位。2006 年到 2013 年间，发展中国家共同基金管理的国内资产增加了一倍多。然而，这只能代表全世界共同基金资产的一小部分：高收入国家控制着 90% 的共同基金资产，2013 年超过 28 万亿（图 4. 6a）。地区间的分布也很不均衡，美国占全世界总量的一半，几个欧洲国家占近三分之一（图 4. 6b）。不过，在一些发展中国家，例如巴西，共同基金业增长迅速，规模可观。

图 4. 6 全世界范围共同基金总净资产，按发展程度和地区列示

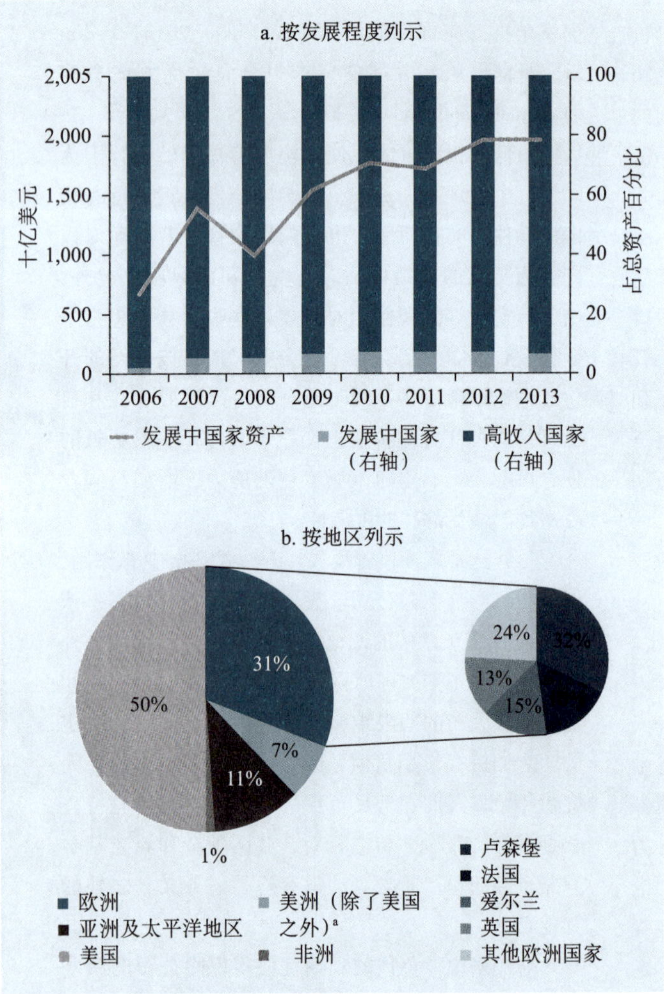

资料来源：投资公司事实手册 2014，投资公司研究所，华盛顿，http：//www. icifactbook. org。

注：图 b 的样本时期为 2013 年。高收入国家和发展中国家的分类依据的是 2012 年世界银行的分类标准。

a. 阿根廷、巴西、加拿大、智利、哥斯达黎加、墨西哥、特立尼达和多巴哥。

最近几年，国际共同基金的重要性不断增加。[7]这种增加主要是因为高收入国家的投资者更多地寻求多样化自己的资产组合，从而投资其他国家，其中也包括发展中国家。通常是投资新兴市场的基金或是通过全球性基金参与到新兴市场中去（Gelos 2011）。这种趋势与高收入国家利率下降的趋势一致，导致投资者寻求发展中国家收益较高的那些资产。新兴资产组合基金调查（EPFR）数据显示，新兴市场股票基金管理的资产从 2009 年底的 7020 亿美元上升到了 2013 年底的 1. 1 万亿美元，债券基金从 880 亿美元上升到了 3400 亿美元（Miyajima and Shim 2014）。

由于发展中国家共同基金规模有限，因此本节主要讨论发达国家的国际共同基金会在延长发展中国家融资合约期限上如何发挥作用。本节特别讨论了美国和英国的国际基金在延长发展中国家和其他高收入国家融资合约期限结构方面的作用。本节只讨论固定收入共同基金。尽管股票基金也是一种重要的长期融资来源，并且在股票市场中发挥重要作用（专栏 4. 4），这里的分析只集中于债券基金，以便计算基金资产组合的期限结构并进行国家间的比较。

数据取自多个来源。关于共同基金持有资产的基金层面数据来自晨星（Morningstar），包括来自英美两国的国际共同基金（全球固定收入及新兴市场固定收入基金）数据，以及一些发展中国家和高收入经济体 2013 年投资国内的共同基金数据（国内固定收入基金）。[8]本部分还研究了大型企业和主权债券，以便为共同基金提供标杆。关于企业债券的数据来自汤森路透 SDC 白金数据库。[9]关于大型主权债券的数据来自 BIS。

英美的国际共同基金的投资很接近，因此接下来的分析将两国合并考察。美国共同基金总额 55% 投资于美国外的高收入国家，35% 投资于发展中国家，其他投资于本国债券（图 4.7a）。与之类似，英国共同基金 65% 投资于英国以外的高收入国家，20% 为发展中国家，其他投资于国内债券。从地区来看，英美共同基金都将近半的资产投资于欧洲（除英国外），近三分之一于亚洲，约五分之一于拉丁美洲和加勒比地区（图 4.7b）。此外，两国基金都大量投资于主权债券（近 70%），随后是来自金融和非金融企业的公司债券（图 4.7c）。两者投资的期限结构也类似。[10]根据这些近似点，接下来的分析将两者合并。

英美共同基金在发展中国家投资的期限比在高收入国家长。总体而言，英美基金在高收入国家平均期限为 6.4 年，发展中国家为 8 年。这一结果在各个产业均成立。英美基金目前投资的主要产业是公共管理，占投入发展中国家资金总额的 80%，高收入国家的 70%（图 4.8a）。发

专栏 4.4　股票市场中的机构投资者

无论高收入国家还是发展中国家，股票融资在企业融资中的作用都要弱于债权发行和联合贷款（第三章）。尽管如此，发达且有流动性的股票市场能创造并收集关于企业基础经济活动的信息。从这个角度而言，股价集合了很多市场参与者的信息，这些信息反过来对企业管理者和其他决策者，例如资本提供者或监管者而言，都是十分重要的（Bond，Edmans，and Goldstein 2012）。因此，股票市场能够便利企业进行信贷活动，因为它减少了资本提供者和企业之间的信息不对称性。

机构投资者可能对股票市场上信息的提供产生重要影响。除了直接提供企业股票融资外，一些实证证据表明机构在股票市场中的活动会改善公司监管，提升公司治理结构（Gillan and Starks 2000）。例如，来自持股人权利保护较强的国家的外国机构投资者可以促进全世界的公司治理改善（Aggarwal and others 2011）。此外，机构投资者出现在股票市场上可能增加企业与资本提供者接触的机会，从而提升其募集资金的能力。

表 B4.4.1 显示了机构投资者持有股权与三项指标（市值、成交量、价格信息，最后一项时衡量股价中包含的信息的指标）之间的关系。根据此表，国内和国际机构投资者都与市场规模和流动性相关。此外，不管是高收入国家还是发展中国家，机构投资者的参与都与价格信息量正相关，这和以下观点一致，即比起散户投资者，机构投资者有更强的收集信息的能力，它们的出现有助于股票市场上的信息收集。此表还显示机构持股集中度与股票市场发展程度的不同指标之间负相关。例如，机构持股集中度高的国家交易量较低（图 B4.4.1）。

当机构持股集中度高的时候，这些机构就变成了企业的内部参与者，这种情况会妨碍其他股票投资者的参与，并破坏流动性。集中还会导致市场力量及交易能力无法影响价格。此外，在较小的市场，

专栏 4.4 股票市场中的机构投资者（续）

表 B4.4.1 股票市场发展和机构投资者，2000—2011 年

国家分类	高收入国家		发展中国家	
	高于中位	低于中位	高于中位	低于中位
外国机构投资者所有				
成交量/市值	71.8	94.9	41.3	55.7
市值/GDP	64.4	86.8	42.1	45.5
价格信息	65.5	90.1	15.2	39.5
国内机构投资者所有				
成交量/市值	46.0	100.1	39.8	60.6
市值/GDP	56.3	86.3	36.3	67.1
价格信息	32.5	96.5	18.2	38.5
机构持股集中度				
成交量/市值	98.9	67.5	55.6	43.0
市值/GDP	90.9	58.2	43.4	39.7
价格信息	88.1	67.2	45.5	12.5

资料来源：全球金融发展数据库，世界银行，华盛顿，http：//data. worldbank. org/data-catalog/global-financial-development；机构持股数据库，FactSet，诺沃克，http：//factset. com。

注：本表报告了股票市场发展程度的三个指标的均值，根据机构投资者分类。

图 B4.4.1 成交量与机构集中度，2000—2011 年

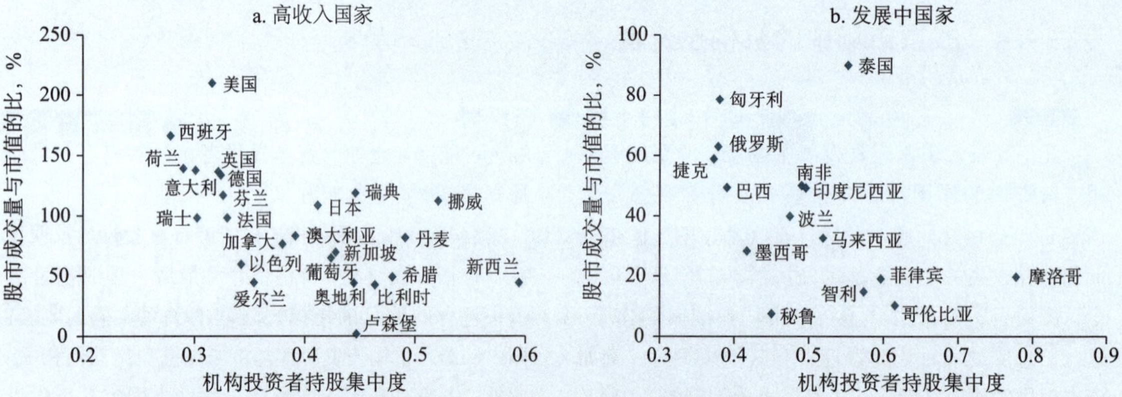

资料来源：全球金融发展数据库，世界银行，华盛顿，http：//data. worldbank. org/data-catalog/global-financial-development；机构持股数据库，FactSet，诺沃克，http：//factset. com。

注：本图显示了股票交易量和机构持股集中度之间的关系。

集中度根据国内五个最大机构投资者的持股比例衡量。

国内机构投资者与本地公开上市的公司可能有直接或间接的非同寻常的关系（它们可能属于同一个经济集团，或者企业可能从一个与机构投资者同属一个金融共同体的银行中接受贷款）。这种关系可能是信息不对称的额外来源，会减少股票交易。因此，股票价格可能更不透明，更不容易反映基本信息。

总体而言，机构投资者在股票市场上提供信息的能力似乎取决于市场结构。决策者不止应着重加强投资者基础，还要提升市场竞争度。例如，拥有规模大但数量少的支配性机构投资者的股票市场可能会提供很少有价值的信息。总之，运行良好且有竞争性的股票市场有利于长期融资和经济活动，无论直接还是间接。

图 4.7　美国和英国共同基金投资的比例及平均期限，2013 年

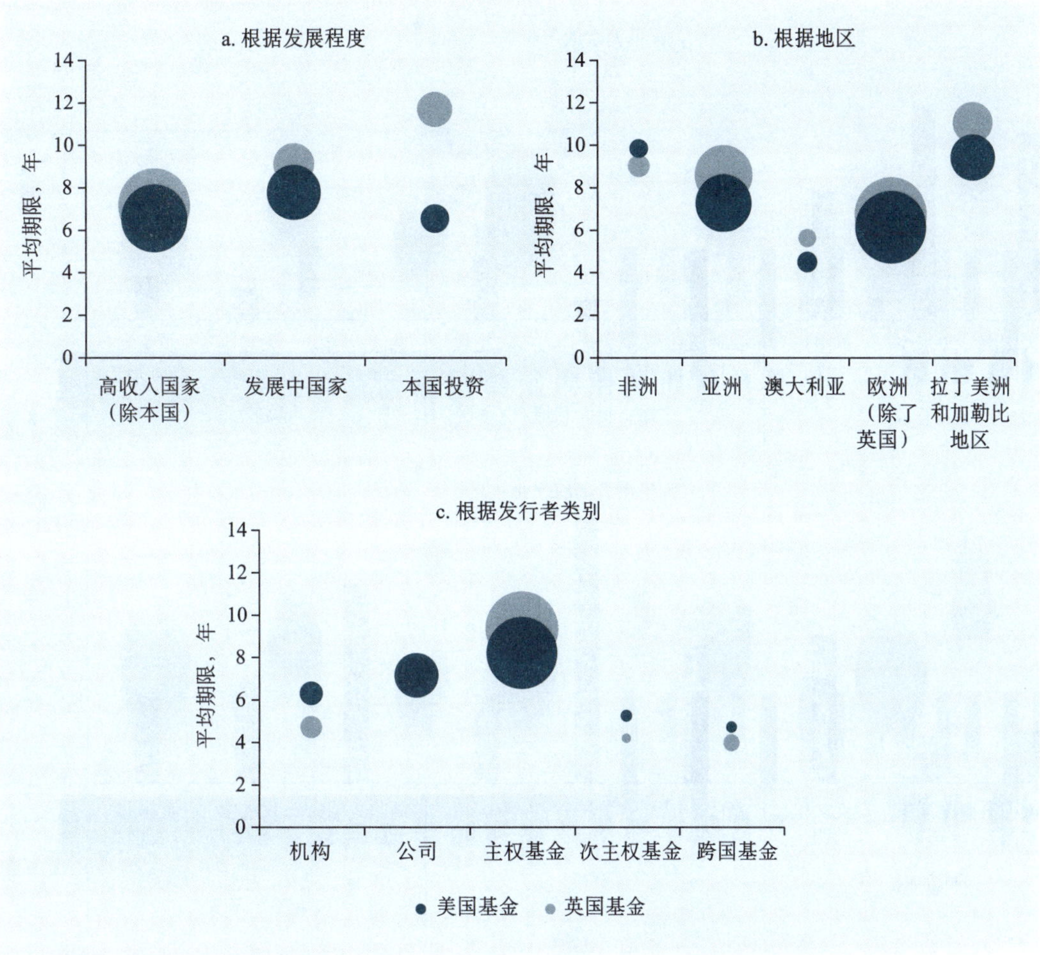

资料来源：根据芝加哥晨星数据计算，http：//www. morningstar. com；数据流（数据库），汤森路透，纽约，http：//thomsonreuters. com/en/products-services/fi nancial/investment-management/datastream-professional. html。

注：本图显示了英美在全球和新型市场的固定收入共同基金的资产组合比例和平均期限。每个圆的大小反映了投资在每个国家集（a 和 b）及发行者类别（c）的资产比例。

展中国家平均期限为 7.7 年，高收入国家 6.9 年。金融、保险和房地产是英美基金投资的第二大产业，但这一产业在高收入国家和发展中国家之间差异很大，高收入国家为 25% 以上，发展中国家则仅为 7%。这一产业的平均期限较短（两种国家收入组别皆如此），而这一产业类型中投入高收入国家的权重更多，这就是为什么英美基金在发展中国家投资的平均期限更长。其他产业的投资模式见图 4.8b。在这些产业中，英美共同基金投资平均期限还是在发展中国家更长。

在分析的大多数国家里，英美共同基金投资主权债券的期限都比公司债券长。总体而言，图 4.9a 中显示散点图的国家中英美基金投资主权债券的平均期限是

图 4.8 美国和英国共同基金投资的比例及平均期限，按产业列示，2013 年

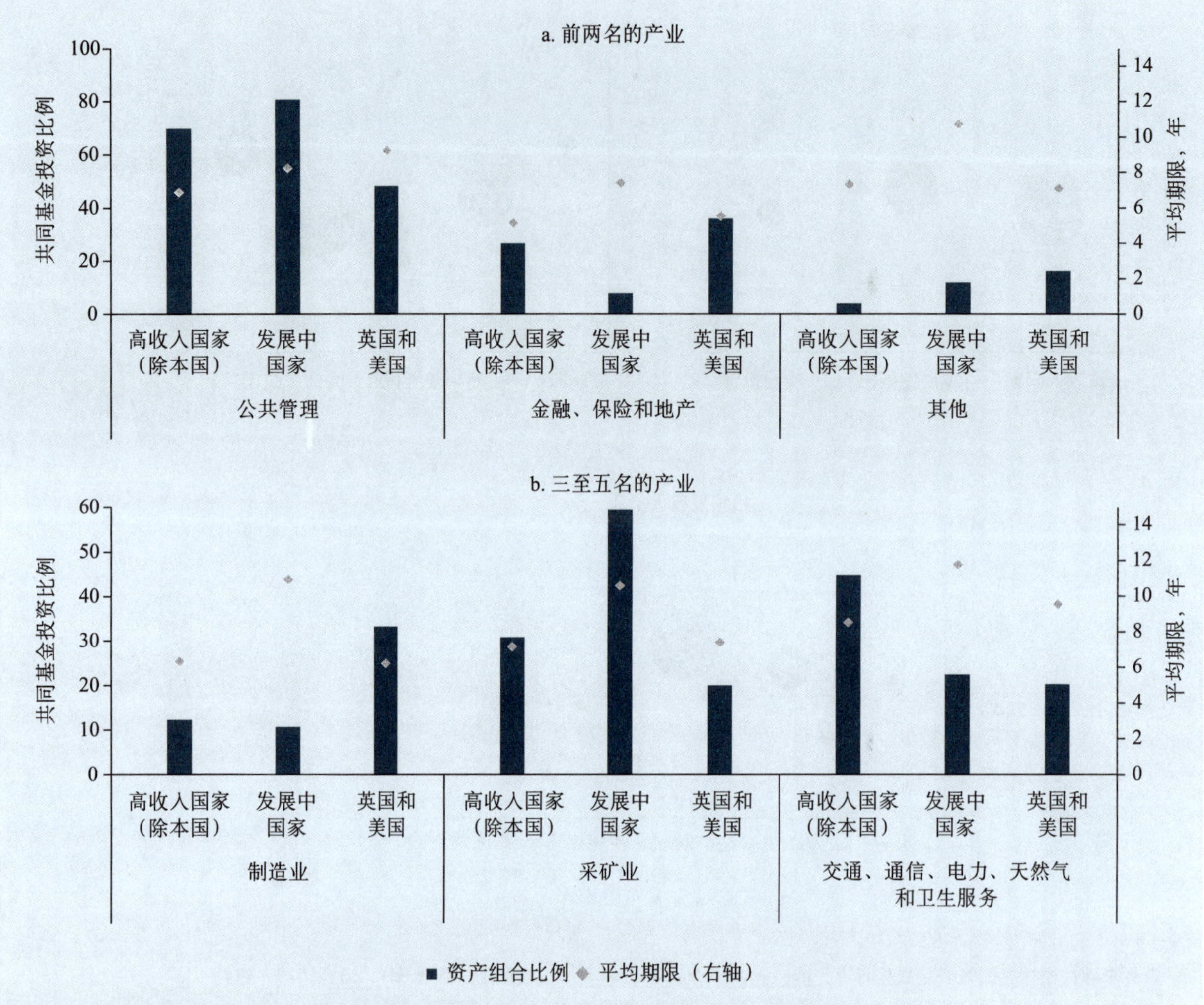

资料来源：根据芝加哥晨星数据计算，http：//www.morningstar.com；数据流（数据库），汤森路透，纽约，http：//thomsonreuters.com/en/products-services/fi nancial/investment-management/datastream-professional.html。

注：本图显示了英美在全球和新型市场的固定收入共同基金的资产组合比例和平均期限，按发行者产业类别划分。

8.6 年，公司债券是 7.1 年。这与流通在外的主权债券通常比公司债券平均期限长这一事实是一致的（图 4.9b）。因此，在比较国际与国内基金期限结构时，这里的分析将区分公司债券和主权债券。

证据显示国际共同基金有助于延长发展中国家和高收入国家的公司债券期限结构。对于大多数分析的国家，英美基金在所投资的国家投资期限比流通在外的公司债券平均期限长（图 4.10a）。[11] 这一发现与一个事实一致，即发展中国家在外国公司发行的债券比在国内发行的期限长（第三章），表明发展中国家的企业可能更容易从外国投资者那里获得长期融资。此外，这一发现表明国际共同基金可以在延长所投资的国家的期限结构方面发挥重要

图 4.9　平均期限，按国家和发行者类别列示，2013 年

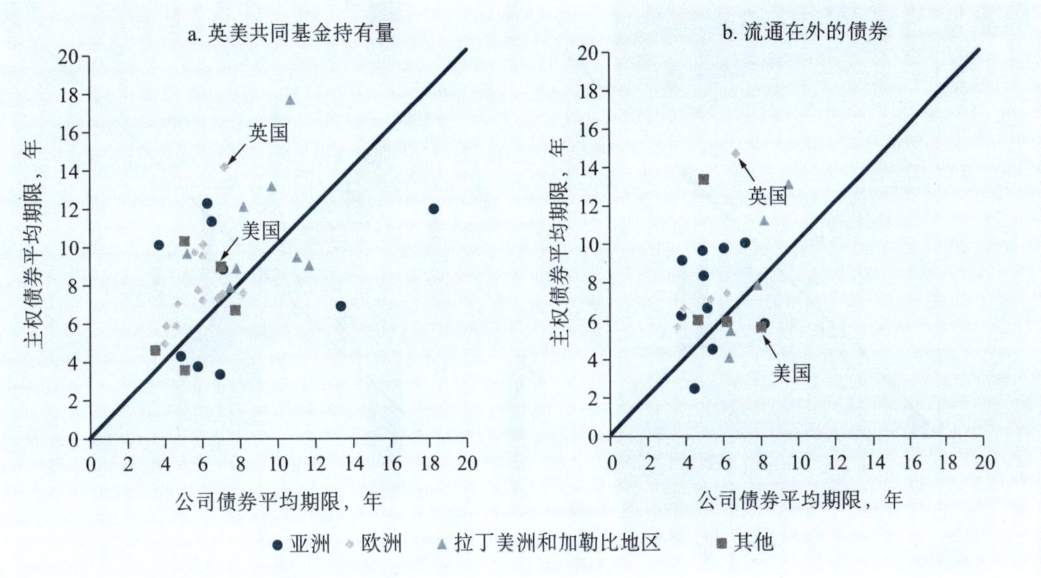

资料来源：根据 SDC 白金数据库计算，汤森路透，纽约，http：//thomsonreuters. com/en/products-services/financial/investment-banking-and-advisory/sdc-platinum. html；信贷安全统计数据库，国际清算银行，巴塞尔，http：//www. bis. org/statistics/secstats. htm；晨星，芝加哥，http：//www. morningstar. com；数据流数据库，汤森路透，纽约，http：//thomsonreuters. com/en/products-services/financial/investment-management/datastream-professional. html。

注：图 a 显示了平均期限，只包括超过 30 个观察值的国家。

作用。然而，和公司债券不同，主权债券方面的证据模棱两可。也就是说英美基金是否能延长这些债券的期限结构还不清楚（图 4. 10b）。[12]

分析随后比较了英美国际共同基金与发展中国家及高收入国家国内共同基金的期限结构。首先按国家比较了国际共同基金和国内基金的整体资产组合，然后分别比较了主权债券和公司债券持有情况。对于后者，资产组合的平均期限以流通在外的债券的期限作为标杆。

对于发展中国家，比较显示外国基金投资比本国期限长。结果表明英美共同基金比智利、墨西哥、南非国内共同基金的投资都显著长（图 4. 11a）。例如，英美共同基金在智利（墨西哥）债券的平均期限是 7. 6（9. 4）年，智利（墨西哥）国内基金平均期限是 4. 8（3. 1）年。在巴西，国内基金投资期限比英美基金略长（10. 1 年比 9. 4 年）。然而，正如后面讨论的，巴西基金较高的平均期限完全是因为主权债券购买：如果只考虑公司债券，英美共同基金投资显著长于巴西基金。样本中唯一的国内基金投资期限显著长的发展中国家是印度。然而与巴西类似，样本中的印度基金只购买主权债券（在印度期限更长），而英美在印度大量投资于公司债券。

将英美共同基金投资与其他高收入国家的地方基金比较可以发现类似的模式：英美基金投资于当地的期限通常比本地基金长。在中国香港、以色列、新西兰，英

图 4.10 英美共同基金平均期限与流通在外的债券比较，按国家列示，2013 年

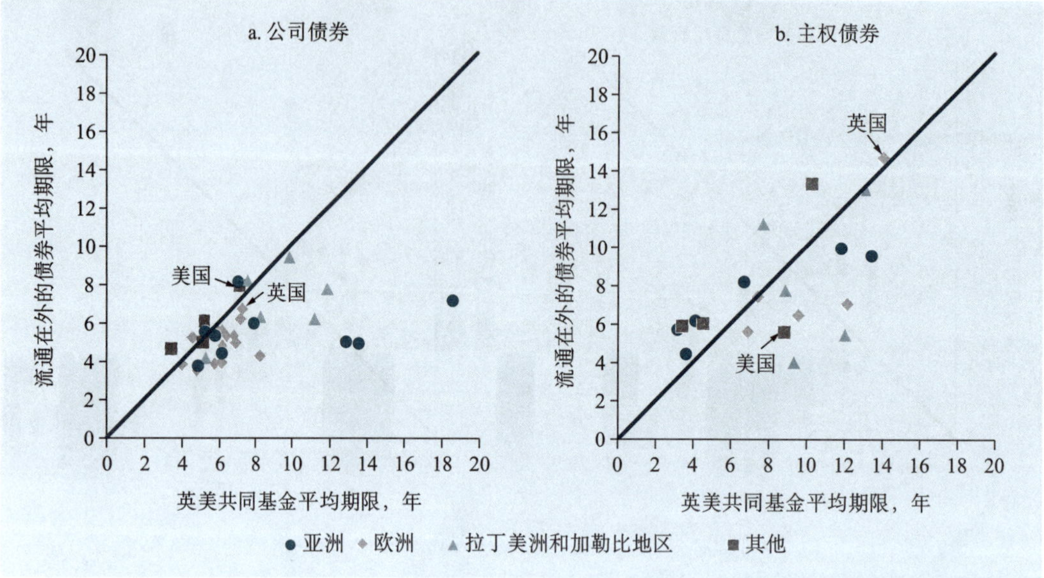

资料来源：根据 SDC 白金数据库计算，汤森路透，纽约，http://thomsonreuters.com/en/products-services/financial/investment-banking-and-advisory/sdc-platinum.html；信贷安全统计数据库，国际清算银行，巴塞尔，http://www.bis.org/statistics/secstats.htm；晨星，芝加哥，http://www.morningstar.com；数据流数据库，汤森路透，纽约，http://thomsonreuters.com/en/products-services/financial/investment-management/datastream-professional.html。

注：只包括超过 30 个观察值的国家。

美共同基金投资期限比当地共同基金长（见图 4.11a）。例如，英美共同基金在中国香港（以色列）债券的平均期限是 6（9.4）年，中国香港（以色列）本地共同基金是 3（6）年。在韩国，英美基金平均期限与韩国基金类似。澳大利亚是样本中唯一一个本地基金投资期限长于英美的。

只考虑公司债券时，英美共同基金在所投资的国家平均期限长于本地基金。除了澳大利亚和南非这两个例外，英美共同基金持有的外国公司债券平均期限都长于本国共同基金（图 4.11b）在巴西、中国香港、墨西哥和新西兰，英美共同基金的投资显著长于这些国家和地区的本地基金。此外，这四个经济体的本地基金平均期限比流通在外的公司债券短，而英美投资则更长。这一模式表示外国投资者可能有效延长信贷期限。

对于主权债券，英美共同基金似乎投资期限并不比这些国家的国内基金长。和公司债券不同，相关证据模棱两可，国际基金是否能延长主权债券的期限结构还不清楚。英美基金只在以色列和墨西哥投资期限比本国基金长。在澳大利亚、巴西、韩国和南非，它们的投资期限更短（图 4.11c）。[13]尽管如此，在以色列和墨西哥这两个国内基金投资期限比平均流通在外的主权债券更短的国家，英美基金投资期限更长，国际基金的作用可能仍很重要。此外，在巴西，英美基金平均期限仍比流通在外的主权债券更长，因此仍有助于延长

图 4.11　英美共同基金与国内共同基金平均期限的比较，2013 年

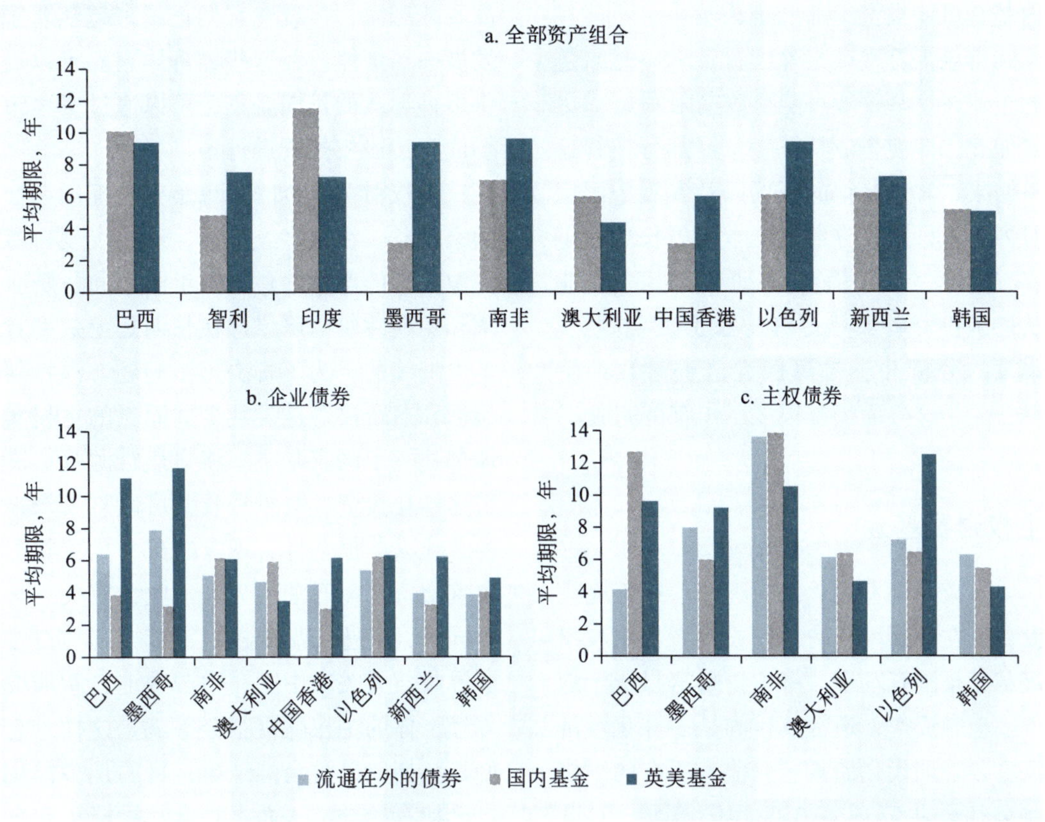

资料来源：根据 SDC 白金数据库计算，汤森路透，纽约，http：//thomsonreuters. com/en/products-services/financial/investment-banking-and-advisory/sdc-platinum. html；信贷安全统计数据库，国际清算银行，巴塞尔，http：//www. bis. org/statistics/secstats. htm；晨星，芝加哥，http：//www. morningstar. com；数据流数据库，汤森路透，纽约，http：//thomsonreuters. com/en/products-services/financial/investment-management/datastream-professional. html。

注：图中比较了英美全球及新兴市场固定收入共同基金及国内共同基金、流通在外的债券。国内共同基金的资产组合只包括国内债券。

这些国家的平均期限。

总结起来，来自国际金融中心的共同基金似乎在延长发展中国家及其他高收入国家的公司债券期限结构方面发挥着一些作用。尽管本部分提供的证据并不意味着因果关系，但它却表明培育外国机构投资者可能有助于延长信贷组合的期限。其背后的一个潜在原因是国际共同基金可能愿意承担长期投资的更大风险，这一方面是因为它们规模较大，一方面是因为它们有能力通过投资全世界的多个国家而多样化风险。此外，根据前文智利的证据，发展中国家的国内基金可能面对与其业绩有关的较大额度资金流出风险，所以它们可能有持有更大比例短期工具的激励。与此同时，由于国际共同基金似乎在主权债券上进行长期投资并不多，所以证据可能只是反映了它们投资的企业在规模或资产弹性

方面的差异。例如，由于信息不对陈，国内基金可能投资给那些规模较小、不能在国际市场上募资或是外国投资者不感兴趣的企业，这些企业可能募资期限较短。[14]尽管如此，即使企业特征变量能部分解释这一结果，我们获得的证据以及发展中国家对外国发行的债券期限比本国更长这一事实（见第三章）仍表明发展中国家的企业从外国投资者那里更容易获得长期融资。本章的分析并不打算探究这些潜在的解释，关于这方面仍有很多工作有待完成。

主权财富基金

主权财富基金（SWF）是一类规模大、正在不断增长的机构投资者。主权财富基金是国有基金，将主权财富投资于地产或金融资产，通常其目的是多样化经济风险，管理代际储蓄。目前，所有的主权财富基金共管理着 6.6 万亿美元（Gelb and others 2014），比所有对冲基金加起来的两倍还多。主权财富基金管理的资产增长迅速，在过去的 20 年里增加了 10 倍多。除了主权财富基金本国经济之外，在很多非洲、东欧、拉丁美洲发展中经济体主权财富基金的投资占 GDP 的 10%，占这些国家交易公司市值的 1%—2%（Curto 2010）。

因为主权财富基金赎回风险极低（投资者撤回资金的风险），它们理论上是长期融资的天然提供者。很多主权财富基金有着明确的管理代际储蓄的任务，所以它们通常也比其他投资者有更长的投资视野。结果是，主权财富基金更能投资于期限较长的非流动性资产，结果会降低它们投资的市场的资本流动的波动性。最初主权财富基金的投资高度集中于传统资产和高收入国家，但现在它们正越来越活跃于发展中经济体，在这些经济体它们可以提供多种形式的长期融资，可以通过资本市场或直接股权投资进行。

主权财富基金的起源是要管理周期性国家收益。在很多经济体，通过发现自然资源获得的意外之财增加了国内通货膨胀率和短期政府支出，这在长期是无效率且不可持续的。为了解决这个问题，沙特阿拉伯和东帝汶等这类甚少共同点的主权实体都建立了国家基金来将自然资源收益进行多样化投资，其投资收益可以惠及未来的几代人。据估计，现有的 60% 的主权财富基金资产与石油或天然气收益有关。与此同时，一些大型主权财富基金则与自然资源收益无关。中国、中国香港、新加坡等经济体的主权财富基金等就是这样，它们是长期贸易盈余的结果，目的是多样化自己持有的外汇，而不是全都投资于安全但低收益的美国国债（世界最大的几个主权财富基金见表 4.2 ）。这表明不是所有的主权财富基金都是一样的：它们有着不同的资金来源，结构会产生不同的投资目标和管理结构。商品丰富的国家建立主权财富基金的目的通常是为了帮助稳定政府收入（稳定基金）并管理暂时性收入（储蓄基金）。非商品性主权财富基金（大多来自东亚）的目的是将资产从国际储备、政府预算盈余、私有化收益中转移出来。商品和非商品性主权财富基金可以采取养老金储备基金或储备投资公司的形式。养老金储备基金在现期累积资源，以便为未来涉及养老金或社保的负债提供资金（例如澳大利亚、新西兰、智利、挪威）。储备投资公司则力图使资产收益最

表 4.2　主权财富基金，按管理的总资产列示，2014 年

经济体	名称	资产（10 亿美元）	成立时间	基金来源
挪威	政府养老基金	878.0	1990	石油
阿联酋	阿布扎比投资局	773.0	1976	石油
沙特阿拉伯	SAMA 国际控股	737.6	—	石油
中国	中国投资公司	575.2	2007	非商品
中国	中国华安投资有限公司	567.9	1997	非商品
科威特	科威特投资局	410.0	1953	石油
中国香港	香港金融管理局	326.7	1993	非商品
新加坡	新加坡政府投资公司	320.0	1981	非商品
中国	全国社会保障基金	181.0	2000	非商品
新加坡	淡马锡控股	173.3	1974	非商品
卡塔尔	卡塔尔投资局	170.0	2005	石油和天然气
澳大利亚	澳大利亚未来基金	90.2	2006	非商品
阿联酋	阿布扎比投资委员会	90.0	2007	石油
俄罗斯	国家福利基金	88.0	2008	石油
俄罗斯	储备基金	86.4	2008	石油

资料来源：主权财富基金研究所，拉斯维加斯，http://www.swfinstitute.org。

注：— = 无法获得。

大化，同时考虑风险因素（例如新加坡投资公司和韩国投资公司）。

主权财富基金来源和目标的区别反映在它们投资行为的巨大差异上（Gelb and others 2014）。这种差异反过来反映了不同主权财富基金在提供长期融资方面定位是否良好，投资于新市场和新资产类别方面的倾向如何。六个主要主权财富基金的目标资产分配见图 4.12。图中的资产分配是在基金风险承受度之下最大化预期投资回报的标杆资产组合。此图反映了主权财富基金在目标、风险偏好、投资视野等方面的巨大差异，此外还显示了目标债券持有和股票持有之间的巨大差异，以及不同流动性和时间视野的资产类型之间的差异。稳定基金，例如智利经济和社会稳定基金，倾向于高比例的高流动性低风险资产。战略投资者，例如新加坡淡马锡控股，会持有更多流动性较差、需要更多监管及专业知识的资产。结果，战略性主权财富基金更积极，更倾向于投资私募股权或公募股权。

传统上，主权财富基金主要投资于流动资产。然而近些年，它们越来越多地投资于视野较长的替代性资产。Dyck 和 Morse（2011）利用所有管理资产超过 100 亿美元的主权基金投资组合数据进行研究，发现了这些基金的投资组合分配的一

图 4.12 一些主权财富基金的目标资产分配

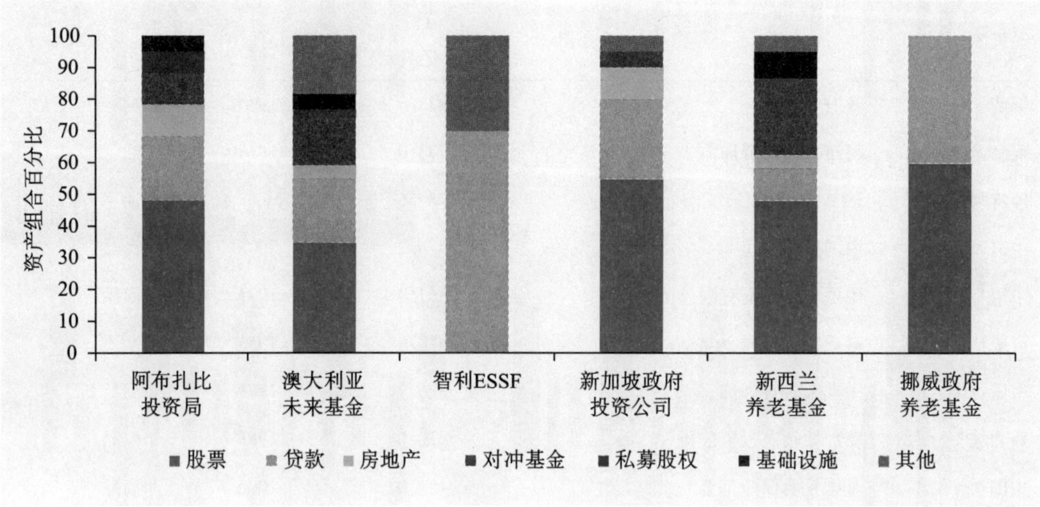

资料来源：Gelb and others 2014；主权财富基金研究所，拉斯维加斯，http：//www. swfinstitute. org。

注：目标资产分配是在基金风险承受度之下最大化预期投资回报的标杆资产组合，同时考虑到基金流入流出的不确定性。基金资产组合不仅包括贷款和公募股权，还包括房地产、对冲基金、私募股权和基础设施等资产类型。智利 ESSF 是智利经济和社会稳定基金。

些惊人结果。第一，数据集里的主权基金只将一半分配给公募股权，其余则为长期投资视野的资产，例如私募股权有限合伙人（29%）和房地产（19%）。这些比例比银行和其他机构投资者显著地高。第二，这些主权财富基金持有的股票主要针对明显需求长期融资的产业，例如金融机构、基础设施建设、电信。主权基金通常投资很积极，在投资的企业中常持有超过5%的股份。第三，主权财富基金在公募和私募股权上都更倾向于本国，尤其是当主权财富基金受政治影响时更是如此（Dyck and Morse 2011；Bernstein，Lerner，and Schoar 2013）。Bortolotti 等人（2009），Chhaochharia 和 Laeven（2008），Bernstein、Lerner 和 Schoar（2013）检视了主权财富基金投资的时间安排和业绩，发现总体而言它们倾向于与正超额利润相关，但在更长期则出现负回报。这一发现表明很多时候主权财富基金会进行顺周期的"追逐趋势"，而不是提供能够降低宏观经济波动的长期融资。

随着主权财富基金投资组合的规模和复杂程度的增加，一个难题随之出现，就是维持投资的专业性和回报率。对于投资另类资产的更是如此，如投资私募股权、风险资本、房地产。主权财富基金通过两种方式解决这些规模不经济问题。一方面，一些大型基金不投资私募股权或另类资产。另一个极端是有些基金建立了专门的单元来投资专门的市场、产业或资产类别。后者的突出代表是新加坡淡马锡控股和一些中东的基金，这是一种投资新资产类型的有用方式。更强的专业化也更可能便利对发展中国家的直接投资，而这类投资通常需要更强的监管和本地专家的支持。

尽管主权财富基金的投资传统上集中于高收入国家（通常是高流动性资产，例如货币或股票），但最近主权财富基金越来越多地在发展中国家进行投资，不管是因为它们想要多样化自己的资产组合并获得高回报，还是因为它们的任务之一就是要投资于本国以达到发展本国经济的目的。这些投资通常以长期投资视野的控股形式出现，其中有本地专家支持的基金做先锋。例如新加坡淡马锡控股在印度金融业的投资、阿布扎比投资局在马来西亚地产业的投资、迪拜投资公司持有非洲电信业的股份等都是如此。一些新兴主权财富基金的总部位于发展中国家，它们也在本国进行了大量投资。这类投资有助于为物质基础设施和社会基础设施的建设融资，但也会产生问题，例如它们可能会通过将国家资产以多样化的形式转移出本国而削弱本国经济稳定性。

主权财富基金投资曾被视为很多发展中国家可靠的长期融资来源。在全球金融危机余韵未消的时期的确如此，正是危机导致了信贷期限缩短和资本向发展中国家的流动（见第三章）。除了提供了传统长期融资的替代品外，主权财富基金在新兴市场投资通常流向那些存在巨大融资缺口的领域，例如物质基础设施和社会基础设施。此外，主权财富基金在发展中国家投资基础设施、医疗、电信，这通常能够带动来自私有部门的长期融资。据估计即使主权基金只有1%的总资产投资在了撒哈拉以南的非洲（这是全世界长期融资供需缺口最大的地区），就能在2010—2020年间动员4200亿美元的联合投资，这相当于千年发展目标近半数的基础设施投资需求（Turkisch 2011）。主权基金和私有部门在发展中国家合作已经有了几个成功范例。例如中国—非洲发展基金就是一个中国政府建立的股票基金，但也参与从私有部门投资者处募资的活动。这一基金投资于在非洲经营的中国企业，投资额超过10亿美元。这一主权财富基金自身的投资就为中国企业20多亿美元的投资提供了便利，特别是在撒哈拉以南非洲地区的农业、基础设施、能源、制造业部门。

然而主权财富基金在发展中国家投资造成的影响不应高估。尽管主权基金在发展中国家的投资总体上增加了，但这类交易的总值仍然相当低。表4.3显示，主权基金交易的地理分布在2010年至2013年间有80%在高收入国家。此外，主权财富基金在发展中国家交易的分布也很不均衡，约77%主权基金在发展中国家的投资位于东亚和太平洋地区（58%），以及南亚（19%）。因此，尽管主权财富基金在发展中国家进行了很多引人注目的投资，但总体投资模式仍是高度集中在发达市场，所以尽管它们有着不同的目标和风险组合，在这一方面它们和其他机构投资者差异并不大。

表4.3 主权财富基金交易份额百分比，按经济发展程度列示，2010—2013年

来源	目标		
	高收入经济体	发展中经济体	总和
高收入经济体	80.9	14.8	95.7
发展中经济体	0.8	3.3	4.1
总和	81.7	18.1	100.0

资料来源：根据世界银行数据计算。

因为主权财富基金很容易受到政治影响，因此增强透明度、改善公司治理标准等有利于改善主权财富基金投资策略的效率，特别是在发展中国家更是如此。主权财富基金需要合法性和信用，这样它们的资本才不会被政府耗尽，或是因政治因素分配到无效的地方。一些国家进行了立法，出台了相关制度，以便为自己的基金建立健全的公司智利和投资政策。管理基金资产分配的特定程序必须适合主权财富基金的目标。在这种情况下，主权财富基金的支出计划应该是前后一致的政策框架的一部分，这个框架应当具有灵活性，同时能应对未预知的情况和大规模负面冲击。例如，东帝汶石油基金将资源投向本国电网。与此同时，投资目标应该是最小化政府的未预期资源需求。透明度和负责任是主权财富基金效率的关键。一些基金定期向政府和公众进行汇报。例如，智利政府通过了一项财政负责法，以便加强财政规则和政府储蓄之间的关系（Schmidt-Hebbel 2012）。智利建立了两只主权财富基金：养老储备基金（PRF），目的是为政府未来的养老金负债融资；还有一个是新设立的经济与社会稳定基金（ESSF）。法律对主权财富基金获取资金的程序做了清晰界定，同时提出了有效利用其资源的特别规则，尤其对 ESSF 而言更是如此。此外，法律还给出了基金所持有资源的国际投资程序。这一法律还建立了一个独立委员会——财政负责基金财务顾问委员会，以便不受约束地为财政部提出关于基金投资政策、监管法规等方面的建议，同时对主权财富基金的财务表现出具年度报告。

很多大型主权财富基金有明确的支持国内长期发展的目标要求。在资源丰富的中东地区的主权财富基金是典型。为了达到这一目标，这些基金将一部分资产投资于国内的“战略性产业”，目的是多样化本国经济，减少对自然资源的依赖。表 4.4 给出了有明显国内投资要求的一些最大的主权财富基金（Gelb and others 2014）。近些年，投资国内经济的主权财富基金数量不断上升，这类投资的总量也在增加。很多时候，主权财富基金的国内投资为社会和物质基础设施建设提供了融资，这对长期发展有着战略意义。此外，在 2008—2009 年全球金融危机的余波之下，很多政府将这些投资视为缓解全球信贷紧张造成的负面影响的有效长期融资替代品。

然而，主权财富基金国内投资的影响还很有争议。主要有两个问题。一方面，主权基金可能在国际经济方面有着信息和专业化的优势，这使得它们能向财务吃紧但未来可能表现良好的企业提供长期融资。如果这种观点正确，那么主权基金的国内投资应该是反周期的，投向那些未来表现超过同业水平的企业。另一方面，主权财富基金的国内投资可能会有显著的政治因素，这会造成委托代理问题，并导致投资决策的扭曲。例如，受制于政治影响的主权财富基金可能不成比例地投向国内，并利用国内股权投资来补贴绩效不良的产业（Dyck and Morse 2011）。如果这个较为负面的观点成立，那么主权基金的国内投资就是顺周期的，会投向那些没有有利可图的投资机会且表现低于市场水平的企业。

现有的证据表明，主权财富基金对国内企业的股权融资的确更容易引发政治扭

表 4.4　有国内投资要求的一些主权财富基金，2014 年

国家	基金	设立时间	目标	资产（10 亿美元）
阿联酋	投资委员会（阿布扎比）	2007	• 帮助阿布扎比政府获得持续性财政景气，保护资产，透视保证未来的繁荣 • 更多地参与并支持阿布扎比经济的可持续发展	627.0
安哥拉	安哥拉主权基金	2012	• 产生可持续的财政收入以惠及安哥拉人民、经济及产业	5.0
巴林	玛姆塔拉卡特控股公司	2006	• 建立石油及天然气以外多样化且繁荣的经济，重点在于保证可持续的回报，并为未来世代产生财富	13.5
哈萨克斯坦	哈萨克斯坦萨姆鲁克—卡泽纳主权财富基金	2008	• 对地区、国家和国际投资项目进行补充 • 支持地区发展及社会项目 • 支持国家制造业	47.4
马来西亚	国库控股公司	2003	• 促进经济增长，代表政府进行战略投资，支持国家建设 • 支持马来西亚战略性产业发展，追求国家长期经济利益	34.4
尼日利亚	尼日利亚基础设施基金	2011	• 投资于尼日利亚关键基础设施发展的项目	1.0
俄罗斯	俄罗斯直接投资基金	2011	• 对俄罗斯战略性部门基于商业基础进行股权投资，与大型国际投资者合作吸引长期直接投资资本	10.0

资料来源：Gelb and others 2014。

曲，而不是解决需要长期融资的企业的信贷约束。Bernstein、Lerner 和 Schoar（2013）汇总了主权财富基金的资产组合和直接投资的数据，以检验这两种假设哪个更正确。他们发现国内投资多的主权财富基金通常是那些政客参与管理的基金。其次，他们发现决策时受政治影响的主权基金的国内投资是高度顺周期的。这就是说，主权财富基金倾向于投资那些市盈率高但未来可能表现不佳的企业。这种偏离长期收益最大化的现象在整体上成立，但对于国内投资而言尤其严重。这一结果反映了来自国有银行的资本错误分配和国有企业的不良管理，表明政治俘获和公司治理问题妨碍了主权基金国内投资成为能维持经济增长的长期融资的替代品。因此，这些发现表明健全的公司治理和透明度对于有着国内投资任务的主权财富基金而言非常重要。

发展中国家的私募股权

私募股权（PE）是一种长期股权投资，通常持续数年，投资于未上市的私有

企业，现在正成为发展中国家一种越来越重要的长期融资来源，但目前规模还很小。发展中国家 PE 募集的资金自 2005 年以来增加了 20 多倍（WEF 2010）。估计到 2014 年底，PE 基金管理的资产达 3.4 万亿美元。在 2008 年到 2014 年间，约 10% 新 PE 投资和 15% 的 PE 募资发生在新兴市场。尽管发展中国家的 PE 投资在最近几年显著增长，但无论在发展中经济体还是发达经济体，它们相对 GDP 的比例仍然很低。2007 年至 2013 年，欧洲 PE 投资总量仍低于 GDP 的 0.5%，在巴西、中国、印度和俄罗斯及其他 PE 最活跃的新兴市场都低于 1.5%。PE 投资也倾向于集中在某几个产业，例如技术、医疗、通信。特征事实表明，就算 PE 能提供长期融资，其带来的好处也仅仅局限于几个特定的产业和经济体。

PE 投资者通常专门投资于公司发展的某一特定阶段，或是投资特定的产业，或是综合这两者。它们的投资策略也因此大不相同。然而，所有的 PE 投资者都提供相对缺乏流动性、期限相对长的股权投资，以便利被投资者的增长、创新或重组。PE 投资者的最终目的是通过出售或兼并或上市等手段来获得回报，这通常需要三至七年。PE 公司通常是更大规模的金融企业的一部分，或是独立募集资金的有限责任合伙人。和其他长期融资形式不同，PE 投资者给被投资方提供的不只是资本。通常 PE 投资者会在公司运营中通过协助改善管理实践、便利知识的转移和创新、通过重组建立规模经济等方式发挥积极作用。因此 PE 投资者这种将一系列技能带进公司的行为使它们与其他机构投资者不同，它们还会给被投资公司增加价值，这对发展中国家的企业尤其有利。

PE 基金有多种形式，它们替代其他长期融资来源的能力也不同。表 4.5 给出了主要 PE 基金类别的特征总结：早期基金或风险投资基金，产业专门化基金或增长基金，晚期基金或并购基金。每种 PE 基金都可以细分为更多的子类型。此外，一些规模较大的 PE 公司会同时采用多种投资策略。一些类型的 PE 基金更容易成为长期融资的有用增长工具，它们在最近几年增长迅速。例如 PE 基础设施基金，从 2004 年的 170 亿美元增长到了 2013 年的 2440 亿美元。

PE 对发展中国家的投资在过去的 20 年里增长迅速（Bottazzi，Da Rin，and Hellmann 2004；Maula 2010）。在 2000 年前后，绝大部分 PE 活动还都集中在美国。自那时以后，尽管美国仍然是 PE 活动的中心，跨境 PE 募资和跨境 PE 投资都出现了激增。一些评论家将这种增长称为“另类投资的全球化”（WEF 2008）。

然而，PE 投资的地区分布十分不均衡。2001—2013 年间 PE 投资的地区分布显示了一些有趣的事实（图 4.13）。第一，尽管 PE 投资仍集中于高收入国家，发展中国家占总体 PE 的份额从 2000 年的 12% 上升到了全球金融危机之前的 33%。第二，PE 流向发展中国家的地理分布仍不均衡。2013 年亚洲经济体占全部发展中国家 PE 流的 71%，而拉丁美洲仅占 9%。用地区获得的 PE 占其 GDP 的比来衡量的话，这种不均衡依然存在。第三，PE 流向发展中国家与高收入国家的商业周期紧密相关。即使很多大的发展中国家，例如中国和印度，在 2008—2009 年金融危机时展现出了良好抗逆性的时候，

表 4.5 私募股权基金的种类和投资策略

PE 基金种类	定义	相关 PE 基金种类
早期基金或风险投资基金	早期基金或风险投资基金投资于起步阶段或早期阶段的创业企业，有时除了资本外还提供其他商业资源（例如额外雇员网络，专业顾问，改善管理，确定并购，寻找合适的市场定位等）	“天使投资者”，种子融资，起步融资
产业专门化基金	产业专门化基金向被投资者提供专门化的产业知识和关系，使它们能做好准备深入参与关键战略决策，并帮助它们通过并购增长。除了最大的经济体外，产业的专门化常意味着地理的专门化	专门化的产业有房地产、基础设施、生物技术、信息技术、传媒、电信、农业、气候变迁、教育、医疗、微金融、林业等等
晚期基金或并购基金	并购基金投资于成熟企业，通常利用信贷，可以同时降低基金投入的资本，并增加资本的回报。这些投资有时是为了通过重组或替换高管来改善被投资者的盈利能力	杠杆收购基金，“特别情况投资”

图 4.13 发展中国家私募基金募集，按地区列示，2001—2013 年

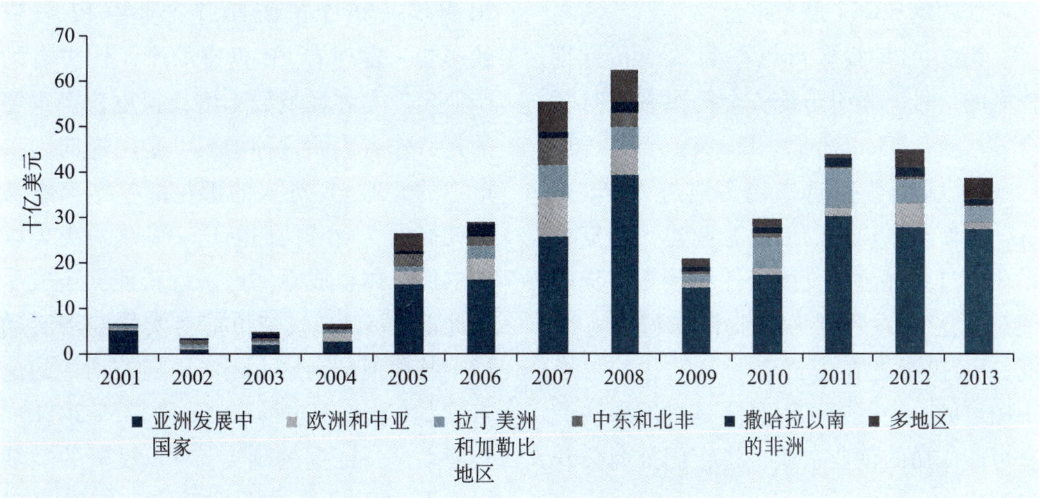

资料来源：基金链接（数据库），新兴市场私募联合会，华盛顿，http://empea.org/research/data-and-statistics/fundlink。

这一点也成立。PE 流向这些市场的量比之前降低了近三分之一。

PE 融资的第一个优点是，和其他长期融资形式不同，它不仅提供资本，还提供管理方面的专业知识以及技术升级创新的激励。很多文献表明发达国家市场上的 PE 投资和创新之间存在强大的联系。Kortum 和 Lerner（2000）表明，一个产业内的风险投资活动能显著增加创新（以专利数衡量）。尽管1983年到1992年间风投在研发中的占比例平均不到3%，但却促进了8%的产业革新。PE投资能通过两种渠道推进创新。第一，风投可以直接增加创新的资源和激励。第二，PE投资流入一个产业可能会增加市场竞争，迫使竞争者改进自己的运营。这一观点最初由Jensen（1989）提出，得到了John、Lang和Netter（1992）的实证研究的支持。尽管投资于新技术发展的机会在发展中国家可能不多，但它们却在便利技术转移方面起着重要作用。事实上，发展中国家一些最成功的PE的确为在地方市场上更快运用现有技术和商业模式进行融资。突出的例子如在巴西、中国、印度这样的发展中国家进行基因制药方面的PE投资以及引入在线购物和电子商务平台。

第二，PE投资可以作为其他私有投资者的信号，吸引传统资金提供者进行联合融资。Hellmann、Lindsey和Puri（2008）表明银行越来越多地进入PE投资，以便与最成功的创业企业建立借贷关系。通过更优惠的贷款条件和接触信贷的便利，这种关系能为企业带来好处。因此，PE投资者在信贷市场欠发达的发展中国家的一个关键作用可能是过滤那些最有可能成功的创业企业，将它们推向公开发现或银行融资。

第三，PE投资和其他长期融资形式不同，可能会直接加强被投资者的公司治理水平，并提高透明度。Bloom、Sadun和Van Reenen（2009）研究了来自全球管理实践调查的数据，发现PE投资者控制的企业管理效果明显要好。有PE资助的创业企业比国有企业、家族企业及其他私有企业的管理都要好很多。有趣的是，它们在一些人力资源管理和运营措施方面比上市公司还要好。公司内部变量也显示PE能够随时间的推移提升管理水平，并进而创造价值。

第四，私募投资可以通过对企业所有权的影响来进而影响实体经济活动。例如Bernstein等人（2010）发现，PE投资比例高的产业并不比其他产业波动性更大，有时甚至更小。这个发现的一个可能的原因是更集中的所有权使得效率改革更容易发生（通常是在危机出现前），这最终会提升被投资者抵御不利经济冲击的能力。

证据还显示增加获得长期PE融资的机会对产业业绩和经济增长有正向的作用（Bernstein and others 2010；Davis and others 2011）。Bernstein等人（2010）检视了20多年来26个市场20个产业中PE投资的影响，发现有PE投资的产业比没有的产业生产力和雇员数都增长得更快。重要的是，作者表明这种增长不是由逆向因果产生的，即PE进入的都是那些本来增长率就高的企业。他们的这一发现对英美以外的经济体也成立。这一最新证据还驳斥了此前关于PE投资可能对实体经济活动影响甚微但却会放大经济周期波动性的论点（如Guo，Hotchkiss，and Song 2011）。然而，这一证据的确支持PE投资的经济影响取决于投资类型的观点，在很多时候，增长基金和风投与并购基金相比更不愿意牺牲长期价值换取短期业绩。

PE投资效果还取决于投资发生地的更宽泛的经济环境。例如Bernstein等人（2010）指出在2000年左右美国出现了并购狂潮，这股热潮“规模如此之大，结果如此戏剧性”以至于单独看起来其结果很可能表明 PE 融资和实体经济之间的关系是负面的。利用美国接受 PE 投资的公司的大量样本，Davis 等人（2011）表明 PE 投资会使得工作岗位更有效地再分配，但被投资公司没有明显的工作岗位流失。因此，总结起来，现有证据显示 PE 融资可以通过很多方式使得经济更有效率。然而，有必要注意大多现有的关于 PE 影响的证据都来自发达市场，所以还需要更多研究来评估 PE 投资的这些潜在好处对于发展中经济体的影响。

仍然有一些问题限制了 PE 投资在发展中国家的影响。第一，全球 PE 的流向极不均衡。PE 流对法律和市场制度高度敏感（Lerner and Schoar 2005）。这意味着在发展中国家，只有最发达的市场获得的 PE 流入足够作为另类投资产生对长期融资有经济意义的影响。第二，PE 募资仍然主要在发达市场，因此 PE 流仍然是顺周期的，与高收入国家的经济周期高度相关。即使一些 PE 投资（如 PE 基础设施基金）波动性更小，在 2008—2009 年金融危机的余波中更稳定，PE 流和外生于目标经济体的商业周期的相关性仍表明 PE 资本分配上有显著的无效率。这还表明，从宏观经济的视角来看，PE 投资和其他外国直接投资形式一样，受制于周期性问题。

PE 流与目的地国的法律及经济状况高度相关。北美和西欧之外的 PE 投资主要流向有强大法律和经济制度且资本市场相对发达的发展中国家（Jeng and Wells 2000；Guler and Guillén 2010）。这种相关背后有多种原因。第一，PE 投资对预期回报水平敏感，在发展中国家这一水平需要足够高以弥补投资者承担的高额风险升水。结果是，PE 企业不愿意投资于法律制度弱的经济体。第二，PE 投资对退出机会的可获性很敏感，而这种可获性严重依赖于本地资本市场发展程度。因此，证据显示 PE 投资在相对发达的新兴市场作为其他投资形式的补充而非替代，这一点也就不稀奇了。

尽管政治和经济风险对 PE 在发展中国家的活动构成了限制，似有投资者还是调整了它们的投资战略以部分弥补这些因素，并使得 PE 投资更多进入发展中国家。正如图 4.14 显示，PE 基金类别的分布在发展中国家和发达经济体的传统市场之间差异很大。最明显的差异是发展中国家的 PE 基金有更强的倾向投资于中小企业的成长阶段和晚期阶段，而不是种子阶段。注重于成长阶段是与最大化改善宏观经济条件所带来的机会这一战略目标一致的。PE 企业的总体倾向是通过投资于更成熟的企业而不是早期阶段的企业来做到这一点，这反映出了将内部利益与潜在被投资者加以组合，并避免投资者将企业层面的风险累积到新兴经济体已经很高的背景风险之上。

关于目前 PE 资本投向发展中国家的比例是否合适或是足够成为长期融资的有意义的来源，证据还很模糊。以总投资占 GDP 的比例来衡量，PE 产业在发展中国家仍然比发达经济体更不成熟。这个数字背后，一方面是有限合伙人不断声称要在未来将 PE 更多投向发展中国家，并有人表示要继续或是甚至增加发展融资机构的参与以促进这些国家的 PE 产业（Divakaran，McGinnis，and Shariff 2014）。然而另一方面，反对者认为大多数发展中国家的其他国内金融市场发展不足，这会导致投

图 4.14 私募基金类型，按国家收入组别列示，2014 年

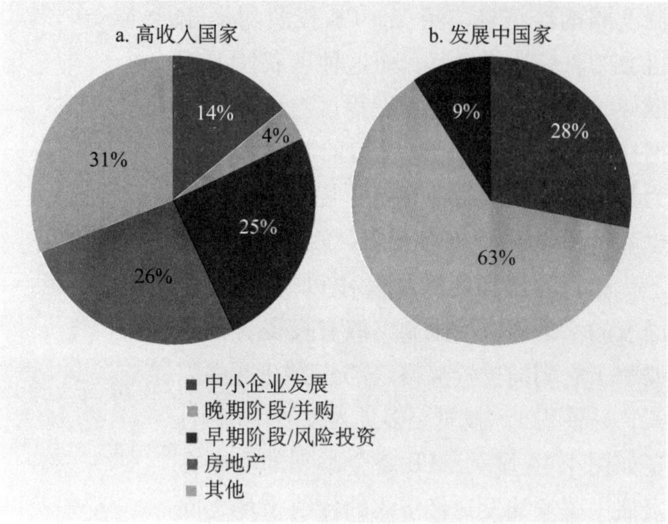

资料来源：根据国际金融公司数据计算，华盛顿；私募股权（数据库），普瑞奇，纽约，https：//www. preqin. com。

注：本图根据 2014 年第一季度 7071 个 PE 基金的数据绘制，数据还显示了投资地区的信息。

资与 GDP 的比过度强调 PE 机会不足。这种论点建立在一个假设之上，即 PE 投资与 GDP 的比在大多数大额交易没有明显杠杆的发达经济体中可能会低得多。

PE 基金在发展中国家的表现在最近 10 年里有所提高。尽管在早期阶段人们公认其业绩相对较差（Fox 1996；Leeds and Sunderland 2003），但自 20 世纪 90 年代末，随着 PE 投资者变更投资策略以适应新兴市场的经济及制度挑战之后，其业绩又开始改善。PE 在不同发展中国家的表现差异也很大，这与被投资者所处国家的制度环境系统性相关。Lerner 和 Schoar（2005）发现，在原属英国殖民地的地区进行的 PE 交易（例如美国和印度）明显要比其他地区的类似交易更好；他们认为这种更好的业绩提现了强大合约执行环境对于传统 PE 商业模式的成功具有重要意义。显然，不良的国家层面的公司治理结构以及调查覆盖面不足都会使得 PE 基金难以确认并评估潜在的投资对象，特别是 PE 管理公司在特定国家经验不足的时候就更是如此。

早期 PE 投资在发展中国家的不良表现可能与不良的法律制度相关，也可能与其他商业环境特征有关，例如难以将所有权和管理权分开。例如，发达经济体的 PE 公司通常会通过引入有更丰富经验和专业技能的管理人员来提升被投资企业的价值。然而，正如中国中信资本的 CEO 张懿宸所说：“通常管理和资产之间有着紧密联系，如果投资者试图将两者分离，结果就是价值大幅下降”（EMPEA 2014）。因此，与发达经济体的风险投资一样，很多发展中国家有经验的 PE 投资者在初始投资决策时会强调已有的高管队伍的质量。所以，所有权和控制权难以分离会增加 PE 投资在发展中国家面对的风险。

所有权与管理权分离的困难还会对很多试图获得控股权的 PE 公司造成困难。Lerner 和 Schoar（2005）研究中的 PE 公司事实上在那些不实行英式普通法系的国家进行运作时更倾向于控股。作者假设这一发现反映了利用所有权克服法律保护不力的策略。然而，控股的 PE 投资者也能降低内部成员的激励，而这些人正是使企业对投资方显得有吸引力的人。在大多数发展中国家存在严重信息不对称的情况下，这种对激励的削弱可能使得关键参与人退却，最终降低 PE 投资者的收益。同时也会出现选择问题，即很多最有前景的公司不愿意让出控股权。

PE 投资在发展中国家的表现通常也受制于发展欠佳的地方资本市场，这会减

少退出的选择，使得 PE 投资者难以利用本地信贷资源提升自己的边际。众所周知，弱法律制度和国家层面金融资本市场发展之间存在关系。因此，作为很多 PE 交易重要组成的杠杆策略在发展中国家不那么可行，这一点也就很自然了。与之类似，PE 投资者试图重构或发展公司，并通过让公司上市、将其出售给战略并购者、出售给另一家 PE 公司等方式来达到最终有利可图地退出。这些策略中的每一个在信贷和股票市场不发达的地方都会难以实现（或者预期收益低）。尽管毫无疑问不发达的资本市场会在总体上对 PE 投资不利，但有证据显示新兴市场的 PE 投资者部分调整了他们的投资策略以适应现实。全球 53% 的 PE 退出是通过出售（26% 出售给其他 PE 投资者，19% 是进行上市），但这一比例在资本市场发展不善的发展中国家通常更高。

尽管存在这些挑战，PE 在发展中国家的绩效仍比过去好很多。剑桥联合会报告了发展中国家的 PE 在过去 5 年里回报率为 15%，美国为 16%，西欧 13%。10 年内的数据为 15%、14%、16%。为了证实这些结果并检验在更有代表性的新兴市场 PE 基金样本中的 PE 回报，我们收集了新的数据集，将普瑞奇的数据库与国际金融公司的数据合并。这个新数据集包含了 2001—2014 年间全球 7729 家 PE 基金的投资和收益数据，代表了 3500 亿美元的投资。这些数据是用来计算 PE 回报率的，结果显示 PE 业绩在不同地区呈现趋同，如表 4.6 所示。一些证据显示，发展中国家 PE 业绩的改善是由于 PE 投资者的学习效应。Taussig 和 Delios（2014）表明来自被投资者本国或是建立了针对特定国家的基金的 PE 公司，其收益在弱合约执行环境下通常较高。这种在发展中国家进行 PE 投资的本地专业化与文献中美国风险投资基金早期发展阶段的“本地化”是一致的（Sorensen and Stuart 2001）。

总体而言，证据显示发展中国家的 PE 投资对于国际投资者而言越来越重要，有可能在未来的几年里成为新兴市场更重要的长期融资来源。然而，由于 PE 投资集中在少数几个产业的相对较大的企业里，同时也集中在企业发展的后期阶段、集中在法律和金融制度相对完善的经济体

表 4.6　私募股权回报，按地区列示，2001—2014 年

地区	基金数	中值内部回报率（%）	平均内部回报率（%）
经合组织	2，893	9.72	8.90
东亚和太平洋地区	264	11.72	9.00
东欧和中亚	175	11.31	8.60
拉丁美洲和加勒比地区	70	14.69	7.20
中东和北非	56	5.54	3.75
南亚	35	-0.98	0.10
撒哈拉以南的非洲	46	5.99	8.46

资料来源：根据国际金融公司数据计算，华盛顿；私募股权（数据库），普瑞奇，纽约，https://www.preqin.com。

里，因此PE在大多数发展中经济体里可能只能作为传统长期融资来源的补充（见专栏4.5关于国际金融机构如何加强在发展中国家的PE投资的讨论）。

专栏4.5 国际金融机构和发展中国家的PE投资

因为PE投资高度依赖于母国的制度和专业化程度，因此国际金融机构（例如国际金融公司）经常在两个方面扮演先锋的角色：提供技术支持，帮助发展中国家建立PE市场。

第一，除了资本之外，PE投资者还会将知识和专业化带给被投资的公司。然而，在很多不发达的市场，PE投资者发现很难定位并支持有希望的小型企业。对PE基金在新兴市场的投资进行技术支持可以改进投资者在不透明的市场环境里定位有希望的投资的能力。对企业进行技术支持可以帮助中小企业募集PE资本。在最近几年，很多第三方融资的技术支持机构出现了，如国际金融机构或一些国家政府，它们协助对新兴市场的PE进行了技术支持（Divakaran，McGinnis，and Shariff 2014）。这些技术支持机构促进了将PE资本顾问服务的推进，对帮助小企业克服一些在法律和经济制度发展不足的市场中遇到的困难很有益。

第二，国际金融机构也作为先锋投资者支持了新兴市场中PE市场的发展。在PE活动发展程度较低的国家进行早期投资可能有多方面的助益。除了向当地中小企业提供资本和专业化之外，国际金融机构的PE投资也是对私有投资者的重要信号。例如，国际金融机构作为投资者出现可以使公司治理标准和法律制度相符，因此部分弥补法律制度和资本市场发展不足方面的劣势，并进而吸引PE投资。在催化PE投资于发展中国家的过程中国际金融公司（IFC）扮演了关键角色。它是最早投资于很多新兴市场的第一个PE投资者。IFC在180多个新兴市场中投资了30多亿美元，目前是中低收入国家的最大的非联合PE投资者。

IFC最近发起了中小企业创业项目，以便提供风险资本，并支持低收入国家中小企业，在这些国家政治风险和资本市场发展不足这两个问题仍在妨碍吸引私有投资者进行大额PE融资。在这个项目下，IFC提供私募基金，通过独立投资管理者进行管理，这些管理者是通过竞争性方式选出的。因此，项目有助于在这些国家培育能成功对小企业进行风险投资的投资管理者。这一项目的关键目标之一就是培育能力。IFC对基金管理者提供融资和技术支持，例如部分提供起步阶段和运营阶段的资金、法律建构和注册登记、建立新人力资源。中小企业创业项目也向中小企业提供顾问服务。被选中参与私募投资的中小企业会接受经过专门化的商业支持，以便使它们在投资开始以及整个投资期间做好准备。这些服务包括商业规划、市场调查、治理、管理信息和会计系统，同时也对环境标准和社会标准进行提升。

通过中小企业创业项目创立的基金之一是为利比里亚和塞拉利昂提供的西非基金。现在这一基金的投资组合包括740万美元的19个项目，包括不同的产业，如食品加工、交通运输、建筑、医疗、轻工业。为了帮助管理者确认投资机会，IFC顾问服务团队进行了市场调查，并在利比里亚和塞拉利昂确认了240多个很有潜力的中小企业。在第一阶段，这些中小企业中的60个提出了商业计划，其中20个最好的计划提交了西非基金，最终有五个获得了投资批准。在第二阶段，其他的高潜力中小企业也被鼓励提出商业计划，这有可能获得额外的批准和投资。项目的一个重要目的就是通过确认高潜力中小企业支持本地PE市场，提高透明度和公司治理，作为动员机构资本的催化剂。

政策启示

本章给出的证据显示银行和非银行金融机构提供长期融资的能力很有限。传统预期是促进银行和非银行金融机构的发展可以提升期限结构，然而与之相对的是，这些机构有效提供长期融资的能力会受市场失灵、制度和政策缺陷的限制。

尽管银行是发展中国家企业最重要的长期融资来源，发展中国家银行的贷款期限却限制短于高收入国家的银行，因此无法弥补市场失灵和政策扭曲。来自企业和银行的数据都支持这一发现。关于银行贷款期限的研究表明宏观经济、制度和合约因素等不是长期银行借款仅有的显著性决定因素。金融发展程度、银行所有权机构、银行退出机制方面的监管法规、银行资本等因素也都会影响期限结构。决策者会发现，对巴塞尔 III 协议对银行资本及流动性要求的监管变化的监督程度可以影响未来近期的长期融资。此外，不扭曲银行风险激励且能便利长期融资的政策可以缓解储蓄流失风险，并降低银行资产和负债的期限错配，进而促进银行长期融资。

智利国内非银行机构投资者的证据显示，在给定制度框架的情况下，激励会影响期限结构。除了管理长期储蓄外，智利国内养老金将自己的资产组合期限比国内保险公司短。事实上，养老基金资产组合的期限结构与国内共同基金资产组合的期限结构之间存在惊人的相似。智利养老基金的短期性并不是因为缺乏长期工具或是法律框架薄弱。事实上，智利在资本需求方做得很好，它引入了很多改革措施来培育资本需求，使得公司和政府都发行了很多各种期限的证券，其中包括长期本币和通货膨胀指数化的债券。此外，智利自 20 世纪 90 年代早期以来稳定的宏观经济表现也降低了与长期投资相关的风险。因此智利的证据表明基金经理人的激励具有重要意义，要通过降低关于短期绩效的监管要求使其与投资者的激励保持一致。

为了降低对短期绩效的关注，一些研究建议为 DC 型养老基金引入长期标杆（Hinz and others 2010；Berstein，Fuentes，and Villatoro 2013；Stewart，2014）。根据 Stewart（2014）的研究，监管部门应该设立源自资产组合最优化实践的长期标杆。Stewart 认为长期标杆能鼓励管理者投资于长期目标，从而带来足够的退休收益，而这正是与只关注短期管理波动和短期绩效相悖的。然而由于短期均衡存在其他市场因素，因此尚不清楚这类标杆是否足以将投资策略向着长期推进。例如，在一些国家 DC 养老基金拥有影响市场的力量，因为它们的规模相对国内市场而言足够大，也就是说当它们进行交易时就会影响证券价格。[15]在这种环境下，这些基金的管理者会回避流动性较差的证券（很多长期公司债券均属此类），以便限制自己交易产生的价格效应。此外，即使养老基金持有长期证券直到到期为止，也可能会在短期产生较低收益。由于领取和缴纳养老金的人通常不愿意看到自己资产的价值下降，这就会使得投资者仍然关注短期绩效而忽视长期标杆。

在根据短期绩效监督管理者（导致短期投资）和寻求长期投资最高回报（以更高风险为代价）之间也存在重要的两难权衡。一方面，在信息不对称的情况下，如果基金管理者有余地进行长期博弈，投资者和监管者就可能很晚才意识到管理者没能收集足够信息，以及原来认为是不错的长期投资实际上即使是从事前看来也可能是无利可图的高风险赌博。另一方面，受制于连续不断的短期监管的管理人可能不太愿意进行长期投资，这会使得他们过多依赖短期资产，并降低背后的投资者的收益。决策者和监管者需要决定如何根据自己国家市场的特征变量来画出这道权衡两者的监管线。例如，监管制度有力的国家可以赋予管理者更多选择长期投资的余地。这种决策会产生重要社会影响，因为这些机构投资者手里掌握着大量退休储蓄金。然而，能够获得这种平衡的社会最优选择并不容易找到（Acemoglu，Kremer，and Mian 2008），需要进行进一步的研究。

作为 DC 养老金体系基于个人退休账户的替代，一些高收入国家最近开始关注加强或创立新公共养老基金。[16]大多数这些改革完全或部分依赖靠强制性缴纳确保的中央管理计划。[17]这些基金的负债本质上是长期性的，同时缺乏赎回风险，这使得它们的投资有更长期的视野。然而，在金融发展不好的国家，这些基金可能治理结构较弱、透明度低、公共负责性差、更容易遭受政治俘获。

在金融危机的余波中，一些国家减少了 DC 养老金计划，同时利用缴纳金满足其他财政需求。然而，养老基金和其他为退休做准备的储蓄在大多数国家仍在增加。事实上，基于行为激励，最近关于养老金改革的实践集中关注通过自动参与注册机制来促进自愿缴费（Rudolph 2014）。正如本章表明的，即使这些改革会增加储蓄，这些储蓄交给基金管理机构而导致的委托代理问题可能仍会对长期融资构成挑战。

关于国际共同基金的证据显示，外国投资者可能有助于增加公司债务期限，因为它们比国内投资者持有更多的长期国内债。然而，由于国际共同基金似乎不会对主权债券进行更多长期投资，因此证据可能只表明它们投资的企业之间的差异。例如 Kang 和 Stulz（1997）、Dahlquist 和 Robertsson（2001）、Edison 和 Warnock（2004）、Ferreira 和 Matos（2008）表明，因为存在信息不对称，外国投资者更倾向于投资能接触国际市场的大企业。因此，可能国内机构投资者在向不能在国际市场上募资的小企业投资，或者投向那些不被国际投资者注意的企业，而这些企业发行的债券可能期限较短。不管结果是供应方导致的还是需求方导致的，仍需要进行进一步的研究。

然而通过促进外国机构投资者参与而延长信贷期限的努力也会有重要的权衡问题，因为这样一来经济体会更容易受到外国冲击影响。2008—2009 年的金融危机提供了关于一些国际投资者对金融市场产生潜在不稳定影响的明确证据。例如，如果机构投资者在绩效不佳时会面对大规模撤资风险，则其就必须通过将自己的资产变现从而满足赎回需求。在这种环境下，投资者可以出售直接受到危机影响的资产，这样会出现巨大账面损失（加剧最初的危机），或者出售其他更有流动性的资产，这样会将危机转移至其他证券和市场上（Scholes 2000）。[18]此外，这些机构投资者的资产组合分配受代理人影响，也受其他基于风险衡量指标的交易约束影响，这些风险衡量指标通常是银行和杠杆交易者所使用的。这样一来，一些机构投资者可能表现出和银行一样的顺周期风险偏好，因而无助于解决长期融资问题，反而会加剧危机（Shin 2013）。很多证据表明国内和国际市场上的机构投资者都可能出现顺周期或其他引起不稳定的行为。[19]因此，外国机构投资者的出现的确似乎与长期融资有关，但监管机构仍需要留意金融稳定性问题，注意这些市场参与者通过资产组合再平衡产生的转移机制。然而，依赖国内共同基金（或养老基金）延长期限机构可能也未必有效，而这些机构在危机时期会产生什么样的行为目前还缺乏研究。

通过共同基金或养老基金推进长期融资有诸多问题，因此政府可以产生激励来便利其他机构投资者提供长期投资，例如主权财富基金。和共同基金及 DC 养老基金不同的是，主权财富基金没有赎回风险，因此它们理论上是天然的长期融资提供者。此外，主权财富基金越来越多地参与有显著社会收益的直接股权投资，例如基础设施融资、医疗、电信。母国政府可以为这类投资设立框架。母国政府也可以采取措施最小化公共基金被挪用的风险。可以鼓励主权财富基金参与具有垄断性或半垄断性结构的行业（OECD 2008），例如发展中国家不断增加的基础设施项目。主权财富基金投资的大额长期项目也可以用类似公司合作的方式进行架构，其中部分初始投资风险可以由母国进行担保。最后，为了控制大型主权财富基金投资物质基础设施或社会基础设施的多项影响因素，并使激励保持一致，母国政府可以创造法律和制度环境，使得私有部门可以参与进来或者进行联合融资。

促进其他机构投资者（例如私募股权）提供长期融资，可能需要进一步加强母国的法律和制度框架。对于 PE 投资者，被投资国的公司治理标准和法律制度发挥着关键作用。已有的证据表明，不论全球还是发展中国家，PE 投资主要流向投资者保护、法律制度和公司治理标准更好的国家。理由很直接：对发展中国家非上市公司进行风险和收益评估很难，这就是为什么本地投资者在这类市场上相对外国投资者有特别大的优势（Taussig and Delios，2014）。如果这类市场上的特定风险和弱合约执行环境、不良公司治理等不利的不确定性因素结合起来，则预期收益会进一步降低，进而会影响整体股权投资。因此，市场透明度、审计标准、公司治理的改善是可以明显改善发展中国家 PE 投资可行性的政策。此外，尽管存在难度，任何有助于发展资本市场的政策都会给 PE 投资者提供可行的退出策略空间，因此也就使它们有更多的激励在最初进入市场。尽管如此，由于 PE 流规模有限，政策不可能在短期内为 PE 投资量身定制。

在存在市场失灵的情况下，政府可以起到催化剂作用，这样机构投资者可以为长期项目融资。例如，最近通过公私合作的实践试图将机构投资者吸引到基础设施融资上来。除了加强制度框架之外，这些实践通常伴随着为机构投资者量身定制的新金融工具的出现。因为这些投资的成功高度依赖母国的制度和专业化水平，因此国际发展机构的出现可能会进一步鼓励机构投资者的参与。通过提供健全的实践操作、加强透明度、提供国际性标准，国际发展机构可以消除一些信息不对称和投资者面对的其他市场失灵现象（特别是在发展中国家），降低风险，吸引机构投资者。

除了本部分提出的一些决策者面对的挑战之外，还需要进行更多研究，以便进一步理解不同金融制度之间的互动，以及它们对长期融资的影响。例如，机构投资者和银行通过所有权、存款以及其他信贷合约之间可能存在一些关系，这样机构投资者可能会间接促进长期银行借贷。此外，监管法规的变化，例如银行资本要求的变化，可能限制金融机构进行长期借款的能力。非银行金融机构能否对银行借款起替代性作用，目前仍是个问题。

可能研究金融中介在提供长期融资方面的最大问题就是缺乏资产组合及机构对债券及银行贷款所有权方面的国内及国际数据。尽管大多数国家机构收集了信息，但仍需要各国联合对数据进行确认并使其具备国家间的可比性。这类努力会对未来通过金融机构促进长期融资产生重要影响。

注释

1. 发展中国家银行贷款期限比发达国家短这一特征事实是基于总体银行数据，没法分清零售、抵押、公司贷款，也没法控制贷款或借款人的其他特征变量。
2. 这并不是说银行总借款和长期银行借款没有下降。文献中提及了这样的下降，特别是欧洲银行的下降（如 Feyen and Gonzalez del Mazo 2013）。此外，如第二章讨论的，为某些企业的贷款融资受到的影响比另一些企业大。特别是中小企业和非上市公司。
3. 例如 G20（2013）。
4. 与此同时，有限批发融资不止标志着银行一方更好的风险管理，在特定国家，还标志着缺乏影子银行业或缺乏能便利批发融资的机构。
5. 见金融稳定委员会（2013），http：//www.financialstabilityboard.org/wp-content/uploads/r_130216a.pdf。
6. 例如 Schmidt-Hebbel（1998）估计 20 世纪 90 年代智利国家储蓄增加额的 10%—40% 归功于养老金改革。Lopez Murphy 和 Musalem（2004）给出了跨国证据，表明养老金改革也导致了私人储蓄的增加。
7. 根据定义，国际基金只投资外国市场，全球基金既可投资本国也可投资外国。然而，本章的分析对两者不作区分，都称为国际基金。
8. 货币市场基金不在分析之内，因为将它们包含进来就会在比较国际基金和投资国内的基金时产生偏差（降低了国内基金期限）。尽管如此，很多发展中国家的货币市场基金的首要特点是信息性，它们能表明共同基金部门动员长期融资的时候是否出现失灵。样本中的经济体包括澳大利亚、巴西、智利、中国香港、印度、以色列、韩国、墨西哥、新西兰、南非、英国、美国。样本包括 2709 只共同基金持有的 133997 只证券。关于这些证券的额外信息，例如赎回日期、发行国、发行类别（主权、公司、代理等等）以及发行者所属产业的信息见数据流数据库（DataStream）。
9. 这一数据库有 1990 年以来关于公司债券赎回日期的数据。为了计算 2013 年以来各国流通在外的债券的平均期限，应在各时期按国家对估计值进行汇总。过程如下：首先，对于样本的第一个月，用每一笔证券的发行额作为权重，平均期限按每个国家计算。对于之后的时期，计算新发行证券的起始期限，前一笔证券的期限随之进行更新。有了这些信息，可以利用每只证券的发行额为权重计算流通在外的债券的平均期限。由于缺乏信息，这一步骤的缺点是不能将公司的回购考虑进来。
10. 英美基金的主要区别是持有的国内证券的平均期限：美国共同基金 6.6 年，英国基金 11.8 年。这种区别的原因在于英国流通在外的主权债券的平均期限是美国的两倍多（14.7 年和 5.6 年），而英美基金都大量投资这类证券。

11. 样本中的经济体包括阿根廷、澳大利亚、奥地利、比利时、巴西、加拿大、智利、中国、哥伦比亚、丹麦、法国、德国、中国香港、印度、印度尼西亚、爱尔兰、以色列、意大利、韩国、卢森堡、马来西亚、墨西哥、荷兰、挪威、秘鲁、新加坡、南非、西班牙、瑞典、泰国、阿联酋、英国、美国。

12. 观察值在这个例子中较少，因为 BIS 数据库中国家较少。这里包括澳大利亚、比利时、巴西、加拿大、智利、哥伦比亚、德国、印度尼西亚、以色列、韩国、马来西亚、墨西哥、秘鲁、菲律宾、新加坡、南非、西班牙、泰国、英国、美国。

13. 印度和中国香港未被包括在分析中，因为其中英美基金观测值很少。智利未在其中，因为样本没有提供关于国内共同基金持有的证券类别的信息。新西兰也不在其中，因为 BIS 数据库没有提供其流通在外的主权债券的平均期限信息。

14. Kang 和 Stulz（1997）、Dahlquist 和 Robertsson（2001）、Edison 和 Warnock（2004）表明信息不对称的确有作用，外国投资者倾向于投资能接触国际市场的大公司。与之类似，Ferreira 和 Matos（2008）表明外国和本国机构投资者在一些股票偏好上不同。外国机构投资者强烈偏好 MSCI 世界指数当中包含的企业、在美国证券交易所上市的企业、通过高额外国销售或有分析机构进行研究的有外部曝光度的企业。与之相对，国内机构对这些企业评价并没有那么高。尽管如此，小企业也可能通过释放国内资本而受益于外国投资（Knill 2013）。

15. 见 Larrain、Muñoz 和 Tessada（2014）关于智利养老基金的研究和 Acharya 和 Pedraza（2015）对哥伦比亚养老基金的研究。

16. Vittas、Impavido 和 O'Connor（2008）讨论了挪威、加拿大、爱尔兰的案例。Rohde 和 Dengsoe（2010）描述了丹麦劳动力市场补充性养老金计划的最新变化。

17. 例如，丹麦劳动力市场补充性计划是由一家独立机构管理的，提供部分保障模式，80%的成员的缴费会转化为固定收益。其余 20%投资在无担保投资资产组合中。

18. Manconi、Massa 和 Yasuda（2012）提出了美国金融危机期间的证据。对于国际证据，见 Broner、Gelos 和 Reinhart（2006）。

19. 如 Raddatz 和 Schmukler（2012）对国际共同基金的研究；Bernstein、Lerner 和 Schoar（2013）对主权财富基金的研究；Jotikasthira、Lundblad 和 Ramadorai（2012）对新兴市场全球投资管理者的研究；Kaminsky、Lyons 和 Schmukler（2004）；Hau 和 Rey（2008）；Raddatz、Schmukler 和 Williams（2014）对国际股权基金的研究等。

统计附录

本部分包括两个附录。

附录 A 给出了基本的国家金融系统特征变量数据。还给出了同类国家组别同样指标的均值，以及概述性地图。这部分还更新了 2014 年全球金融发展报告的信息。

附录 B 提供了额外的关于长期金融发展的关键信息。这是本报告独有的。

这些附录仅是全球金融发展数据库的一部分，见http：//www. worldbank. org/financialdevelopment。本报告还有一本小数据手册，是全球金融发展数据库的便携版。它给出了比这里显示的更多的各国数据以及地区数据。

附录 A

2011—2013 年金融系统特征变量基础数据

表 A. 1　经济体和它们的金融系统特征变量，均值，2011—2013 年

	金融机构				金融市场			
经济体	银行私人信用与GDP的比（%）	在正式金融机构开户的比例（15岁以上，%）	银行存贷款利率差（%）	银行Z值	股票市值+流通在外的国内私有债券总额与GDP的比（%）	前十大公司之外的市值占总市值的比（%）	股票市场周转率（%）	股票价格波动
阿富汗	7.9	9.0		7.4				
阿尔巴尼亚	38.5	28.3	5.9	29.2				
阿尔及利亚	14.0	33.3	6.3	22.0				
安道尔				14.3				
安哥拉	20.7	39.2	12.7	15.9				
安提瓜和巴布达	73.4		7.1					
阿根廷	14.9	33.1	2.6	3.4	11.8	29.1	4.3	27.4
亚美尼亚	36.0	17.5	7.3	15.9	3.8		0.6	
阿鲁巴	59.7		7.6	23.5				
澳大利亚	121.5	98.1	3.1	11.3	165.5	53.2	83.7	15.4
奥地利	116.7	97.1		13.7	70.3	37.0	61.1	24.9
阿塞拜疆	18.9	14.9	8.2	9.6				
巴哈马	81.0		2.7	16.5				
巴林	66.6	64.5	5.2	15.2	64.0		1.6	8.2
孟加拉	45.2	39.6	2.3	8.3	13.0		97.5	
巴巴多斯			6.1	16.9	103.2		0.4	
白俄罗斯	29.8	58.6	1.8	7.6				
比利时	92.1	96.3		37.6	106.6		41.5	18.4
伯利兹	56.7		7.6	14.4				
贝宁	23.3	10.5		15.6				
百慕大				14.2				
不丹	44.3		8.7	37.1				
玻利维亚	35.8	28.0	9.4	9.0	15.8		0.4	
波斯尼亚和黑塞哥维那	52.2	56.2	4.1	14.6				10.5
博茨瓦纳	28.0	30.3	6.8	13.1	29.0		3.2	7.5
巴西	61.7	55.9	15.8	6.5	88.1	47.8	67.5	22.7
文莱	32.4		5.2	8.3				
保加利亚		52.8	6.8	15.7	14.1		4.8	15.1
布基纳法索	20.0	13.4		9.5				
布隆迪	16.4	7.2		18.3				
柬埔寨	33.3	3.7		10.5				
喀麦隆	12.9	14.8		14.1				
加拿大		95.8	2.5	12.0	144.2	68.9	67.2	14.7
佛得角	62.5		6.3	27.6				

表 A. 1 经济体和它们的金融系统特征变量，均值，2011—2013 年（续）

经济体	金融机构				金融市场			
	银行私人信用与GDP的比（%）	在正式金融机构开户的比例（15岁以上，%）	银行存贷款利率差（%）	银行Z值	股票市值+流通在外的国内私有债券总额与GDP的比（%）	前十大公司之外的市值占总市值的比（%）	股票市场周转率（%）	股票价格波动
开曼群岛				12.2				
中非共和国	11.8	3.7		14.7				
乍得	7.9	9.0		12.5				
智利	69.0	42.2	4.0	16.4	159.6	55.1	17.7	15.6
中国	124.4	63.8	3.0	21.2	93.0	74.7	141.3	19.7
哥伦比亚	35.0	30.4	7.0	13.2	63.5	20.4	12.2	16.7
科摩罗	20.3	21.7	8.8					
刚果民主共和国	7.9	3.7	15.4	12.6				
刚果	8.7	9.0		3.3				
哥斯达黎加	46.3	50.4	12.3	22.7	3.9		2.4	
科特迪瓦	17.8			14.5	26.1		2.1	
克罗地亚	69.6	88.4	7.8	23.5	40.6		3.5	13.2
古巴				11.3				
库拉索				12.8				
塞浦路斯	163.5	85.2		8.9	18.5	14.3	11.0	
捷克		80.7	4.4	37.6	32.6		31.2	19.6
丹麦		98.1		8.5	196.1		64.8	18.9
吉布提	29.2	12.3	9.1	13.0				
多米尼克	56.2		5.9	8.1				
多米尼加共和国	21.8	38.2	7.7	29.4				
厄瓜多尔	25.0	36.7		2.3	6.9		2.1	8.8
埃及	28.3	9.7	4.4	35.4	29.1	51.9	38.2	27.6
萨尔瓦多	39.1	13.8		23.0	25.2		1.0	
赤道几内亚	8.5			19.4				
爱沙尼亚	79.5	96.8	5.0	7.4	9.9		11.6	18.6
埃塞俄比亚				16.3				
斐济	66.0		4.1		12.3		1.4	
芬兰	97.4	98.1		2.6	71.6		105.2	23.3
法国	114.3	97.0		9.3	121.4		75.9	23.9
加蓬	9.7	18.9		10.4				
冈比亚	15.5		15.4	5.6				
格鲁吉亚	33.0	33.0	3.8	9.6	6.6		0.4	
德国	100.5	98.1		33.5	63.7	54.2	110.4	21.9
加纳	13.7	29.4		12.4	8.4		3.1	9.3
希腊	124.7	77.9		2.3	48.9	31.1	51.1	28.5
格林纳达	81.6		7.0	12.3				

表 A.1 经济体和它们的金融系统特征变量，均值，2011—2013 年（续）

经济体	金融机构				金融市场			
	银行私人信用与GDP的比（%）	在正式金融机构开户的比例（15岁以上，%）	银行存贷款利率差（%）	银行Z值	股票市值+流通在外的国内私有债券总额与GDP的比（%）	前十大公司之外的市值占总市值的比（%）	股票市场周转率（%）	股票价格波动
危地马拉	26.4	22.3	8.2	17.2				
几内亚	7.9	3.7		5.7				
几内亚比绍	11.6			5.0				
圭亚那	31.0		12.4	18.9	15.8			
海地	15.1	22.0	9.3	21.5				
洪都拉斯	48.3	20.5	9.4	32.4				
中国香港特别行政区	163.5	88.7	5.0	18.4	196.1	63.7	135.4	20.5
匈牙利		72.7	3.2	18.0	32.9	7.8	77.6	24.0
冰岛	97.0			2.3	82.2		22.0	
印度	47.9	35.2		34.1	74.6	70.0	63.4	17.8
印度尼西亚	28.4	19.6	5.6	19.0	46.6	56.2	35.7	19.7
伊朗	12.1	73.7			19.5		21.1	
伊拉克	7.9	10.6		25.2				
爱尔兰	163.5	93.9		32.8	152.3	11.7	19.3	20.7
以色列	87.2	90.5	3.4	24.8	103.3	47.0	56.4	17.7
意大利	123.4	71.0		15.5	55.7		141.3	27.4
牙买加	26.9	71.0	14.6	26.3	47.5		3.1	8.9
日本	106.9	96.4	1.8	35.5	139.8	71.9	104.5	20.3
约旦	69.6	25.5	4.8	37.6	101.7	29.7	18.2	8.4
哈萨克斯坦	34.9	42.1		7.5	28.3	19.0	3.1	24.5
肯尼亚	30.2	42.3	8.7	10.5	28.2		8.0	10.8
韩国	98.0	93.0	1.8	4.6	154.9	63.6	140.8	19.3
科索沃	32.7	44.3						
科威特	56.8	86.8	3.0	16.6	73.5		27.4	9.2
吉尔吉斯共和国		3.8	11.6	22.8	3.8		6.2	
老挝		26.8		6.1				19.5
拉脱维亚		89.7	5.6	5.7	4.8		3.0	17.1
黎巴嫩	84.6	37.0	1.8	37.6	29.3		7.8	9.7
莱索托	16.1	18.5	7.4	15.4				
利比里亚	15.3	18.8	10.1	2.3				
利比亚	14.1		3.5	37.6				
立陶宛		73.8		2.3	11.5		5.1	15.6
卢森堡	162.9	94.6		31.6	156.5	7.8	0.4	
中国澳门特别行政区	52.8		5.2	36.7				
马其顿	46.2	73.7	3.3	12.8	6.7		6.1	14.1
马达加斯加	10.9	5.5	15.8	13.2				

表 A.1 经济体和它们的金融系统特征变量，均值，2011—2013 年（续）

经济体	金融机构				金融市场			
	银行私人信用与GDP的比（%）	在正式金融机构开户的比例（15岁以上，%）	银行存贷款利率差（%）	银行Z值	股票市值+流通在外的国内私有债券总额与GDP的比（%）	前十大公司之外的市值占总市值的比（%）	股票市场周转率（%）	股票价格波动
马拉维	13.5	16.5	15.8	11.0	22.6		2.5	
马来西亚	111.7	66.2	1.9	14.7	196.1	63.3	28.6	9.4
马尔代夫	46.2		6.7	6.4				
马里	20.0	8.2		16.9				
马耳他	123.1	95.3		2.3	40.1	7.8	1.4	
毛里塔尼亚	26.0	17.5	10.1	26.3				
毛里求斯	93.9	80.1	2.0	15.0	65.4	41.8	5.5	7.8
墨西哥	19.4	27.4	3.5	15.5	54.0	39.9	26.1	15.8
密克罗尼西亚联邦			14.0	26.5				
摩尔多瓦	34.1	18.1	5.9	5.9				
蒙古	46.5	77.7	6.5	23.9	14.1		4.1	23.8
黑山	57.0	50.4		7.3	86.3		1.4	17.1
摩洛哥	70.0	39.1		21.0	65.1	29.6	10.8	11.4
莫桑比克	23.9	39.9	6.0	2.4				
缅甸			5.0	3.1				
纳米比亚	45.4		4.4	5.3	9.4		1.6	19.5
尼泊尔	51.8	25.3		6.8	26.3		1.6	
荷兰	163.5	98.1		5.1	145.8		86.1	19.2
新西兰		98.1	1.8	15.9	48.0	53.8	28.1	8.9
尼加拉瓜	24.2	14.2	11.2	2.4				
尼日尔	13.1	3.7		18.9				
尼日利亚	12.1	29.7	9.2	2.4	10.9		10.2	14.0
挪威				18.8	85.9	24.4	77.2	22.5
阿曼	39.4	73.6	3.1	12.5	28.7	60.2	14.8	9.8
巴基斯坦	16.7	10.3	5.5	11.4	17.8		32.3	14.2
巴拿马	74.4	24.9	4.6	23.3	29.3		1.3	7.5
巴布亚新几内亚	25.1		10.0	15.5	89.7		0.5	
巴拉圭	38.1	21.7	13.9	12.2	3.8		4.3	
秘鲁	26.2	20.5	15.8	16.6	61.7	36.2	5.2	23.1
菲律宾	31.5	26.6	3.3	19.1	75.0	59.7	19.3	17.7
波兰		70.2		14.0	34.4	46.0	49.4	20.7
葡萄牙	163.5	81.2		7.1	98.1		42.4	19.9
卡塔尔	36.2	65.9	3.7	26.8	74.7	24.3	16.0	11.7
罗马尼亚	37.2	44.6	5.9	12.3	14.7		9.8	21.1
俄罗斯	44.3	48.2	3.8	3.1	56.6	38.0	98.6	23.4

表 A.1 经济体和它们的金融系统特征变量，均值，2011—2013 年（续）

经济体	金融机构				金融市场			
	银行私人信用与GDP的比（%）	在正式金融机构开户的比例（15岁以上，%）	银行存贷款利率差（%）	银行Z值	股票市值+流通在外的国内私有债券总额与GDP的比（%）	前十大公司之外的市值占总市值的比（%）	股票市场周转率（%）	股票价格波动
卢旺达	13.5	16.5	15.8	11.0	22.6		2.5	
萨摩亚	111.7	66.2	1.9	14.7	196.1	63.3	28.6	9.4
圣马力诺	46.2		6.7	6.4				
圣多美和普林西比	20.0	8.2		16.9				
沙特阿拉伯	123.1	95.3		2.3	40.1	7.8	1.4	
塞内加尔	26.0	17.5	10.1	26.3				
塞尔维亚	93.9	80.1	2.0	15.0	65.4	41.8	5.5	7.8
塞舌尔	19.4	27.4	3.5	15.5	54.0	39.9	26.1	15.8
塞拉利昂			14.0	26.5				
新加坡	34.1	18.1	5.9	5.9				
斯洛伐克	46.5	77.7	6.5	23.9	14.1		4.1	23.8
斯洛文尼亚	57.0	50.4		7.3	86.3		1.4	17.1
所罗门群岛	70.0	39.1		21.0	65.1	29.6	10.8	11.4
索马里	23.9	39.9	6.0	2.4				
南非			5.0	3.1				
西班牙	45.4		4.4	5.3	9.4		1.6	19.5
斯里兰卡	51.8	25.3		6.8	26.3		1.6	
圣基茨和尼维斯	163.5	98.1		5.1	145.8		86.1	19.2
圣卢西亚		98.1	1.8	15.9	48.0	53.8	28.1	8.9
圣文森特和格林纳丁斯	24.2	14.2	11.2	2.4				
苏丹	13.1	3.7		18.9				
苏里南	12.1	29.7	9.2	2.4	10.9		10.2	14.0
斯威士兰				18.8	85.9	24.4	77.2	22.5
瑞典	39.4	73.6	3.1	12.5	28.7	60.2	14.8	9.8
瑞士	16.7	10.3	5.5	11.4	17.8		32.3	14.2
叙利亚	74.4	24.9	4.6	23.3	29.3		1.3	7.5
塔吉克斯坦	25.1		10.0	15.5	89.7		0.5	
坦桑尼亚	38.1	21.7	13.9	12.2	3.8		4.3	
泰国	26.2	20.5	15.8	16.6	61.7	36.2	5.2	23.1
东帝汶	31.5	26.6	3.3	19.1	75.0	59.7	19.3	17.7
多哥		70.2		14.0	34.4	46.0	49.4	20.7
汤加	163.5	81.2		7.1	98.1		42.4	19.9
特立尼达和多巴哥	36.2	65.9	3.7	26.8	74.7	24.3	16.0	11.7
突尼斯	37.2	44.6	5.9	12.3	14.7		9.8	21.1
土耳其	44.3	48.2	3.8	3.1	56.6	38.0	98.6	23.4

表 A. 1 经济体和它们的金融系统特征变量，均值，2011—2013 年（续）

	金融机构				金融市场			
经济体	银行私人信用与GDP的比（%）	在正式金融机构开户的比例（15岁以上，%）	银行存贷款利率差（%）	银行Z值	股票市值+流通在外的国内私有债券总额与GDP的比（%）	前十大公司之外的市值占总市值的比（%）	股票市场周转率（%）	股票价格波动
土库曼斯坦		3.7		2.5				
乌干达	15.6	20.5	10.1	19.4	27.6		0.4	
乌克兰	54.5	41.3	6.5	12.0	17.9		8.9	28.5
阿联酋	61.2	59.7		21.3	22.4	24.3	27.4	10.6
英国	161.7	97.2		23.1	130.8	67.0	94.7	17.1
美国	49.4	88.0		28.9	196.1	73.2	135.4	17.8
乌拉圭	22.9	23.5	6.6	2.8	3.8		1.4	
乌兹别克斯坦		22.5		5.5				
瓦努阿图	66.9		4.2	10.9				
委内瑞拉	19.3	44.1	2.1	8.5	3.8		0.8	20.0
越南	93.7	21.4	3.1	29.7	15.8		43.2	21.3
西岸和加沙		19.4		17.9				8.5
也门	7.9	3.7	5.6	25.9				
赞比亚		21.4	6.7	13.3	14.2		4.3	
津巴布韦		39.7		2.6				

资料来源：数据依据为全球金融发展数据库，并在此基础上计算。更多详细资料参见 Čihák and others，2013。

注：空格表明缺少相关数据。

注

表格布局：表格的布局遵循《2013年全球金融发展报告》中采用的4X2 金融系统特点矩阵模式，包含 4 个变量，代表金融机构和金融市场各自的深度、可获得性、效率和稳定性。

补充数据：以上表格仅仅展现了全球金融发展数据库的一小部分。更多的变量、历史数据和详细的元数据，参见http：//www. worldbank. org/financialdevelopment。

时间跨度：本表格包括 2011—2013 年的平均数据。

平均值计算：每一个观察项都是2011—2013 年相对应变量的算术平均值。如果在这一段时间内没有检测到或者没有相关的数据，则根据可以观测到的时间段的变量计算平均值。

观察项：为了说明对某一个国家的观察项与变量的全球分布相关，在每个观察项的表格的左边都有四个竖条。这四个竖条的标度的依据是全球金融发展报告数据库中显示的各种变量数据分布的国家位置：低于25%价值的只显示一个填满的竖条，高于 25% 但是低于 50% 的用两个填满的竖条标示，等于或高于50%但是低于75% 的用三个填满的竖条标注，高于 75%

的用四个填满的竖条标注。和《2013 全球金融发展报告》的描述方法相同，竖条采用缩尾均值计算法，并且重新调节变量。为了便于统计，整个国家的年度数据汇总数据中，每个变量的第 95% 和 5% 的百分位数都被纳入计算，最高和最低的 5% 百分位数都被去除。具体地，即是指从最低数值到 5% 的百分位数都被第五个百分位数替换；所有观察到的 95% 及其以上的百分位数都被 95% 的百分位数替换。为了将所有的变量转化为 0—100 这一范围内，每个数据都按照从最大到最小的顺序重新进行赋值。重新赋值后的指标能够代表金融发展的最差（0）至最好（100）的水准，这些都是根据原始数据分布的 5% 和 95% 百分位数得出（详细资料请查阅《2013 年全球金融发展报告》）。国家名字左边的四个竖条表示不加权的算术平均缩尾均值，重新调整后的各国变量（维度）。该平均值只覆盖那些至少可获得相关时期四个相关变量的国家。

银行私人信用与 GDP 的比（%）： 测量存款货币银行对实际部门授予的国内私人信用占当前地方 GDP 的百分比。关于存款货币银行对实际部门授予的国内私人信用的相关数据，由全球金融统计数据库（IFS）提供，第 22D 行，国际货币基金组织出版。当地的 GDP 数据也由 IFS 提供。

在正式金融机构开户的比例（15 岁以上，%）： 测量在银行、信用社、另一家金融机构（比如合作社、微型金融机构）或者邮局（如果可使用）持有账户（个人持有或与其他人联合持有）的成年人（包括汇报有借记卡的成年人）在全体成年人中的百分比。数据来自全球普惠金融数据库（Demirgüç-Kunt and Klapper 2012）。

银行存贷款利率差（%）： 贷款利率减去存款利率的差额。贷款利率是指银行给私营部门提供贷款时收取的利率，存款利率是商业银行或者类似的银行对需求、时间或者储蓄存款支付的利息率。贷款与存款利率数值分别来自 IFS 第 60P 和 60L 行。

银行 Z 值： 计算公式是［ROA +（股权/资产）］/（ROA 的标准方差）。为了估算某国银行系统的违约概率，指标把系统的缓冲（收入与资产）和风险（收入波动）进行比较。ROA 是资产回报率，ROA、股权与资产是国家层面的总额（根据银行的未合并的数据间逐个计算，数据来源于银行展望数据库）。

股市市值 + 流通在外的国内私有债券总额与 GDP 的比（%）： 测量市值与流通在外的国内私有债券总额占 GDP 的百分比。市值是股票价格与流通在外的股票的数量的乘积。国内上市公司是指年末在证券市场交易所挂牌上市的国内注册成立的公司。上市公司不包括投资公司、共同基金或者其他的集合投资工具。数据来自标准普尔的全球股市市场资料以及附属的 S&P 数据，而且由世界发展指标汇编并汇报。流通在外的国内私有债券数额来自于国际清算银行的证券统计数据表 16A（国内债务数额）。数额包括除了政府以外的所有发行人。

前十大公司之外的市值占总市值的比（%）： 测量前十位大公司之外的实质与总市值之间的比率。世界交易所联合会（WFE）提供了交易所层面的数据。通过取交易简单平均值的形式把变量加总到国家水平。

股票市场周转率（%）：是指给定时间段的交易总额除以该时间段的平均市值得到的数值。平均市值是期末市值与之前市值的平均值。数据来自标准普尔的全球股市市场资料以及附属的 S&P 数据，而且由世界发展指标汇编并汇报。

股票价格波动：是指国家股市指数收益的 360 天标准方差。数据来自彭博社。

参考文献

Čihak, Martin, Aslı Demirgüç-Kunt, Erik Feyen, and Ross Levine. 2013. "Financial Development in 205 Economies, 1960 to 2010." *Journal of Financial Perspectives* 1 (2): 17–36. (Earlier version issued as Policy Research Working Paper 6175, World Bank, Washington, DC).

Demirgüç-Kunt, Aslı, and Leora Klapper. 2012. "Measuring Financial Inclusion: The Global Findex." Policy Research Working Paper 6025, World Bank, Washington, DC.

World Bank. 2014. *Global Financial Development Report 2014: Financial Inclusion*. Washington, DC: World Bank. doi:10.1596/978-0-8213-9985-9.

地图 A.1 金融机构的深度

为了估测金融机构的深度，本地图使用存款货币银行对实际部门授予的国内私人信用占地方GDP的百分比。关于存款货币银行对实际部门授予的国内私人信用的相关数据，由全球金融统计数据库（IFS）提供，第22D行，国际货币基金组织出版。当地的GDP数据也由IFS提供。地图中的四个蓝色区域建立在2011—2013年之间变量的平均值之上：蓝色越深，变量的统计分布的四分位数越高。

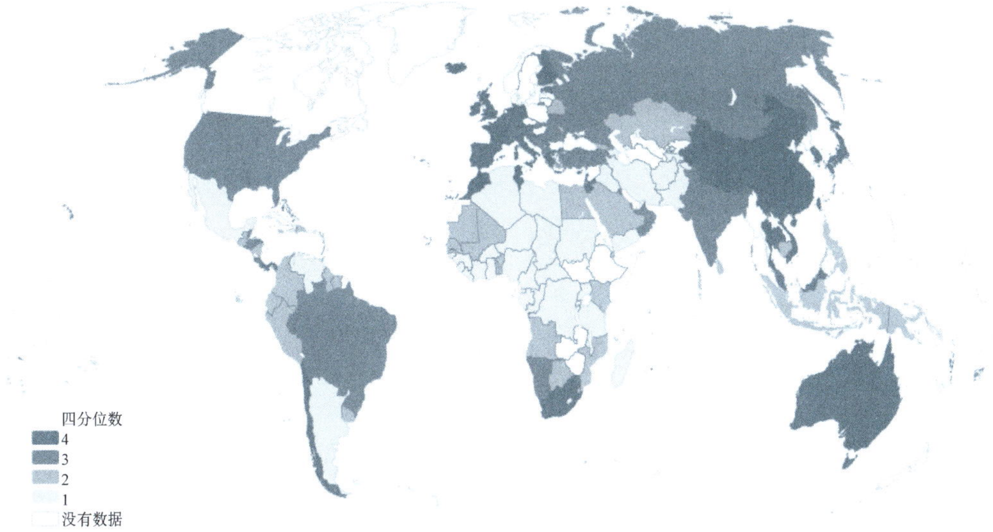

表 A.1.1 金融机构的深度

银行私人信用与GDP的比(%)	国家个数	平均值	中值	标准差	最小值	最大值	加权平均值[a]
全世界	160	51.2	36.1	41.2	7.9	163.5	83.7
根据发达/发展中经济体划分							
发达经济体	41	96.1	97	46	8.5	163.5	91.9
发展中经济体	119	35.8	28.3	25.1	7.9	124.4	69.3
根据收入水平划分							
高收入经济体	41	96.1	97	46	8.5	163.5	91.9
中高收入经济体	46	48.2	45.8	29.8	9.7	124.4	79
中低收入经济体	46	33.3	31.2	18.6	7.9	93.7	36.1
低收入经济体	27	18.6	15.5	11	7.9	51.8	27.7
根据地区划分							
高收入：OECD	24	114.5	110.6	37.3	49.3	163.5	93.3
高收入：非OECD	17	70	59.7	45.2	8.5	163.5	68.1
东亚和太平洋地区	15	55.7	38.9	37.3	11.1	124.4	112.3
欧洲和中亚地区	17	38.9	37.2	12.2	12.5	57	44.4
拉丁美洲和加勒比地区	28	41.9	35.4	23.5	14.9	108.1	40.6
中东和北非地区	11	36.9	28.3	29.8	7.9	84.6	23.7
南亚地区	8	36	44.7	16.4	7.9	51.8	43.9
撒哈拉以南非洲地区	40	22.2	16.2	17.6	7.9	93.9	29.9

资料来源：全球金融发展数据库，2011—2013年数据。
注：OECD即经济合作与发展组织。
a. 根据当前GDP计算的加权平均值。

地图 A. 2 金融机构的可获性

为了估测金融机构的可获性，本地图使用在正规金融机构开户（%，15 岁以上）的成年人的百分比。数据来自全球普惠金融数据库。地图中的四个蓝色区域建立在 2009—11 年之间变量的平均值之上：蓝色越深，变量的统计分布的四分位数越高。

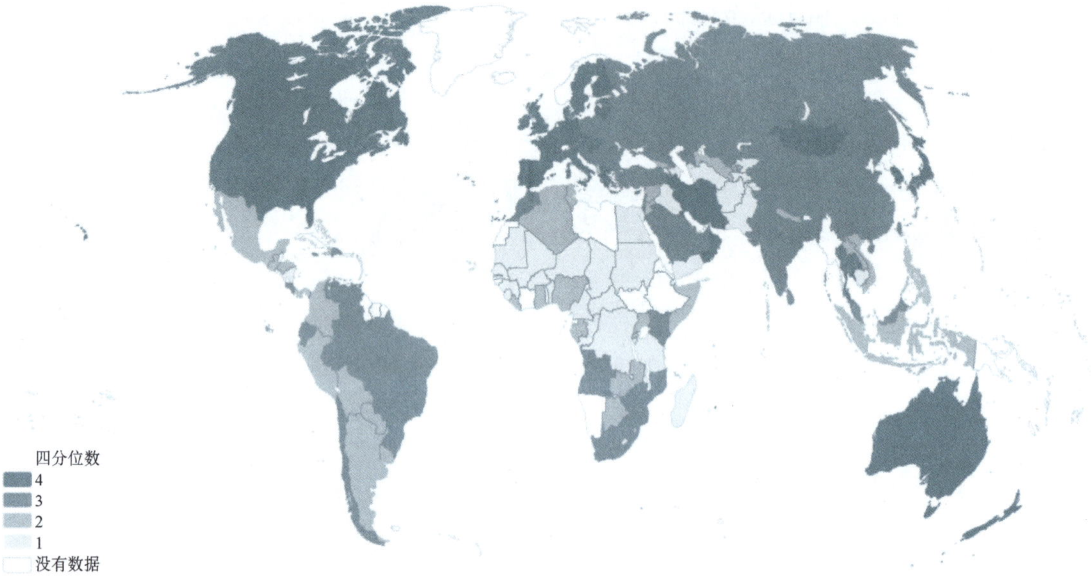

表 A. 1. 2 金融机构的可获性

在正式金融机构开户的比例（15岁以上，%）	国家个数	平均值	中值	标准差	最小值	最大值	加权平均值[a]
全世界	147	45.7	38.2	31.6	3.7	98.1	48.1
根据发达/发展中经济体划分							
发达经济体	40	86.9	93.2	13	46.4	98.1	89
发展中经济体	107	30.3	25.5	20.8	3.7	89.7	40.1
根据收入水平划分							
高收入经济体	40	86.9	93.2	13	46.4	98.1	89
中高收入经济体	40	46.3	44.4	19.9	3.7	89.7	56.6
中低收入经济体	38	24	21.4	15.3	3.7	77.7	28.1
低收入经济体	29	16.6	13.4	12.7	3.7	42.3	22.4
根据地区划分							
高收入：OECD	28	91	96.1	9.3	70.2	98.1	90.5
高收入：非OECD	12	77.4	80.6	15.8	46.4	98.1	65.4
东亚和太平洋地区	9	42	26.8	27.7	3.7	77.7	54
欧洲和中亚地区	23	40.9	44.3	23.9	3.7	89.7	44.4
拉丁美洲和加勒比地区	20	32	27.7	14.7	13.8	71	38.8
中东和北非地区	12	26.6	24.4	18.8	3.7	73.7	32.1
南亚地区	6	31.3	30.3	22.1	9	68.5	32.7
撒哈拉以南非洲地区	37	21	17.5	16.3	3.7	80.1	23.2

来源：全球金融发展数据库，2011—2013 年数据。

注：OECD 即经济合作与发展组织。

a. 根据 2011 年成年人总人口的加权平均值。

地图 A. 3　金融机构的效率

为了估测金融机构的效率，本地图使用银行存贷款利率差。贷款利率是指银行给私营部门提供贷款时收取的利率，存款利率是商业银行或者类似的银行对需求、时间或者储蓄存款支付的利息率。贷款与存款利率数值分别来自 IFS 第 60P 和 60L 行。地图中的四个蓝色区域建立在 2011—2013 年之间变量的平均值之上：蓝色越深，变量的统计分布的四分位数越高。

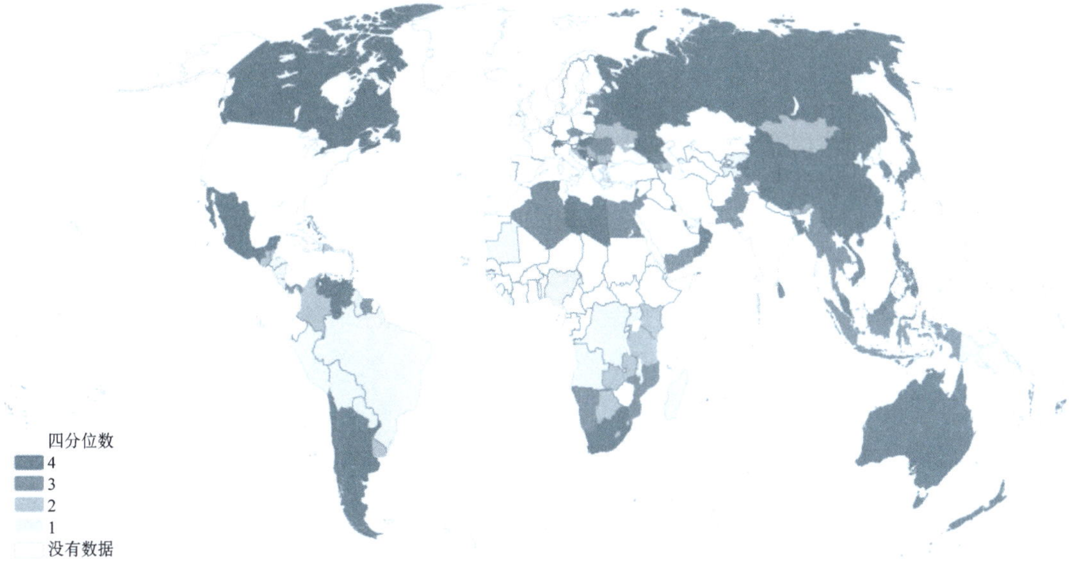

表 A. 1. 3　金融机构的效率

银行存贷款利率差(%)	国家个数	平均值	中值	标准差	最小值	最大值	加权平均值[a]
全世界	118	6.8	6.2	3.7	1.8	15.8	5.7
根据发达/发展中经济体划分							
发达经济体	24	4.2	4.1	1.7	1.8	7.8	4.1
发展中经济体	94	7.5	6.7	3.8	1.8	15.8	6.4
根据收入水平划分							
高收入经济体	24	4.2	4.1	1.7	1.8	7.8	4.1
中高收入经济体	41	6.2	5.9	3.6	1.8	15.8	5.6
中低收入经济体	37	7.7	7.3	3	3.1	14	7
低收入经济体	16	10.4	10.1	4.2	2.3	15.8	9.2
根据地区划分							
高收入：OECD	11	3.1	3.1	1.2	1.8	5	3
高收入：非OECD	13	5.1	5.2	1.6	2.7	7.8	5
东亚和太平洋地区	16	6.3	5.3	3.5	1.9	14	4.4
欧洲和中亚地区	16	6.4	5.9	3.2	1.8	14.5	5.5
拉丁美洲和加勒比地区	26	8.3	7.4	3.9	2.1	15.8	8.3
中东和北非地区	7	5.1	4.8	2.3	1.8	9.1	4.1
南亚地区	5	5.3	5.5	2.6	2.3	8.7	5.3
撒哈拉以南非洲地区	24	9.2	8.9	4	2	15.8	7.6

资料来源：全球金融发展数据库，2011—2013 年数据。
注：OECD 即经济合作与发展组织。
a. 根据银行业总资产的加权平均值。

地图 A.4 金融机构的稳定性

为了估测金融机构的稳定性，本地图使用商业银行的 Z 值。该指标的计算公式是［ROA +（股权/资产）］/（ROA 的标准方差）。ROA 是资产回报率，ROA、股权与资产是国家层面的总额（根据银行的未合并的数据间逐个计算，数据来源于银行展望数据库）。指标把系统的缓冲（收入与资产）和风险（收入波动）进行比较。地图中的四个蓝色区域建立在 2011—2013 年之间变量的平均值之上：蓝色越深，变量的统计分布的四分位数越高。

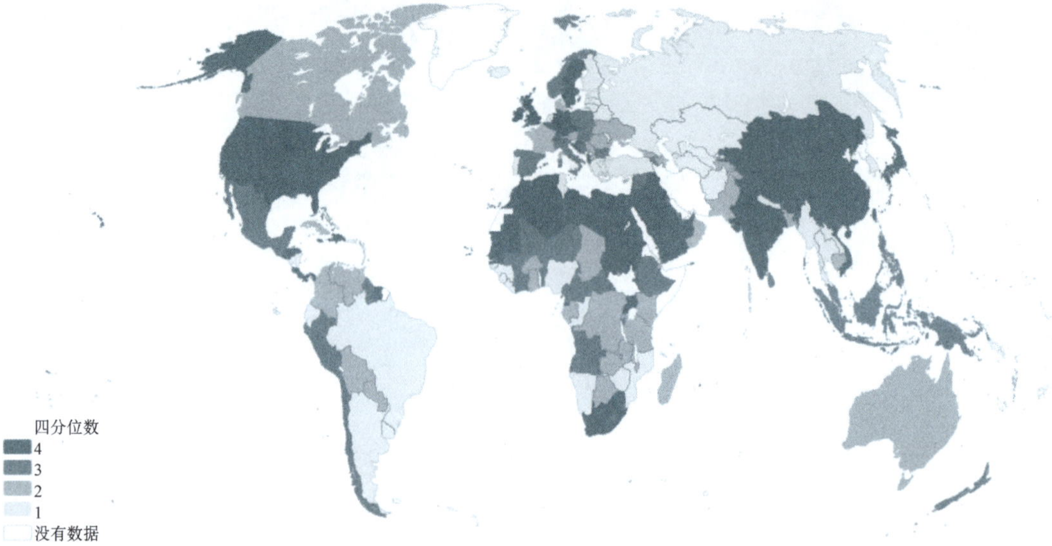

表 A.1.4 金融机构的稳定性

银行Z值	国家个数	平均值	中值	标准差	最小值	最大值	加权平均值[a]
全世界	180	15.4	14.3	9.5	2.3	37.6	17
根据发达/发展中经济体划分							
发达经济体	55	17.5	15.9	10.1	2.3	37.6	17.6
发展中经济体	125	14.6	13.1	9.2	2.3	37.6	16.3
根据收入水平划分							
高收入经济体	55	17.5	15.9	10.1	2.3	37.6	17.6
中高收入经济体	48	13.5	11.8	9.7	2.3	37.6	15.1
中低收入经济体	46	18.2	16.1	9.2	2.4	37.6	20.7
低收入经济体	31	10.7	10.5	5.9	2.3	22.8	9.8
根据地区划分							
高收入：OECD	32	18.2	15.7	11.8	2.3	37.6	18.5
高收入：非OECD	23	16.5	16.5	7.3	2.3	36.7	15.9
东亚和太平洋地区	14	16.4	17.2	7.9	3.1	29.7	17.7
欧洲和中亚地区	22	10.2	8.9	6.6	2.3	29.2	11
拉丁美洲和加勒比地区	27	15.1	14.4	9.2	2.3	33.8	14.6
中东和北非地区	12	24.4	23.6	11	3.8	37.6	28.1
南亚地区	8	16	9.9	12.6	6.4	37.1	16.9
撒哈拉以南非洲地区	42	12.8	12.9	7.4	2.3	37.6	14.3

资料来源：全球金融发展数据库，2011—2013 年数据。

注：OECD 即经济合作与发展组织。

a. 根据银行业总资产的加权平均值。

地图 A. 5　金融市场的深度

为了估测金融市场的深度，本地图使用股市市值 + 流通在外的国内私有债券总额与 GDP 的比（%）。市值是股票价格与流通在外的股票的数量的乘积。国内上市公司是指年末在证券市场交易所挂牌上市的国内注册成立的公司。上市公司不包括投资公司、共同基金或者其他的集合投资工具。数据来自标准普尔的全球股市市场资料以及附属的 S&P 数据，而且由世界发展指标汇编并汇报。流通在外的国内私有债券数额来自于国际清算银行的证券统计数据表 16A（国内债务数额）。数额包括除了政府以外的所有发行人。地图中的四个蓝色区域建立在 2011—2013 年之间变量的平均值之上：蓝色越深，变量的统计分布的四分位数越高。

表 A. 1. 5　金融市场的深度

股市市值+流通在外的国内私有债券总额与GDP的比(%)	国家个数	平均值	中值	标准差	最小值	最大值	加权平均值[a]
全世界	107	61.5	40.6	55	3.8	196.1	119.1
根据发达/发展中经济体划分							
发达经济体	45	92.4	82.2	55.5	9.9	196.1	141.6
发展中经济体	62	39.1	23.9	42.7	3.8	196.1	71.4
根据收入水平划分							
高收入经济体	45	92.4	82.2	55.5	9.9	196.1	141.6
中高收入经济体	33	50.9	29.3	52.1	3.8	196.1	77.4
中低收入经济体	22	28.1	16.8	25.4	3.8	89.7	50.9
低收入经济体	7	18.2	22.6	10.5	3.8	28.2	17
根据地区划分							
高收入：OECD	32	101.1	100.7	55.5	9.9	196.1	144.4
高收入：非OECD	13	70.9	59.7	51.3	18.5	196.1	80.2
东亚和太平洋地区	9	74.9	75	61.5	12.3	196.1	91.7
欧洲和中亚地区	14	22.1	14.4	23.5	3.8	86.3	43
拉丁美洲和加勒比地区	16	37.2	20.5	42	3.8	159.6	64.4
中东和北非地区	6	44.3	29.2	32.7	19.5	101.7	29.7
南亚地区	5	32.4	26.3	24.6	13	74.6	64.4
撒哈拉以南非洲地区	12	35	24.3	46.2	5.8	172.7	74.3

资料来源：全球金融发展数据库，2011—2013 年数据。

注：OECD 即经济合作与发展组织。

a. 根据现有 GDP 的加权平均值。

地图 A.6　金融市场的可获性

为了估测金融市场的可获性，本地图使用前十大公司之外的市值占总市值的比（%）。世界交易所联合会（WFE）提供了交易所层面的数据。通过取交易简单平均值的形式把变量加总到国家水平。地图中的四个蓝色区域建立在2011—2013年之间变量的平均值之上：蓝色越深，变量的统计分布的四分位数越高。

表 A.1.6　金融市场的可获性

前十大公司之外的市值占总市值的比(%)	国家个数	平均值	中值	标准差	最小值	最大值	加权平均值[a]
全世界	48	44.6	47.4	20.2	7.8	74.8	51
根据发达/发展中经济体划分							
发达经济体	27	42.1	46	22.5	7.8	73.7	50.5
发展中经济体	21	47.9	51.9	16.7	19	74.8	51.8
根据收入水平划分							
高收入经济体	27	42.1	46	22.5	7.8	73.7	50.5
中高收入经济体	15	45.3	41.8	17.6	19	74.8	50.9
中低收入经济体	6	54.2	57.1	13.5	29.6	70	54.5
低收入经济体	0						
根据地区划分							
高收入：OECD	19	43.5	47	22.1	7.8	73.2	47.7
高收入：非OECD	8	39	33.9	24.8	7.8	73.7	55.4
东亚和太平洋地区	5	62	59.7	7.7	56.2	74.7	61.8
欧洲和中亚地区	3	37	38	17.5	19	53.9	38.7
拉丁美洲和加勒比地区	6	38.1	38	12.5	20.4	55.1	42.1
中东和北非地区	3	37.1	29.7	12.8	29.6	51.9	32.6
南亚地区	2	64	64	8.5	58	70	66.1
撒哈拉以南非洲地区	2	58.3	58.3	23.3	41.8	74.8	64

资料来源：全球金融发展数据库，2011—2013年数据。

注：OECD即经济合作与发展组织。

a. 根据股票市场市值的加权平均值。

地图 A. 7　金融市场的效率

为了估测金融市场的效率，本地图使用给定时间段的交易总额除以该时间段的平均市值。平均市值根据当前期间的期末市值和与之前市值的平均值计算。数据来自标准普尔的全球股市市场资料以及附属的 S&P 数据，而且由世界发展指标汇编并汇报。地图中的四个蓝色区域建立在 2011—2013 年之间变量的平均值之上：蓝色越深，变量的统计分布的四分位数越高。

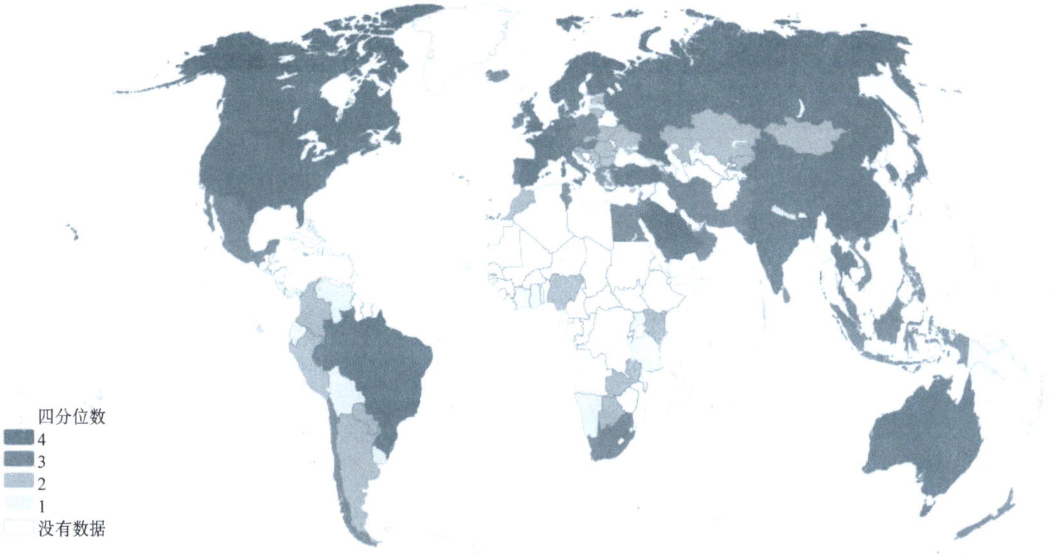

表 A. 1. 7　金融市场的效率

股票市场周转率(%)	国家个数	平均值	中值	标准差	最小值	最大值	加权平均值[a]
全世界	106	34.8	14.6	41.4	0.4	141.3	53.2
根据发达/发展中经济体划分							
发达经济体	45	54.7	51.1	44	0.4	141.3	69.5
发展中经济体	61	20.1	5.2	32.6	0.4	141.3	29.8
根据收入水平划分							
高收入经济体	45	54.7	51.1	44	0.4	141.3	69.5
中高收入经济体	33	24.3	5.5	38.9	0.8	141.3	35.5
中低收入经济体	21	14.5	4.3	17.9	0.4	63.4	19.7
低收入经济体	7	16.9	2.5	35.6	0.4	97.5	13
根据地区划分							
高收入：OECD	32	64.5	66	41.5	0.4	141.3	71.4
高收入：非OECD	13	30.8	14.8	42.2	0.4	135.4	66.2
东亚和太平洋地区	9	39.9	28.6	46.4	0.5	141.3	43.9
欧洲和中亚地区	14	20.9	4.9	42.9	0.4	141.3	34.9
拉丁美洲和加勒比地区	15	10	3.1	17.5	0.4	67.5	17.7
中东和北非地区	6	18.4	16.2	10.8	7.8	38.2	17.4
南亚地区	5	42.9	32.3	38	1.6	97.5	43.9
撒哈拉以南非洲地区	12	8.2	3.1	15.3	0.4	56.1	24.7

资料来源：全球金融发展数据库，2011—2013 年数据。

注：OECD 即经济合作与发展组织。

a. 根据股票市场市值的加权平均值。

地图 A.8 金融市场的稳定性

为了估测金融市场的稳定性，本地图使用国家股票市场指数收益的 360 天标准方差。数据来自彭博社。地图中的四个蓝色区域建立在 2011—2013 年之间变量的平均值之上：蓝色越深，变量的统计分布的四分位数越高。

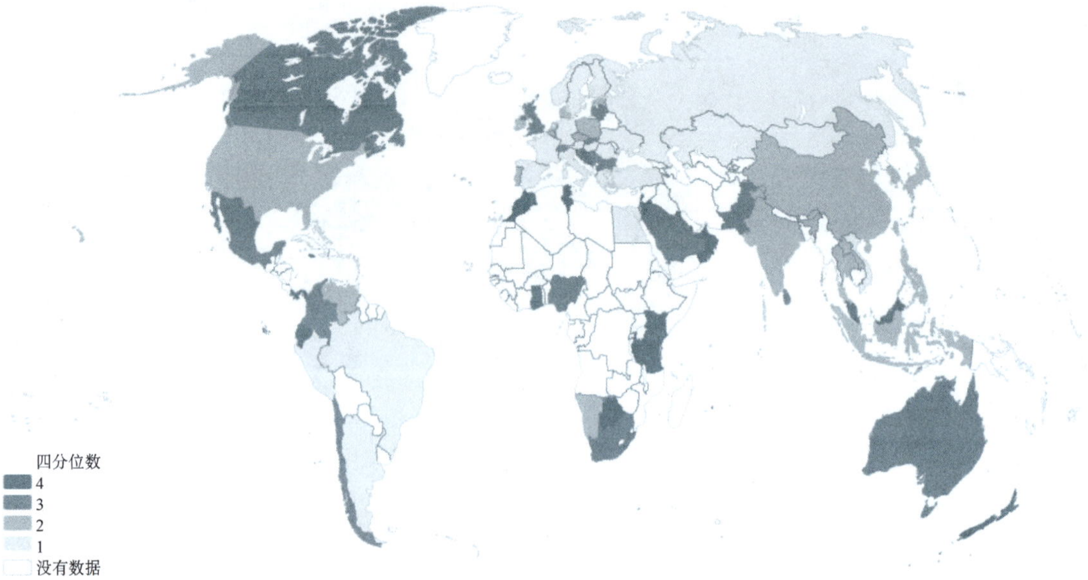

表 A.1.8 金融市场的稳定性

股票价格波动	国家个数	平均值	中值	标准差	最小值	最大值	加权平均值[a]
全世界	85	17.1	17.3	5.7	7.5	28.5	19.1
根据发达/发展中经济体划分							
发达经济体	38	18.3	18.8	5.2	8.2	28.5	19.4
发展中经济体	47	16.2	15.8	6	7.5	28.5	18.2
根据收入水平划分							
高收入经济体	38	18.3	18.8	5.2	8.2	28.5	19.4
中高收入经济体	31	15.9	15.8	5.8	7.5	27.4	18.2
中低收入经济体	14	17.8	17.7	6.2	8.5	28.5	18.6
低收入经济体	2	9.3	9.3	2.2	7.8	10.8	10.7
根据地区划分							
高收入：OECD	29	20.1	19.6	4.2	8.9	28.5	19.6
高收入：非OECD	9	12.6	11.7	3.9	8.2	20.5	19
东亚和太平洋地区	8	18.8	19.6	4.2	9.4	23.8	17.7
欧洲和中亚地区	12	18.9	17.1	5.2	10.5	28.5	23.3
拉丁美洲和加勒比地区	10	16.6	16.2	6.8	7.5	27.4	19.2
中东和北非地区	6	12.7	10.2	7.4	8.4	27.6	14.2
南亚地区	3	15.8	15.5	1.8	14.2	17.8	17.1
撒哈拉以南非洲地区	8	11.6	10.1	4.4	7.5	19.5	15.2

资料来源：全球金融发展数据库，2011—2013 年数据。

注：OECD 即经济合作与发展组织。

a. 根据股票市场市值的加权平均值。

附录 B
长期融资的关键指标

表 B. 1　经济体和它们的融资期限结构，2013 年

	企业			家庭		提供者			
经济体	银行、股票等融资的固定投资比例（%）	小企业最近的银行贷款的平均期限（月）	大企业最近的银行贷款的平均期限（月）	有购房贷款的成年人（%）	有助学贷款的成年人（%）	私有非金融企业发行的公司债券总额占GDP的比（%）	私有非金融企业发行的公司债券平均期限（年）	非公民持有的长期信贷占GDP的比（%）	银行向非金融企业贷款起始期限大于等于1年的比（%）
阿富汗	8.9			8.2	0.7			0.00	
阿尔巴尼亚	16.2	58.5	58.9	2.2	2.1			2.0	
阿尔及利亚	15.2			6.0	2.1			0.1	
安道尔								7.0	
安哥拉	7.0	38.1	41.0	3.6	17.7			0.1	
安提瓜和巴布达	33.5							0	94.6
阿根廷	18.1	34.6	35.1	0.4	1.4	0.6	4.6	2.5	
亚美尼亚	49.6			1.0	3.8			1.6	
阿鲁巴								55.0	
澳大利亚				37.2		2.2	8.6	34.7	
奥地利				25.3		1.3	9.4	86.0	78.3
阿塞拜疆	24.0			0.3	5.3	1.4	10.0	1.3	78.4
巴哈马	13.9					2.8	23.1	62.4	91.1
巴林				4.0	12.8	2.0	7.0	6.6	
孟加拉	18.4			2.4	1.8			0.1	
巴巴多斯	13.6					4.7	4.6	59.1	90.3
白俄罗斯	26.1			9.6	2.4	0.04	3.0	1.8	
比利时				33.3		3.0	9.1	56.9	66.8
伯利兹	23.2							14.9	
贝宁	2.3			0.4	7.0			0.1	18.5
百慕大						22.5	8.3		
不丹	44.3							0	
玻利维亚	24.5	67.1	50.3	4.0	5.8			0.8	
波斯尼亚和黑塞哥维那	41.6			3.5	3.3			2.1	58.1
博茨瓦纳	28.2	59.8	62.4	1.4	2.3	0.1	1.5	0.2	
巴西	34.1			1.3	1.5	1.9	7.5	11.1	40.8
文莱								0.1	
保加利亚	27.6	38.9	32.7	1.9	1.8	1.0	5.0	5.2	69.7
布基纳法索	18.0			0.4	11.6			0	9.8
布隆迪	15.5	43.5	29.0	0.5	10.6			3.6	
柬埔寨	6.1			1.7	5.0			1.5	

表 B.1 经济体和它们的融资期限结构，2013 年（续）

经济体	企业：银行、股票等融资的固定投资比例（%）	企业：小企业最近的银行贷款的平均期限（月）	企业：大企业最近的银行贷款的平均期限（月）	家庭：有购房贷款的成年人（%）	家庭：有助学贷款的成年人（%）	提供者：私有非金融企业发行的公司债券总额占GDP的比（%）	提供者：私有非金融企业发行的公司债券平均期限（年）	提供者：非公民持有的长期信贷占GDP的比（%）	提供者：银行向非金融企业贷款起始期限大于等于1年的比（%）
喀麦隆	16.5			1.5	15.2			0.04	36.8
加拿大				28.5		3.7	12.1	34.3	72.5
佛得角	37.8							0	
中非共和国	13.0			0.7	6.5			0	28.1
乍得	4.8			7.4	10.0			0.00	25.6
智利	33.8	29.4	54.9	3.5	4.1	3.2	16.1	9.1	64.6
中国	7.7			5.0	3.6	4.1	4.7	0.7	
哥伦比亚	23.8	23.2	22.6	2.6	6.2	2.2	11.0	6.1	
科摩罗				0.7	12.1			0	
刚果民主共和国	2.6	22.0	63.3	0.4	7.2			1.3	
刚果	5.2	6.0	15.5	0.3	7.8			2.2	50.6
哥斯达黎加	21.0	62.0	39.8	3.2	2.5	1.0	30.0	2.4	
科特迪瓦	3.7	15.6	17.8					6.5	19.8
克罗地亚	42.1			4.3	2.8	2.9	6.6	15.4	78.9
古巴								0.4	
塞浦路斯				23.4		2.4	7.3	26.8	77.5
捷克	19.2			8.1	1.2	1.3	8.7	15.8	70.3
丹麦				47.2		1.3	9.6	41.0	
吉布提				5.1	6.9			0	
多米尼克	25.8							0.8	93.2
多米尼加共和国	25.8			1.6	7.1	0.9	7.0	5.3	
厄瓜多尔	24.2	23.1	27.2	2.0	4.8			0.5	
埃及	6.0			1.8	4.9	0.3	4.9	0.8	
萨尔瓦多	23.1	71.8	56.4	1.6	3.3	1.3	10.0	9.3	
赤道几内亚								0	
厄立特里亚	2.4							0	
爱沙尼亚	26.3			16.2	5.9	0.6	5.4	4.0	92.2
埃塞俄比亚	13.0							0	
法罗群岛								38.5	
斐济	38.5							4.1	
芬兰				29.7		2.6	6.6	63.5	86.6
法国				26.7		3.5	7.2	63.4	80.9
加蓬	3.6	36.0	19.0	0.5	9.3			1.8	25.6
冈比亚	10.0	3.9	6.5					0.02	

表 B. 1　经济体和它们的融资期限结构，2013 年（续）

经济体	企业			家庭		提供者			
	银行、股票等融资的固定投资比例（%）	小企业最近的银行贷款的平均期限（月）	大企业最近的银行贷款的平均期限（月）	有购房贷款的成年人（%）	有助学贷款的成年人（%）	私有非金融企业发行的公司债券总额占GDP的比（%）	私有非金融企业发行的公司债券平均期限（年）	非公民持有的长期信贷占GDP的比（%）	银行向非金融企业贷款起始期限大于等于1年的比（%）
格鲁吉亚	37.1			0.6	1.2	4.7	8.4	8.9	76.1
德国	31.9			20.8		2.7	6.8	52.3	84.5
加纳	10.2	11.6	31.6	2.5	7.8			6.6	
希腊	19.4			6.2	1.4	2.4	5.8	14.5	62.9
格林纳达	31.7							0.4	92.8
危地马拉	24.1	60.8	68.8	1.5	4.0	0.8	9.7	0.8	
几内亚	0.5	10.0	102.0	0.5	10.8			0	20.3
几内亚比绍	0.8	26.9						0	26.4
圭亚那								0.1	
海地				2.4	28.6			0	
洪都拉斯	15.1	57.1	28.4	1.5	4.3			1.6	
中国香港特别行政区				11.2		4.6	7.5	11.7	
匈牙利	37.8			12.6	1.6	0.2	7.0	44.3	70.4
冰岛						1.6	7.0	50.8	
印度	28.8			2.3	5.5	1.3	8.2	1.7	63.7
印度尼西亚	9.0			0.7	10.7	0.9	8.3	5.5	
伊朗				15.1		0.7	4.0	0.01	
伊拉克	2.5			14.8	12.9			0.7	
爱尔兰	28.9			32.4		3.3	8.9	244.7	67.7
马恩岛								33.0	
以色列				15.3	9.8	0.7	8.2	8.6	
意大利				10.2		1.8	12.9	45.5	62.6
牙买加	22.9			3.2	3.1	12.6	7.8	2.4	
日本				16.0		1.6	6.9	7.0	
约旦	15.1			2.7	5.6	0.8	3.5	1.4	
哈萨克斯坦	23.9			4.5	3.1	1.9	18.9	4.7	
肯尼亚	15.6			0.9	8.5	1.0	10.7	0.7	
基里巴斯								0	
韩国	28.1			20.2		3.8	5.9	10.9	
科索沃	14.8			1.6	1.4			0	
科威特				21.6	19.1	0.1	5.0	0.4	
吉尔吉斯共和国	35.3			0.4	1.1	0.03	2.0	1.9	
老挝	13.2			1.2	8.1			0.5	
拉脱维亚	33.1			8.1	3.8	0.03	3.3	12.4	77.9

表 B.1 经济体和它们的融资期限结构，2013 年（续）

经济体	企业			家庭		提供者			
	银行、股票等融资的固定投资比例（%）	小企业最近的银行贷款的平均期限（月）	大企业最近的银行贷款的平均期限（月）	有购房贷款的成年人（%）	有助学贷款的成年人（%）	私有非金融企业发行的公司债券总额占GDP的比（%）	私有非金融企业发行的公司债券平均期限（年）	非公民持有的长期信贷占GDP的比（%）	银行向非金融企业贷款起始期限大于等于1年的比（%）
黎巴嫩	42.6			5.9	16.6	0.9	5.0	4.1	
莱索托	29.9			1.0	11.3			0	
利比里亚	9.5	4.5	4.6	3.6	15.4			128.0	
利比亚								0	
列支敦士登						5.5	7.6	2.4	
立陶宛	46.7			5.6	2.0	0.6	5.1	25.7	77.6
卢森堡				34.1		9.6	9.4	994.5	61.5
中国澳门特别行政区						3.8	7.5	0.3	
马其顿	34.0			3.9	5.2			2.0	65.7
马达加斯加	8.1	9.3	30.6	0.8	5.4			0.00	
马拉维	16.3			5.3	9.0			0.04	
马来西亚	36.0			12.7	5.5	5.5	7.6	17.6	96.4
马尔代夫								0	
马里	15.0	24.6	24.0	0.6	8.1			0.03	16.9
马耳他				18.4				5.6	77.4
毛里塔尼亚	7.3	20.8	106.3	5.3	16.5			0.01	
毛里求斯	30.8	43.2	22.9	4.5	3.2			6.4	
墨西哥	17.3	18.0	40.8	2.7	8.6	3.0	10.8	12.1	71.7
密克罗尼西亚联邦	5.8							0	
摩尔多瓦	32.6			0.6	4.8			0.5	
摩纳哥								0.03	
蒙古	21.8			3.0	7.0	0.2	5.0	13.9	
黑山	65.2			4.5	8.5			4.9	
摩洛哥	13.3			4.8	3.7			2.1	
莫桑比克	4.9	7.7	20.9	0.9	8.3			0.3	
纳米比亚	15.7	62.7	86.7					5.5	
尼泊尔	16.3			5.1	12.5			0	
荷兰				40.1		3.6	11.4	177.8	68.5
新西兰				35.3		1.3	5.9	17.6	
尼加拉瓜	17.2	34.2	218.9	0.4	1.8			1.6	
尼日尔	8.8			1.5	5.8			0.01	30.1
尼日利亚	1.4			0.6	4.7	0.1	5.0	0.8	
挪威						4.2	9.8	37.2	
阿曼				14.5		0.4	5.0	0.1	

表 B. 1　经济体和它们的融资期限结构，2013 年（续）

经济体	企业：银行、股票等融资的固定投资比例（%）	企业：小企业最近的银行贷款的平均期限（月）	企业：大企业最近的银行贷款的平均期限（月）	家庭：有购房贷款的成年人（%）	家庭：有助学贷款的成年人（%）	提供者：私有非金融企业发行的公司债券总额占GDP的比（%）	提供者：私有非金融企业发行的公司债券平均期限（年）	提供者：非公民持有的长期信贷占GDP的比（%）	提供者：银行向非金融企业贷款起始期限大于等于1年的比（%）
巴基斯坦	9.1			1.8	3.0	0.01	3.6	0.3	
巴拿马	6.4	50.2	41.6	11.5	13.3	1.6	15.6	23.0	
巴布亚新几内亚								2.0	
巴拉圭	23.3	18.4	18.9	1.3	9.1	1.2	10.0	1.2	
秘鲁	40.1	19.6	32.2	1.1	5.5	2.1	10.1	8.7	
菲律宾	15.0			3.6	20.7	1.8	9.4	8.7	
波兰	30.0			2.7	0.5	0.4	6.7	19.6	69.7
葡萄牙	15.3			23.2		3.3	5.7	43.7	73.4
卡塔尔				18.5		1.1	12.7	3.8	
罗马尼亚	34.1			3.7	0.8	0	2.0	7.2	62.9
俄罗斯	9.1			1.4	0.8	2.8	8.5	2.0	72.7
卢旺达	18.0	23.6	82.2	1.9	10.1			1.6	
萨摩亚	41.7							0	
圣多美和普林西比								0.05	
沙特阿拉伯				12.3	10.0	1.1	11.5	0.1	46.2
塞内加尔	15.0	20.8	48.3	0.1	2.6			3.0	34.3
塞尔维亚	37.8			1.4	2.6	1.5	7.0	8.2	56.9
塞舌尔								4.1	
塞拉利昂	8.9	5.6	12.8	0.4	10.6			1.8	
新加坡				18.9	5.7	2.9	5.2	16.6	72.0
斯洛伐克	25.8			7.5	1.3	3.7	16.1	23.4	62.1
斯洛文尼亚	37.6			10.3		1.1	6.6	37.1	71.5
所罗门群岛								0.01	
南非	25.8	31.6	39.0	4.3	6.0	1.6	6.8	11.4	
西班牙	23.7			31.6		2.4	8.2	47.8	81.5
斯里兰卡	37.1			3.6	2.2	0.5	5.0	8.6	
圣基茨和尼维斯	38.1							15.4	93.1
圣卢西亚	22.7							1.4	94.0
圣文森特和格林纳丁斯	34.6							2.5	96.0
苏丹				6.2	22.9			0	
苏里南	33.0							0.05	
斯威士兰	12.0	57.3	25.8	6.0	15.2			0.3	
瑞典				53.5		3.2	5.5	61.6	24.2
瑞士						3.5	7.7	10.0	

表 B. 1 经济体和它们的融资期限结构，2013 年（续）

经济体	企业			家庭		提供者			
	银行、股票等融资的固定投资比例（%）	小企业最近的银行贷款的平均期限（月）	大企业最近的银行贷款的平均期限（月）	有购房贷款的成年人（%）	有助学贷款的成年人（%）	私有非金融企业发行的公司债券总额占GDP的比（%）	私有非金融企业发行的公司债券平均期限（年）	非公民持有的长期信贷占GDP的比（%）	银行向非金融企业贷款起始期限大于等于1年的比（%）
叙利亚				5.3	3.6			0.05	
塔吉克斯坦	29.6			0.4	4.1			1.1	
坦桑尼亚	8.0	19.4	26.9	4.4	11.6			1.0	
泰国	62.7			5.1	11.2	3.8	6.6	5.0	
东帝汶	0.8							0	
多哥	14.9			2.1	11.4			0.04	27.1
汤加	36.5							0	
特立尼达和多巴哥	21.3			1.5	3.3	4.4	10.0	6.7	
突尼斯				2.4	4.3			4.0	67.5
土耳其	42.0			1.4	3.1	0.4	7.3	11.6	
土库曼斯坦				0.7	0.6				
图瓦卢								0	
乌干达	13.2	14.6	41.0	1.0	11.5			0.7	
乌克兰	31.0			1.0	1.3	1.6	5.5	7.5	48.1
阿联酋				17.9	20.2	1.7	10.8	6.8	
英国				31.0		4.2	12.9	55.8	70.0
美国				31.2		4.6	11.1	29.3	3.7
乌拉圭	15.8	32.0	33.8	1.9	1.3	0.2	6.1	17.5	
乌兹别克斯坦	8.0			0	0.5	0.02	2.7	0	
瓦努阿图	37.7							0	
委内瑞拉				0.5	3.6	1.0	13.0	5.8	
越南	15.8			3.0	10.1	0.1	4.5	1.3	
西岸和加沙	6.2			5.3	19.8			0.00	
也门	2.5			1.0	1.5			0	4.4
赞比亚	6.2	22.7	27.5	1.2	2.8			2.4	
津巴布韦	9.0			0.8	9.9			0.4	

注

额外数据：上表显示的信息来自多个数据库，包括世界银行全球金融发展指标数据库，世界银行企业调查，世界银行全球联合贷款和债券数据库，国际货币基金组织联合资产组合投资调查，以及一些国家的央行。更多信息见全球金融发展指标数据库：http：//www. worldbank. org/globalfindex

世界银行企业调查：http：//www. enterprisesurveys. org/

国际货币基金组织联合资产组合投资调查：http：//cpis. imf. org/Default. aspx

覆盖时间：表中显示了 2013 年或最近的个人、正式企业、提供者的数据。

银行、股票等融资的固定投资比例（%）：通过银行贷款、发行股票等方式为固定投资融资的比例。数据来自企业调查数据库。

小企业最近的银行贷款的平均期限（月）：小企业（雇员数少于 20 人）最近一笔贷款的起始期限，取均值。数据来自企业调查数据库。

大企业最近的银行贷款的平均期限（月）：大企业（雇员数大于等于 100 人）最近一笔贷款的起始期限，取均值。数据来自企业调查数据库。

有购房贷款的成年人（%）：成年被试（15 岁以上）有购房贷款的比例。数据来自全球金融发展数据库（Demirgüç-Kunt and Klapper 2012）。

有助学贷款的成年人（%）：成年被试（15 岁以上）有助学贷款的比例。数据来自全球金融发展数据库（Demirgüç-Kunt and Klapper 2012）。

私有非金融企业发行的公司债券总额占 GDP 的比（%）：金融业、控股公司、保险业以外的非公共部门新发行的公司债券占 GDP 的比。数据来自世界银行全球联合贷款和债券数据库。

私有非金融企业发行的公司债券平均期限（年）：金融业、控股公司、保险业以外的非公共部门新发行的公司债券期限按发行量加权平均。数据来自世界银行全球联合贷款和债券数据库。

非公民持有的长期信贷占 GDP 的比（%）：非本国公民持有的债券等期限长于一年的证券。数据基于国际货币基金组织联合资产组合投资调查，表 16. 2. A 关于长期证券的部分。小于 0. 005% 的值按 0. 00 报告。数据库中包含但并未在 2013 年有新证券发行的国家报告为 0。

银行向非金融企业贷款起始期限大于等于 1 年的比（%）：银行向非金融机构贷款起始期限大于等于一年的百分比。数据来自各国央行或监管机构。

参考文献

Demirgüç-Kunt, Aslı, and Leora Klapper. 2012. “Measuring Financial Inclusion: The Global Findex.” Policy Research Working Paper 6025, World Bank, Washington, DC.

参考文献

Abel, Martin, Shawn Cole, and Bilal Zia. 2015. "Debiasing on a Roll: Changing Gambling Behavior through Experiential Learning." Policy Research Working Paper 7013, World Bank, Washington, DC.

Acemoglu, Daron, Michael Kremer, and Atif Mian. 2008. "Incentives in Markets, Firms, and Governments." *Journal of Law, Economics, and Organization* 24 (2): 273–306.

Acharya, Sushant, and Alvaro Pedraza. 2015. "Asset Price Effects of Peer Benchmarking: Evidence from a Natural Experiment." Staff Report 727, Federal Reserve Bank of New York, New York.

Adelino, Manuel, Antoinette Schoar, and Felipe Severino. 2013. "House Prices, Collateral and Self-Employment." NBER Working Paper 18868, National Bureau of Economic Research, Cambridge, MA.

Agénor, Pierre R. 2011. "Schooling and Public Capital in a Model of Endogenous Growth." *Economica* 78: 108–32.

———. 2013. *Public Capital, Growth and Welfare.* Princeton, NJ: Princeton University Press.

Aggarwal, Reena, Isil Erel, Miguel Ferreira, and Pedro Matos. 2011. "Does Governance Travel around the World? Evidence from Institutional Investors." *Journal of Financial Economics* 100 (1): 154–81.

Aghion, Philippe, Peter Howitt, and David Mayer. 2005. "The Effect of Financial Development on Convergence." *Quarterly Journal of Economics* 120 (1): 173–222.

Alfaro, Laura, and Fabio Kanczuk. 2009. "Debt Maturity: Is Long-Term Debt Optimal?" *Review of International Economics* 17 (5): 890–905.

Allen, T. 1990. "Developments in the International Syndicated Loan Market in the 1980s." *Bank of England Quarterly Bulletin* (February): 71–77.

Almeida, Heitor, Murillo Campello, Bruno Laranjeira, and Scott Weisbenner. 2011. "Corporate Debt Maturity and the Real Effect of the 2007 Credit Crisis." *Critical Finance Review* 1: 3–58.

Altunbas, Yener, and Blaise Gadanecz. 2004. "Developing Country Economic Structure and the Pricing of Syndicated Credits." *Journal of Development Studies* 40 (5): 143–73.

Altunbas, Yener, Alper Kara, and David Marques-Ibañez. 2010. "Large Debt Financing: Syndicated Loans versus Corporate Bonds." *European Journal of Finance* 16 (5): 437–58.

Alvarez de la Campa, Alejandro. 2011. "Increasing Access to Credit through Reforming Secured Transactions in the MENA Region." Policy Research Working Paper 5613, World Bank, Washington, DC.

Anderson, Phillip R. D., Anderson Caputo Silva, and Antonio Velandia-Rubiano. 2010. "Public Debt Management in Emerging Market Economies: Has This Time Been Different?" Policy Research Working Paper 2399, World Bank, Washington, DC.

Anginer, Deniz, Aslı Demirgüç-Kunt, Vojislav Maksimovic, and Mete Tepe. 2015. "Is Short-Term Debt a Substitute or a Complement to Good Governance?" World Bank, Washington, DC.

Antolín, Pablo, Stéphanie Payet, Edward R. Whitehouse, and Juan Yermo. 2011. "The Role of Guarantees in Defined Contribution Pensions." OECD Working Papers on Finance, Insurance and Private Pensions 11, Organisation for Economic Co-operation and Development, Paris.

Antolín, Pablo, and Waldo Tapia, 2010. "Investment Performance of Privately Managed Pension Funds: Overview of the Available Data." In *Evaluating the Financial Performance of Pension Funds*, edited by R. Hinz, H. Rudolph, P. Antolín, and J. Yermo, 25–37. Washington, DC: World Bank.

Arrow, Kenneth, and Mordecai Kurz. 1970. *Public Investment, the Rate of Return and Optimal Fiscal Policy.* Baltimore, MD: The Johns Hopkins University.

Arun, Thankom, Mirko Bendig, and Shoba Arun. 2012. "Bequest Motives and Determinants of Micro Life Insurance in Sri Lanka." *World Development* 40 (8): 1700–11.

Badev, Anton, Thorsten Beck, Ligia Vado, and Simon Walley. 2014. "Housing Finance across Countries: New Data and Analysis." Policy Research Working Paper 6756, World Bank, Washington, DC.

Bae, Kee-Hong, and Vidhan K. Goyal. 2009. "Creditor Rights, Enforcement, and Bank Loans." *Journal of Finance* 64 (2): 823–60.

Baland, Jean Marie, and James A. Robinson. 2000. "Is Child Labor Inefficient?" *Journal of Political Economy* 108 (4): 663–79.

Banerjee, Abhijit V., and Esther Duflo. 2007. "The Economic Lives of the Poor." *Journal of Economic Perspectives* 21 (1): 141–68.

Bank Negara Malaysia. 2014. "A Landmark Year for Global Islamic Finance Industry." Islamic Financial Centre (MIFC), Kuala Lumpur.

Barclay, Michael J., and Clifford W. Smith Jr. 1995. "The Maturity Structure of Corporate Debt." *Journal of Finance* 50 (2): 609–31.

Barnea, Amir N., Robert A. Haugen, and Lemma W. Senbet. 1980. "A Rationale for Debt Maturity Structure and Call Provisions in the Agency Theoretic Framework." *Journal of Finance* 35: 1223–34.

Barro, Robert, J. 1990. "Government Spending in a Simple Model of Exogenous Growth." *Journal of Political Economy* 98: 103–25.

Barth, James R., Gerard Caprio Jr., and Ross Levine. 2001. "The Regulation and Supervision of Banks around the World: A New Database." Policy Research Working Paper 2588, World Bank, Washington, DC.

———. 2004. "Bank Regulation and Supervision: What Works Best?" *Journal of Financial Intermediation* 13 (2): 205–48.

Beck, Thorsten, Aslı Demirgüç-Kunt, and Ross Levine. 2010. "Financial Institutions and Markets across Countries and over Time: The Updated Financial Development and Structure Database." *World Bank Economic Review* 24 (1): 77–92.

Beck, Thorsten, Aslı Demirgüç-Kunt, and Vojislav Maksimovic. 2005. "Financial and Legal Constraints to Growth: Does Firm Size Matter?" *Journal of Finance* 60 (1): 137–77.

———. 2008. "Financing Patterns around the World: Are Small Firms Different?" *Journal of Financial Economics* 89: 467–87.

Beck, Thorsten, Leora Klapper, and Juan Carlos Mendoza. 2010. "The Typology of Partial Credit Guarantee Funds around the World." *Journal of Financial Stability* 6 (1): 10–25.

Beck, Thorsten, Samuel Munzele Maimbo, Issa Faye, and Thouraya Triki. 2011. *Financing Africa: Through the Crisis and Beyond.* Washington, DC: World Bank.

Beck, Thorsten, and Ian Webb. 2003. "Economic, Demographic, and Institutional Determinants of Life Insurance Consumption across Countries." *World Bank Economic Review* 17 (1): 51–88.

Beegle, Kathleen, Rajeev Dehejia, and Roberta Gatti. 2003. "Child Labor, Crop Shocks, and Credit Constraints." NBER Working Paper w10088, National Bureau of Economic Research, Cambridge, MA.

Benavente, José Miguel, Alexander Galetovic, and Ricardo Sanhueza. 2006. "FOGAPE: An Economic Analysis." Working Paper 222, Department of Economics, University of Chile, Santiago.

Berg, Gunhild, and Bilal Zia. 2013. "Harnessing Emotional Connections to Improve Financial Decisions: Evaluating the Impact of Financial Education in Mainstream Media." Policy Research Working Paper 6407, World Bank, Washington, DC.

Bernstein, Shai, Josh Lerner, and Antoinette Schoar. 2013. "The Investment Strategies of Sovereign Wealth Funds." *Journal of Economic Perspectives* 27 (2): 219–38.

Bernstein, Shai, Josh Lerner, Morten Sorensen, and Per Strömberg. 2010. "Private Equity and Industry Performance." NBER Working Paper 15632, National Bureau of Economic Research, Cambridge, MA.

Berstein, Solange, Olga Fuentes, and Felix Villatoro. 2013. "Default Investment Strategies in a Defined Contribution Pension System: a Pension Risk Model Application for the Chilean Case." *Journal of Pension Economics and Finance* 12 (4): 379–414.

BIS (Bank for International Settlements). 2007a. "Institutional Investors, Global Savings and Asset Allocation." CGFS Paper 27, BIS, Basel.

———. 2007b. "Financial Stability and Local Currency Bond Markets." CGFS Paper 28, BIS, Basel.

Blackwell, David, and David S. Kidwell. 1988. "An Investigation of Cost Differences between Public Sales and Private Placements of Debt." *Journal of Financial Economics* 22: 253–78.

Blanc-Brude, Frederic, and Omneia R. H. Ismail. 2013. "Who Is Afraid of Construction Risk?" EDHEC-Risk Institute, Paris (July).

Bloom, Nick, Raffaella Sadun, and John Van Reenen. 2009. "Do Private Equity-Owned Firms Have Better Management Practices?" In *Globalization of Alternative Investments: Working Papers*. Vol. 2 of *The Global Economic Impact of Private Equity 2009*, edited by A. Gurung and J. Lerner, 3–23. New York: World Economic Forum.

Bloom, Nick, and John Van Reenen. 2007. "Measuring and Explaining Management Practices across Firms and Countries." *Quarterly Journal of Economics* 122 (4): 1351–408.

Bolton, Patrick, and Olivier Jeanne. 2009. "Structuring and Restructuring Sovereign Debt: The Role of Seniority." *Review of Economic Studies* 76 (3): 879–902.

Bond, Philip, Alex Edmans, and Itay Goldstein. 2012. "The Real Effects of Financial Markets." *Annual Review of Financial Economics* 4 (2): 1–22.

Booth, Laurence, Varouj Aivazian, Aslı Demirgüç-Kunt, and Vojislav Maksimovic. 2001. "Capital Structures in Developing Countries." *Journal of Finance* 56 (1): 87–130.

Borensztein, Eduardo, Marcos Chamon, Olivier Jeanne, Paolo Mauro, and Jeromin Zettelmeyer. 2005. "Sovereign Debt Structure for Crisis Prevention." IMF Occasional Paper 237, International Monetary Fund, Washington, DC.

Borensztein, Eduardo, Kevin Cowan, Barry Eichengreen, and Ugo Panizza. 2008. "Bond Markets in Latin America: On the Verge of a Big Bang?" *Journal of Economic Literature* 47 (4): 1146–49.

Bortolotti, Bernardo, Veljko Fotak, William Megginson, and William Miracky. 2009. "Sovereign Wealth Fund Investment Patterns and Performance." Working Paper, Fondazione Eni Enrico Mattei (FEEM), Milan.

Bottazzi, Laura, Marco Da Rin, and Thomas Hellmann. 2004. "The Changing Face of the European Venture Capital Industry: Facts and Analysis." *Journal of Private Equity* 7 (2): 26–53.

Bougheas, Spiros, Panicos Demetriades, and Theofanis Mamuneas. 2000. "Infrastructure, Specialization and Economic Growth." *Canadian Journal of Economics* 33(2): 506–22.

Bradley, Michael, and Michael Roberts. 2004. "The Structure and Pricing of Corporate Debt Covenants." Working Paper, Duke University, Durham, NC.

Breza, Emily, Martin Kanz, and Leora Klapper. 2015. "The Real Effects of Electronic Wage Payments." World Bank, Washington, DC.

Broner, Fernando, Gaston Gelos, and Carmen Reinhart. 2006. "When in Peril, Retrench: Testing the Portfolio Channel of Contagion." *Journal of International Economics* 69 (1): 203–30.

Broner, Fernando, Guido Lorenzoni, and Sergio Schmukler. 2013. "Why Do Emerging Economies Borrow Short Term?" *Journal of the European Economic Association* 11 (1): 67–100.

Brown, Gregory W., Larry W. Chavis, and Leora F. Klapper. 2010. "A New Lease on Life: Institutions, External Financing, and Business Growth." Paper presented at the 2008 Annual Meeting of the American Finance Association, New Orleans, LA.

Browne, Mark J., and Kihong Kim. 1993. "An International Analysis of Life Insurance Demand." *Journal of Risk and Insurance* 60 (4): 616–34.

Bruhn, Miriam, Luciana de Souza Leão, Arianna Legovini, Rogelio Marchetti, and Bilal Zia. 2013. "The Impact of High School Financial Education: Experimental Evidence from Brazil." Policy Research Working Paper 6723, World Bank, Washington, DC.

Bruhn, Miriam, Gabriel Lara-Ibarra, and David McKenzie. 2013. "Why Is Voluntary Financial Education So Unpopular? Experimental Evidence from Mexico." Policy Research Working Paper 6439, World Bank, Washington, DC.

Brune, Lasse, Xavier Giné, Jessica Goldberg, and Dean Yang. 2011. "Commitments to Save: A Field Experiment in Rural Malawi." Policy Research Working Paper 5748, World Bank, Washington, DC.

Brunnermeier, Markus. 2009. "Deciphering the Liquidity and Credit Crunch 2007–2008." *Journal of Economic Perspectives* 23 (1): 77–100.

Brunnermeier, Markus, and Martin Oehmke. 2013. "The Maturity Rat Race." *Journal of Finance* 68 (2): 483–521.

Bucks, Brian, and Karen M. Pence. 2006. "Do Homeowners Know Their House Values and Mortgage Terms?" Divisions of Research & Statistics and Monetary Affairs, Federal Reserve Board, Washington, DC.

Burger, J., and F. Warnock. 2006. "Local Currency Bond Markets" Staff Papers 53, International Monetary Fund, Washington, DC.

Cagetti, Marco, and Maria Cristina De Nardi. 2006. "Entrepreneurship, Frictions, and Wealth." *Journal of Political Economy* 114 (5): 835–70.

Calderón, Cesar, and Alberto Chong. 2004. "Volume and Quality of Infrastructure and the Distribution of Income: An Empirical Investigation." *Review of Income and Wealth* 50: 87–105.

Calderón, Cesar, Enrique Moral-Benito, and Luis Servén. 2015. "Is Infrastructure Capital Productive? A Panel Heterogeneous Approach." *Journal of Applied Econometrics* 30 (2): 177–98.

Calderón, Cesar, and Luis Servén. 2004. "The Effects of Infrastructure Development on Growth and Income Distribution." Policy Research Working Paper 3400, World Bank, Washington, DC.

———. 2010a. "Infrastructure and Economic Development in Sub-Saharan Africa." *Journal of African Economies* 19 (S1): 13–87.

———. 2010b. "Infrastructure in Latin America." In *The Oxford Handbook of Latin American Economies,* edited by J. Ocampo and J. Ros. Oxford: Oxford University Press.

———. 2014. "Infrastructure, Growth, and Inequality: An Overview." Policy Research Working Paper 7034, World Bank, Washington, DC.

Campbell, John Y. 2006. "Household Finance." *Journal of Finance* 61 (4): 1553–604.

Canning, David. 1999. "The Contribution of Infrastructure to Aggregate Output." Policy Research Working Paper 2246, World Bank, Washington, DC.

Caprio, Gerard, and Aslı Demirgüç-Kunt. 1998. "The Role of Long-Term Finance: Theory and Evidence." *World Bank Research Observer* 13 (2): 171–89.

Caprio, Gerard, and María Soledad Martínez Pería. 2002. "Avoiding Disaster: Policies to Reduce the Risk of Banking Crisis." In *Monetary Policy and Exchange Rate Regimes: Options for the Middle East,* edited by E. Cardoso and A. Galal, 193–230. Cairo: Egyptian Center for Economic Studies.

Carneiro, Pedro, and James J. Heckman. 2002. "The Evidence on Credit Constraints in Post-Secondary Schooling." *Economic Journal* 112: 705–34.

Carvalho, Daniel. 2014. "The Real Effects of Government-Owned Banks: Evidence from an Emerging Market." *Journal of Finance* 69 (2): 577–609.

Case, Karl E., John M. Quigley, and Robert J. Shiller. 2013. "Wealth Effects Revisited

1975–2012." *Critical Finance Review* 2 (1): 101–28.

Castañeda, Pablo, and Heinz Rudolph. 2010. "Portfolio Choice, Minimum Return Guarantees, and Competition in DC Pension Systems." In *Evaluating the Financial Performance of Pension Funds,* edited by R. Hinz, H. Rudolph, P. Antolín, and J. Yermo, 97–118. Washington, DC: World Bank.

Cerutti, Eugenio, Galina Hale, and Camelia Minoiu. 2014. "Financial Crises and the Composition of Cross-Border Lending." IMF Working Paper 14185, International Monetary Fund, Washington, DC.

Chan, Eric, Michael Chui, Frank Packer, and Eli Remolona. 2012. "Local Currency Bond Markets and the Asian Bond Fund 2 Initiative." BIS Papers 63, Bank of International Settlements, Basel.

Chan, Kalok, Vicentiu Covrig, and Lilian Ng. 2005. "What Determines the Domestic Bias and Foreign Bias? Evidence from Mutual Fund Equity Allocations Worldwide." *Journal of Finance* 60 (3): 1495–534.

Chan, Kam C., Hung-Gay Fung, and Quinfeng "Wilson" Liu. 2007. *China's Capital Markets: Challenges from WTO Membership*. Cheltenham: Edward Elgar Publishing.

Chernykh, Lucy, and Alexandra K. Theodossiou. 2011. "Determinants of Bank Long-Term Lending Behavior: Evidence from Russia." *Multinational Finance Journal* 15 (3–4): 193–216.

Chetty, Raj, and Adam Szeidl. 2010. "The Effect of Housing on Portfolio Choice." NBER Working Paper 15998, National Bureau of Economic Research, Cambridge, MA.

Chhaochharia, Vidhi, and Luc Laeven. 2008. "Sovereign Wealth Funds: Their Investment Strategies and Performance." CEPR Discussion Paper DP6959, Centre for Economic Policy Research, London.

Choe, Hyuk, Bong-Chan Kho, and Rene Stulz. 2005. "Do Domestic Investors Have an Edge? The Trading Experience of Foreign Investors in Korea." *Review of Financial Studies* 18 (3): 795–829.

Chudik, Alexander, and Marcel Fratzscher. 2012. "Liquidity, Risk and the Global Transmission of the 2007–08 Financial Crisis and the 2010–11 Sovereign Debt Crisis." Globalization and Monetary Policy Institute Working Paper 107, Federal Reserve Bank of Dallas.

Chui, Michael, Dietrich Domanski, Peter Kugler, and Kimmy Shek. 2010. "The Collapse of International Bank Finance during the Crisis: Evidence from Syndicated Loan Markets." *BIS Quarterly Review* (September): 39–49.

Chui, Michael, Ingo Fender, and Vladyslav Sushko. 2014. "Risks Related to EME Corporate Balance Sheets: The Role of Leverage and Currency Mismatch." *BIS Quarterly Review* (September): 35–47.

Čihák, Martin, Aslı Demirgüç-Kunt, Erik Feyen, and Ross Levine. 2013. "Financial Development in 205 Economies, 1960 to 2010." *Journal of Financial Perspectives* 1(2): 17–36. (Earlier version issued as Policy Research Working Paper 6175, World Bank, Washington, DC.)

Claessens, Stijn, Erik Feyen, and Luc Laeven. 2008. "Political Connections and Preferential Access to Finance: The Role of Campaign Contributions." *Journal of Financial Economics* 88: 554–80.

Claessens, Stijn, Daniela Klingebiel, and Sergio Schmukler. 2007. "Government Bonds in Domestic and Foreign Currency: The Role of Institutional and Macroeconomic Factors." *Review of International Economics* 15 (2): 370–413.

Claessens, Stijn, and Sergio Schmukler. 2007. "International Financial Integration through Equity Markets: Which Firms from Which Countries Go Global?" *Journal of International Money and Finance* 26 (5): 788–813.

Cole, Shawn A. 2009a. "Financial Development, Bank Ownership, and Growth: Or, Does Quantity Imply Quality?" *Review of Economics and Statistics* 91 (1): 33–51.

———. 2009b. "Fixing Market Failures or Fixing Elections? Elections, Banks, and Agricultural Lending in India." *American Economic Journal: Applied Economics* 1 (1): 219 –50.

Coleman, Nicholas S., and Leo Feler. 2015. "Bank Ownership, Lending, and Local Economic Performance during the 2008–2010 Financial Crisis." *Journal of Monetary Economics* 71: 50–66.

Constant, Fouopi, and Augustin Ngomsi. 2012. "Determinants of Bank Long-Term Lending Behavior in the Central African Economic and

Monetary Community." *Review of Economics and Finance* 2 (2): 107–14.

Corbo, Vittorio, and Klaus Schmidt-Hebbel. 2003. "Macroeconomic Effects of the Pension Reform in Chile." In *Pension Reforms: Results and Challenges*, 241–329. Santiago: International Federation of Pension Fund Administrators.

Cortina, Juan Jose, Tatiana Didier, and Sergio Schmukler. 2015. "How Long Do Corporates Borrow? Maturity of Bond and Syndicated Loan Issuances." Working Paper, World Bank, Washington, DC.

Cowan, Kevin, Alejandro Drexler, and Álvaro Yañez. 2012. "The Effect of Credit Guarantees on Credit Availability and Delinquency Rates." Available at SSRN: http://ssrn.com/abstract=2144343.

Cull, Robert, Gan Li, Nan Gao, and L. Colin Xu. 2014a. "Effect of Access to Informal Finance on Consumption: Evidence from a Representative Sample of Chinese Households." Unpublished paper, World Bank, Washington, DC.

———. 2014b. "Household Access to and Costs of Finance: Evidence from a Representative Chinese Household Survey." Unpublished paper, World Bank, Washington, DC.

Curto, Stefano. 2010. "Sovereign Wealth Funds in the Next Decade." *Economic Premise* 8. World Bank, Washington, DC.

Custódio, Claudia, Miguel A. Ferreira, and Luis Laureano. 2013. "Why Are U.S. Firms Using More Short-Term Debt?" *Journal of Financial Economics* 108 (1): 182–212.

Da, Zhi, Borja Larrain, Clemens Sialm, and Jose Tesada. 2014. "Price Pressure from Coordinated Noise Trading: Evidence from Pension Fund Reallocations." Available at SSRN: http://ssrn.com/abstract=2558773.

Dahlquist, Magnus, and Goran Robertsson. 2001. "Direct Foreign Ownership, Institutional Investors, and Firm Characteristics." *Journal of Financial Economics* 59 (3): 413–40.

Dang, Tri Vi, Gary. Gorton, Bengt Holmström, and Guillermo Ordoñez. 2014. "Banks as Secret Keepers." NBER Working Paper 20255, National Bureau of Economic Research, Cambridge, MA.

Davidoff, Thomas, Jeffrey R. Brown, and Peter A. Diamond. 2005. "Annuities and Individual Welfare." *American Economic Review* 95 (5): 1573–90.

Davis, E. Philip. 1998. *Pension Funds: Retirement Income Security and Capital Markets: An International Perspective*. Oxford: Oxford University Press.

Davis, E. Philip, and Benn Steil. 2001. *Institutional Investors*. Cambridge, MA: MIT Press.

Davis, Steven, John Haltiwanger, Ron S. Jarmin, Josh Lerner, and Javier Miranda. 2011. "Private Equity and Employment." NBER Working Paper 17399, National Bureau of Economic Research, Cambridge, MA.

De Haas, Ralph, Daniel Ferreira, and Anita Taci. 2010. "What Determines the Composition of Banks' Loan Portfolios? Evidence from Transition Countries." *Journal of Banking and Finance* 34: 388–98.

de la Torre, Augusto, Juan Carlos Gozzi, and Sergio L. Schmukler. 2007. "Innovative Experiences in Access to Finance: Market Friendly Roles for the Visible Hand?" Policy Research Working Paper 4326, World Bank, Washington, DC.

de la Torre, Augusto, Alain Ize, and Sergio L. Schmukler. 2012. "Financial Development in Latin America and the Caribbean: The Road Ahead." Policy Research Working Paper 2380, World Bank, Washington, DC.

de la Torre, Augusto, María S. Martínez Pería, and Sergio L. Schmukler. 2007. "Bank Involvement with SMEs: Beyond Relationship Lending." *Journal of Banking and Finance* 34 (9): 2280–93.

Della Croce, Raffaele, Fiona Stewart, and Juan Yermo. 2011. "Promoting Longer-Term Investment by Institutional Investors: Selected Issues and Policies." *OECD Journal: Financial Market Trend 2011* (1): 145–64.

Demirgüç-Kunt, Aslı, and Enrica Detragiache. 2002. "Does Deposit Insurance Increase Banking System Stability? An Empirical Investigation." *Journal of Monetary Economics* 49 (7): 1373–406.

Demirgüç-Kunt, Aslı, Enrica Detragiache, and Ouarda Merrouche. 2013. "Bank Capital: Lessons from the Financial Crisis." *Journal of Money, Credit and Banking* 45: 1147–64.

Demirgüç-Kunt, Aslı, and Leora Klapper. 2012. "Measuring Financial Inclusion: The Global

Findex Database." Policy Research Working Paper 6025, World Bank, Washington, DC.

Demirgüç-Kunt, Aslı, and Vojislav Maksimovic. 1996. "Stock Market Development and Financing Choices of Firms." *World Bank Economic Review* 10 (2): 341–69.

———. 1998. "Law, Finance, and Firm Growth." *Journal of Finance* 53 (6): 2107–37.

———. 1999. "Institutions, Financial Markets and Firm Debt Maturity." *Journal of Financial Economics* 54 (3): 295–336.

———. 2002. "Funding Growth in Bank-Based and Market-Based Financial Systems: Evidence from Firm-Level Data." *Journal of Financial Economics* 65: 337–63.

Demirgüç-Kunt, Aslı, María Soledad Martínez Pería, and Thierry Tressel. 2015a. "Determinants of Corporate Capital Structures." World Bank, Washington, DC.

———. 2015b. "The Impact of the Global Financial Crisis on Firms' Capital Structures: The Role of Financial Markets and Institutions." World Bank, Washington, DC.

Diamond, Douglas. 1984. "Financial Intermediation and Delegated Monitoring." *Review of Economic Studies* 51 (3): 393–414.

———. 1991. "Debt Maturity Structure and Liquidity Risk." *Quarterly Journal of Economics* 106 (3): 709–37.

———. 1993. "Seniority and Maturity of Debt Contracts." *Journal of Financial Economics* 33: 341–68.

———. 2004. "Committing to Commit: Short-Term Debt When Enforcement Is Costly." *Journal of Finance* 59 (4): 1447–79.

Diamond, Douglas, and Philip Dybvig. 1983. "Bank Runs, Deposit Insurance, and Liquidity." *Journal of Political Economy* 91 (3): 401–19.

Diamond, Douglas, and Raghuram Rajan. 2001. "Liquidity Risk, Liquidity Creation and Financial Fragility: A Theory of Banking." *Journal of Political Economy* 109: 287–327.

Didier, Tatiana, Constantino Hevia, and Sergio L. Schmukler. 2012. "How Resilient and Countercyclical Were Emerging Economies during the Global Financial Crisis?" *Journal of International Money and Finance* 31 (1): 2052–77.

Didier, Tatiana, Ross Levine, and Sergio L. Schmukler. 2014. "Capital Market Financing, Firm Growth, and Firm Size Distribution." NBER Working Paper 20336, National Bureau of Economic Research, Cambridge, MA.

Didier, Tatiana, Roberto Rigobon, and Sergio L. Schmukler. 2013. "Unexploited Gains from International Diversification: Patterns of Portfolio Holdings around the World." *The Review of Economics and Statistics* 95(5): 1562–83.

Didier, Tatiana, and Sergio Schmukler. 2013. "The Financing and Growth of Firms in China and India: Evidence from Capital Markets." *Journal of International Money and Finance* 39 (1): 111–37.

———. 2014. "Debt Markets in Emerging Economies: Major Trends." *Comparative Economic Studies* 56 (1): 200–28.

Dinc, Serdar. 2005. "Politicians and Banks: Political Influences on Government-Owned Banks in Emerging Markets." *Journal of Financial Economics,* 77 (2): 453–79.

Divakaran, Shanthi, Patrick McGinnis, and Masood Shariff. 2014. "Private Equity and Venture Capital in SMEs in Developing Countries: The Role for Technical Assistance." Policy Research Working Paper 6827, World Bank, Washington, DC.

Djankov, Simeon, Caralee McLiesh, and Andrei Shleifer. 2007. "Private Credit in 129 Countries." *Journal of Financial Economics* 84 (2): 299–329.

Duchin, Ran, Oguzhan Ozbas, and Berk A. Sensoy. 2010. "Costly External Financing, Corporate Investment, and the Subprime Mortgage Credit Crisis." *Journal of Financial Economics* 97: 418–35.

Dupas, Pascaline, Sarah Green, Anthony Keats, and Jonathan Robinson. 2014. "Challenges in Banking the Rural Poor: Evidence from Kenya's Western Province." In *African Successes: Modernization and Development,* edited by Sebastian Edwards, Simon Johnson, and David N. Weil, chap. 2. Chicago: University of Chicago Press.

Dupas, Pascaline, and Jonathan Robinson. 2009. "Savings Constraints and Microenterprise Development: Evidence from a Field Experiment in Kenya." NBER Working Paper w14693, National Bureau of Economic Research, Cambridge, MA.

Dyck, I. J. Alexander, and Adair Morse. 2011. "Sovereign Wealth Fund Portfolios." Research Paper 11-15, Chicago Booth School of Business, Chicago.

Economist, The. 2013. "Pension Funds Can and Should Invest More in Infrastructure." October 26, http://www.economist.com/news/finance-and-economics/21588423-pension-funds-can-and-should-invest-more-infrastructure-if-you-build-it-they.

———. 2014a. "Cheap Credit Is Tempting Emerging Markets towards Risky Borrowing." April 5. http://www.economist.com/news/finance-and-economics/21600150-cheap-credit-tempting-emerging-markets-towards-risky-borrowing-financial.

———. 2014b. "Emerging-Market Corporate Debt: Invisible Bonds." November 8. http://www.economist.com/news/finance-and-economics/21631143-foreign-borrowing-emerging-market-firms-higher-it-seems-invisible-bonds.

———. 2014c. "How to Get More of the World's Savings to Pay for New Roads, Airports, and Electricity." March 22. http://www.economist.com/news/leaders/21599358-how-get-more-worlds-savings-pay-new-roads-airports-and-electricity.

———. 2014d. "Saving for Retirement: Prudence Penalised." October 4. http://www.economist.com/news/finance-and-economics/21621883-european-savers-have-suffered-terrible-returns-pension-fundsprudence.

Edison, Hali J., and Francis E. Warnock. 2004. "U.S. Investors' Emerging Market Equity Portfolios: A Security-Level Analysis." *Review of Economics and Statistics* 86 (3): 691–704.

Edmonds, Eric V. 2006. "Child Labor and Schooling Responses to Anticipated Income in South Africa." *Journal of Development Economics* 81 (2): 386–414.

Ehlers, Torsten. 2014. "Understanding the Challenges for Infrastructure Finance." BIS Working Paper 454, Bank for International Settlements, Basel.

Ehlers, Torsten, Frank Packer, and Eli Remolona. 2014. "Infrastructure and Corporate Bond Markets in Asia." In *Financial Flows and Infrastructure Financing*, edited by Alexandra Heath and Matthew Read, 67–91. Sydney: Reserve Bank of Australia.

Eichengreen, Barry. 2009. "The Dollar Dilemma: The World's Top Currency Faces Competition." *Foreign Affairs* 88 (5): 53–68.

Eichengreen, Barry, and Ricardo Hausmann. 1999. "Exchange Rates and Financial Fragility." In *Federal Reserve Bank of Kansas City Proceedings*: 329–68.

Eichengreen, Barry, and Pipat Luengnaruemitchai. 2006. "Why Doesn't Asia Have Bigger Bond Markets?" In *Asian Bond Markets: Issues and Prospects*, 40–77. Basel: Bank of International Settlements.

EMPEA (Emerging Markets Private Equity Association). 2014. "Inside Perspectives: An Interview with Yichen Zhang of CITIC Capital." Washington, DC.

Engel, Eduardo, Ronald Fischer, and Alexander Galetovic. 2014 "Finance and Public-Private Partnerships: A Roadmap." World Bank, Washington, DC.

Evans, David S. 1987. "The Relationship between Firm Growth, Size, and Age: Estimates for 100 Manufacturing Industries." *Journal of Industrial Economics* 35 (4): 567–81.

Evans, David S., and Boyan Jovanovic. 1989. "An Estimated Model of Entrepreneurial Choice under Liquidity Constraints." *Journal of Political Economy* 97 (4) 808–27.

Fama, Eugene F., and Kenneth R. French. 2002. "Testing Trade-Off and Pecking Order Predictions about Dividends and Debt." *Review of Financial Studies* 15 (1): 1–33.

Fan, Joseph P. H., Sheridan Titman, and Garry Twite. 2012. "An International Comparison of Capital Structure and Debt Maturity Choices." *Journal of Financial and Quantitative Analysis* 47: 23–56.

Ferreira, Miguel, and Pedro Matos. 2008. "The Colors of Investors' Money: The Role of Institutional Investors around the World." *Journal of Financial Economics* 88 (3): 499–533.

Feyen, Erik, and Ines Gonzalez del Mazo. 2013. "European Bank Deleveraging and Global Credit Conditions." Policy Research Working Paper 6388, World Bank, Washington, DC.

Feyen, Erik, Rodney Lester, and Roberto Rocha. 2011. "What Drives the Development of the

Insurance Sector?" Policy Research Working Paper 5572, World Bank, Washington, DC.

Financial Stability Board. 2013. "Financial Regulatory Factors Affecting the Availability of Long-Term Investment Finance." Report to G-20 Finance Ministers and Central Bank Governors, Basel.

Financial Stability Forum. 2009a. "Report of the Financial Stability Forum on Addressing Procyclicality in the Financial System." Basel.

———. 2009b. "Report of the Financial Stability Forum on Enhancing Market and Institutional Resilience–Update on Implementation." Basel.

Financial Times. 2015. "Big Investors Need to Take More Risk." February 25. http://www.ft.com/cms/s/0/f8b2c494-b6ae-11e4-a5f2-00144feab7de.html#axzz3fEe0cc00.

Flug, Karnit, Antonio Spilimbergo, and Erik Wachtenheim. 1998. "Investment in Education: Do Economic Volatility and Credit Constraints Matter?" *Journal of Development Economics* 55 (2): 465–81.

Fougere, Denis, and Mathilde Poulhes. 2012. "The Effect of Housing on Portfolio Choice: A Reappraisal Using French Data." CEPR Discussion Paper 9213, Centre for Economic Policy Research, London.

Fox, James W. 1996. *The Venture Capital Mirage: Assessing USAID Experience with Equity Investment*. Arlington, VA: Center for Development Information and Evaluation (CDIE).

Frank, Murray Z., and Vidhan K. Goyal. 2003. "Testing the Pecking Order Theory of Capital Structure." *Journal of Financial Economics* 67 (2): 217–48.

———. 2008. "Trade-Off and Pecking Order Theories of Debt." In *Handbook of Corporate Finance: Empirical Corporate Finance*. Vol. 2, edited by E. Eckbo, 135–202. Amsterdam: Elsevier.

Friedman, Benjamin. 1986. "Implications of Government Deficits for Interest Rates, Equity Returns, and Corporate Financing." In *Financing Corporate Capital Formation,* edited by B. Friedman, 67–90. Chicago: University of Chicago Press.

G-20 (Group of 20). 2013. "Long-Term Investment Financing for Growth and Development: Umbrella Paper." https://g20.org/wp-content/uploads/2014/12/Long_Term_Financing_for_Growth_and_Development_February_2013_FINAL.pdf.

Garcia-Kilroy, Catiana, and Anderson Caputo Silva. 2011. "Reforming Government Debt Markets in MENA." Policy Research Working Paper 5611, World Bank, Washington, DC.

Gelb, Alan, Silvana Tordo, Havard Halland, Noora Arfaa, and Gregory Smith. 2014. "Sovereign Wealth Funds and Long-Term Development Finance: Risk and Opportunities." Policy Research Working Paper 6776, World Bank, Washington, DC.

Gelos, Gaston. 2011. "International Mutual Funds, Capital Flow Volatility, and Contagion: A Survey." IMF Working Papers 11/92, International Monetary Fund, Washington, DC.

Gentry, William M., and R. Glenn Hubbard. 2004. "The Effects of Progressive Income Taxation on Job Turnover." *Journal of Public Economics* 88 (11): 2301–22.

Giannetti, Mariassunta. 2003. "Do Better Institutions Mitigate Agency Problems? Evidence from Corporate Finance Choices." *Journal of Financial and Quantitative Analysis* 38: 185–212.

Gillan, Stuart, and Laura Starks. 2000. "Corporate Governance Proposals and Shareholder Activism: The Role of Institutional Investors." *Journal of Financial Economics* 57 (2): 275–305.

Giovannini, Alberto, Colin Mayer, Stefano Micossi, Carmine di Noia, Marco Onando, Marco Pagano, and Andrea Polo. 2015. "Restarting European Long-Term Investment Finance: A Green Paper Discussion Document." Centre for Economic Policy Research, London.

Glick, Reuven, and Kevin J. Lansing. 2010. "Global Household Leverage, House Prices, and Consumption." Economic Letter 01, Federal Reserve Bank of San Francisco.

Gobat, Jeanne, Mamoru Yanase, and Joseph Maloney. 2014. "The Net Stable Funding Ratio: Impact and Issues for Consideration." IMF Working paper 14/106, International Monetary Fund, Washington, DC.

Godlewski, Christophe, and Laurent Weill. 2008. "Syndicated Loans in Emerging Markets." *Emerging Markets Review* 9 (3): 206–19.

Goldstein, Morris, and Philip Turner. 2004. "Controlling Currency Mismatches in Emerging

Markets." Institute of International Economics, Washington, DC.

Gollin, Douglas. 2008. "Nobody's Business but My Own: Self-Employment and Small Enterprise in Economic Development." *Journal of Monetary Economics* 55 (1): 219–33.

Gopalan, Radhakrishnan, Abhiroop Mukherjee, and Manpreet Singh. 2014. "Do Debt Contract Enforcement Costs Affect Financing and Asset Structure?" Available at SSRN: http://ssrn.com/abstract=2186835.

Gopalan, Radhakrishnan, Vikram Nanda, and Amit Seru. 2007. "Affiliated Firms and Financial Support: Evidence from Indian Business Groups." *Journal of Financial Economics* 86: 759–95.

Gorton, Gary, and Andrew Metrick. 2012. "Securitized Banking and the Run on Repo." *Journal of Financial Economics* 104 (3): 425–51.

Gourinchas, Pierre Olivier, and Jonathan A. Parker. 2002. "Consumption over the Life Cycle." *Econometrica* 70 (1): 47–89.

Government of India. 1991. Report of the Committee on the Financial Sector. Chairman M. Narsimhan, Ministry of Finance, Delhi.

Gozzi, Juan Carlos, Ross Levine, María Soledad Martínez Pería, and Sergio Schmukler. Forthcoming. "How Firms Use Domestic and International Corporate Bond Markets." *Journal of Banking and Finance*. (An earlier version is available as NBER Working Paper 17763, National Bureau of Economic Research, Cambridge, MA.)

Gozzi, Juan Carlos, Ross Levine, and Sergio Schmukler. 2010. "Patterns of International Capital Raisings." *Journal of International Economics* 8 (1): 45–57.

Graham, John R., and Campbell R. Harvey. 2001. "The Theory and Practice of Corporate Finance: Evidence from the Field." *Journal of Financial Economics* 60: 187–243.

Graham, John, Mark T. Leary, and Michael R. Roberts. Forthcoming. "A Century of Capital Structure: The Leveraging of Corporate America." *Journal of Financial Economics.*

Guedes, Jose, and Tim Opler. 1995. "The Determinants of the Maturity of Corporate Debt Issues." *Journal of Finance* 51: 1809–33.

Guler, Isin, and Mauro F. Guillén. 2010. "Institutions and the Internationalization of U.S. Venture Capital Firms." *Journal of International Business Studies* 41 (2): 185–205.

Guo, Shourun, Edith S. Hotchkiss, and Weihong Song. 2011. "Do Buyouts (Still) Create Value?" *Journal of Finance* 66 (2): 479–517.

Guscina, Anastasia, and Olivier Jeanne. 2006. "Government Debt in Emerging Markets: A New Dataset." IMF Working Papers 06/98, International Monetary Fund, Washington, DC.

Gyntelberg, Jacob. 2007. "Developing Asia Pacific Non-Government Fixed Income Markets." *SBP Research Bulletin* 3 (1): 7–26.

Hart, Oliver, and John Moore. 1995. "Debt and Seniority: An Analysis of Hard Claims in Constraining Management." *American Economic Review* 85: 567–87.

Hastings, Justine S., and Lydia Tejeda-Ashton. 2008. "Financial Literacy, Information, and Demand Elasticity: Survey and Experimental Evidence from Mexico." NBER Working Paper w14538, National Bureau of Economic Research, Cambridge, MA.

Hau, Harald, and Helene Rey. 2008. "Global Portfolio Rebalancing under the Microscope." NBER Working Paper 14165, National Bureau of Economic Research, Cambridge, MA.

Hayek, Friedrich. 1945. "The Use of Knowledge in Society." *American Economic Review* 35 (4): 519–30.

Hellmann, Thomas, Laura Lindsey, and Manju Puri. 2008. "Building Relationships Early: Banks in Venture Capital." *Review of Financial Studies* 21 (2): 513–41.

Henderson, Brian, Narasimhan Jegadeesh, and Michael Weisbach. 2006. "World Markets for Raising New Capital." *Journal of Financial Economics* 82 (1): 63–101.

Hinz, Richard, Heinz P. Rudolph, Pablo Antolín, and Juan Yermo, eds. 2010. *Evaluating the Financial Performance of Pension Funds*. Washington, DC: World Bank.

Holtz-Eakin, Douglas, David Joulfaian, and Harvey Rosen. 1994. "Entrepreneurial Decisions and Liquidity Constraints." *RAND Journal of Economics* 25 (2): 334–47

Honohan, Patrick. 2008. "Cross-Country Variation in Household Access to Financial Services." *Journal of Banking and Finance* 32 (11): 2493–500.

Huang, Rocco. 2010. "How Committed Are Bank Lines of Credit? Evidence from the Subprime Mortgage Crisis." Working Paper 10-25, Federal Reserve Bank of Philadelphia.

Huang, Rocco, and Lev Ratnovski. 2010. "The Dark Side of Bank Wholesale Funding." IMF Working Paper 10/170, International Monetary Fund, Washington, DC.

IDB (Inter-American Development Bank). 2014. *Global Recovery and Monetary Normalization: Escaping a Chronicle Foretold?* Washington, DC: IDB.

IFC (International Finance Corporation). 2009. *Leasing in Development: Guidelines for Emerging Economies,* 2nd ed. Washington, DC: IFC.

IIFM (International Islamic Financial Market). 2014. *Sukuk Report: A Comprehensive Study of the Global Sukuk Market,* 4th ed. Bahrain: IIFM.

Ijiri, Yuji, and Herbert A. Simon. 1964. "Business Firm Growth and Size." *American Economic Review* 54 (2): 77–89.

IMF (International Monetary Fund). 2005. "Global Financial Stability Report." IMF, Washington, DC.

———. 2013a. "Global Financial Stability Report: Transition Challenges to Stability." IMF, Washington, DC.

———. 2013b. "Local Currency Bond Markets: A Diagnostic Framework." IMF, Washington, DC.

IMF and World Bank. 2001. "Developing Government Bond Markets: A Handbook." Washington, DC: World Bank.

Impavido, Gregorio, Esperanza Lasagabaster, and Manuel Garcia-Huitron. 2010. *Competition and Asset Allocation Challenges for Mandatory DC Pensions: New Policy Directions.* Washington, DC: World Bank.

Impavido, Gregorio, Alberto Musalem, and Thierry Tressel. 2003. "The Impact of Contractual Savings Institutions on Securities Markets." Policy Research Working Paper 2948, World Bank, Washington, DC.

Inkmann, Joachim, Paula Lopes, and Alexander Michaelides. 2011. "How Deep Is the Annuity Market Participation Puzzle?" *Review of Financial Studies* 24 (1): 279–319.

Ivashina, Victoria, and David Scharfstein. 2010. "Bank Lending during the Financial Crisis of 2008." *Journal of Financial Economics* 97 (1): 319–38.

Jacoby, Hanan G. 1994. "Borrowing Constraints and Progress through School: Evidence from Peru." *Review of Economics and Statistics* 76 (1): 151–60.

Jacoby, Hanan G., and Emmanuel Skoufias. 1997. "Risk, Financial Markets, and Human Capital in a Developing Country." *Review of Economic Studies* 64 (3): 311–35.

Jaramillo, Fidel, and Fabio Schiantarelli. 2002. "Access to Long-Term Debt and Effects on Firms' Performance: Lessons from Ecuador." Research Network Working Paper R-460, Inter-American Development Bank, Washington, DC.

Jeanne, Olivier. 2009. "Debt Maturity and the International Financial Architecture." *American Economic Review* 99 (5): 2135–48.

Jeanne, Olivier, and Anastasia Guscina. 2006. "Government Debt in Emerging Market Countries: A New Data Set." IMF Working Paper 06/98, International Monetary Fund, Washington, DC.

Jeng, Leslie A., and Philippe C. Wells. 2000. "The Determinants of Venture Capital Funding: Evidence across Countries." *Journal of Corporate Finance* 6 (3): 241–89.

Jensen, Michael. 1986. "Agency Costs of Free Cash Flow: Corporate Finance and Takeovers." *American Economic Review* 76 (2): 323–29.

———. 1989. "The Eclipse of the Public Corporation." *Harvard Business Review* 67 (September-October): 61–74.

Jiraporn, Pornsit, and Shengui Tong. 2010. "Debt Maturity Structure, Agency Costs, and Firm Value: Evidence from 1973–2004." Pennsylvania State University, College Station, PA.

John, Kose, Larry H. P. Lang, and Jeffry Netter. 1992. "The Voluntary Restructuring of Large Firms in Response to Performance Decline." *Journal of Finance* 47 (3): 891–917.

Jotikasthira, Chotibhak, Christian Lundblad, and Tarun Ramadorai. 2012. "Asset Fire Sales and Purchases and the International Transmission of Financial Shocks." *Journal of Finance* 67 (6): 2015–50.

Kaminsky, Graciela, Richard K. Lyons, and Sergio Schmukler. 2004. "Managers, Investors, and Crises: Investment Strategies of Mutual Funds."

Journal of International Economics 64 (1): 113–34.

Kang, Jung-Koo, and Rene M. Stulz. 1997. "Why Is There a Home Bias? An Analysis of Foreign Portfolio Equity Ownership in Japan." *Journal of Financial Economics* 46 (1): 3–28.

Karlan, Dean, Margaret McConnell, Sendhil Mullainathan, and Jonathan Zinman. 2010. "Getting to the Top of Mind: How Reminders Increase Saving." NBER Working Paper w16205, National Bureau of Economic Research, Cambridge, MA.

Karlan, Dean, and Jonathan Morduch. 2010. "Access to Finance." In vol. 5 of *Handbook of Development Economics*, edited by Dani Rodrik and Mark Rosenzweig, 3703–84. Amsterdam: North-Holland.

Khwaja, Asim, and Atif Mian. 2005. "Do Lenders Favor Politically Connected Firms? Rent Provision in an Emerging Financial Market." *Quarterly Journal of Economics* 120 (4): 1371–411.

Kirch, Guilherme, and Paulo Renato Soares Terra. 2012. "Determinants of Corporate Debt Maturity in South America: Do Institutional Quality and Financial Development Matter?" *Journal of Corporate Finance* 18: 980–93.

Knack, Stephen, and L. Colin Xu. 2015. "Unbundling Institutions for External Finance of Firms. Worldwide Firm-level Evidence." Policy Research Paper 7287, World Bank, Washington, DC.

Knill, April M. 2013. "Does Foreign Portfolio Investment Reach Small Listed Firms?" *European Financial Management* 19 (2): 251–303.

Koijen, Ralph, Stijn Van Nieuwerburgh, and Motohiro Yogo. 2011. "Health and Mortality Delta: Assessing the Welfare Cost of Household Insurance Choice." NBER Working Paper w17325, National Bureau of Economic Research, Cambridge, MA.

Kortum, Samuel, and Joseph Lerner. 2000. "Assessing the Contribution of Venture Capital to Innovation." *RAND Journal of Economics* 31 (4): 674–92.

Kpodar, Kangni, and Kodzo Gbenyo. 2010. "Short- Versus Long-Term Credit and Economic Performance: Evidence from the WAEMU." IMF Working Paper 10/115, International Monetary Fund, Washington, DC.

La Porta, Rafael, Florencio López-de-Silanes, and Andrei Shleifer. 2002. "Government Ownership of Banks." *Journal of Finance* 57 (1): 265–301.

Laeven, Luc. 2014. "The Development of Local Capital Markets: Rationale and Challenges." IMF Working Paper 14234, International Monetary Fund, Washington, DC.

Laeven, Luc, and Mariassunta Giannetti. 2012. "The Flight Home Effect: Evidence from the Syndicated Loan Market during Financial Crises." *Journal of Financial Economics* 104 (1): 23–43.

Laeven, Luc, and Thierry Tressel. 2014. "Fragmentation of the Financial System." In *From Fragmentation to Financial Integration in Europe*, edited by C. Enoch, L. Everaert, T. Tressel, and J. Zhou, 139–66. Washington, DC: International Monetary Fund.

Laeven, Luc, and Fabián Valencia. 2013. "Systemic Banking Crises Database." IMF Economic Review 61, 225–70.

Lara-Ibarra, Gabriel. 2011. "The Effects of Framing on Retirement Management Decisions: Evidence form a Field Study in Mexico." World Bank, Washington, DC.

Larrain, Borja, Daniel Muñoz, and Jose Tessada. 2014. "Asset Fire Sales in Equity Markets: Evidence from a Quasi-Natural Experiment." Pontificia Universidad Católica de Chile, Santiago, Chile.

Larraín, Christian, and Jorge Quiroz. 2006. "Evaluación de la Adicionalidad del Fondo de Garantías de Pequeñas Empresas." BancoEstado, Santiago, Chile.

Lazzarini, Sergio, Aldo Musacchio, Rodrigo Bandeira-de-Mello, and Rosilene Marcon. 2015. "What Do State-Owned Development Banks Do? Evidence from BNDES, 2002–09." *World Development* 66: 237–53.

Leeds, Roger, and Julie Sunderland. 2003. "Private Equity Investing in Emerging Markets." *Journal of Applied Corporate Finance* 15 (4): 111–19.

Lerner, Josh, and Antoinette Schoar. 2005. "Does Legal Enforcement Affect Financial Transactions? The Contractual Channel in Private Equity." *Quarterly Journal of Economics* 120 (1): 223–46.

Levine, Ross. 2005. "Finance and Growth: Theory and Evidence." In *Handbook of Economic*

Growth, edited by P. Aghion and S. Durlauf, 865–934. Amsterdam: North-Holland Elsevier.

Levinger, Hannah, and Chen Li. 2014. "What's Behind Recent Trends in Asian Corporate Bond Markets?" *Current Issues: Emerging Markets.* Deutsche Bank Research, Frankfurt.

Lewis, Frank D. 1989. "Dependents and the Demand for Life Insurance." *American Economic Review* 79 (3): 452–67.

Li, Donghui, Fariborz Moshirian, Pascal Nguyen, and Timothy Wee. 2007. "The Demand for Life Insurance in OECD countries." *Journal of Risk and Insurance* 74 (3): 637–52.

Li, Kai, Heng Yue, and Longkai Zhao. 2009. "Ownership, Institutions, and Capital Structure." *Journal of Comparative Economics* 37: 471–90.

Liu, Chong, and L. Colin Xu. 2014. "The Causes and Consequences of Long-Term Finance in China." Unpublished paper, World Bank, Washington, DC.

Long, Cheryl, L. Colin Xu, and Jin Yang. 2014. "Formal and Informal Financing of Chinese Private Firms over the Decades: The Role of Political Connections, Property Rights, and Firm Size." Unpublished paper, World Bank, Washington, DC.

López, Humberto. 2004. "Macroeconomics and Inequality." Paper presented to the World Bank Research Workshop "Macroeconomic Challenges in Low-Income Countries," October.

Lopez Murphy, Pablo, and Alberto R. Musalem. 2004. "Pension Funds and National Saving." Policy Research Working Paper 3410, World Bank, Washington, DC.

Love, Inessa, María Soledad Martínez Pería, and Sandeep Singh. Forthcoming. "Collateral Registries for Movable Assets: Does Their Introduction Spur Firms' Access to Bank Finance?" *Journal of Financial Services Research.*

Lusardi, Annamaria. 2008. "Household Saving Behavior: The Role of Financial Literacy, Information, and Financial Education Programs." NBER Working Paper 13824, National Bureau of Economic Research, Cambridge, MA.

Lusardi, Annamaria, and Olivia Mitchell. 2006. "Financial Literacy and Planning: Implications for Retirement Wellbeing." Working Paper 2006-01, Pension Research Council, Wharton School of the University of Pennsylvania, Philadelphia.

Lustig, Hanno, and Stijn Van Nieuwerburgh. 2004. "A Theory of Housing Collateral, Consumption Insurance and Risk Premia." NBER Working Paper 10955, National Bureau of Economic Research, Cambridge, MA.

Madrian, Brigitte C., and Dennis F. Shea. 2001. "The Power of Suggestion: Inertia in 401(k) Participation and Savings Behavior." *Quarterly Journal of Economics* 116 (4): 1149–87.

Magri, Silvia. 2010. "Debt Maturity Choice of Nonpublic Italian Firms." *Journal of Money, Credit and Banking* 42: 443–63.

Manconi, Alberto, Massimo Massa, and Ayako Yasuda. 2012. "The Role of Institutional Investors in Propagating the Crisis of 2007–2008." *Journal of Financial Economics* 104 (3): 491–518.

Mansfield, Edwin. 1962. "Entry, Gibrat's Law, Innovation, and the Growth of Firms." *American Economic Review* 52 (5): 1023–51.

Martínez Pería, María S., and Sandeep Singh. 2014. "The Impact of Credit Information Sharing Reforms on Firm Financing." Policy Research Working Paper 7013, World Bank, Washington, DC.

Maula, Markku. 2010. "Cross-Border Venture Capital and Private Equity." In *Venture Capital: Investment Strategies, Structures, and Policies,* edited by D. J. Cumming, 473–99. Hoboken, NJ: John Wiley and Sons.

Merton, Robert C. 1971. "Optimum Consumption and Portfolio Rules in a Continuous-Time Model." *Journal of Economic Theory* 3 (4): 373–413.

———. 1973. "An Intertemporal Capital Asset Pricing Model." *Econometrica* 867–87.

Mian, Atif R., and Amir Sufi. 2009. "House Prices, Home Equity-based Borrowing, and the U.S. Household Leverage Crisis." NBER Working Paper w15283, National Bureau of Economic Research, Cambridge, MA.

Micco, Alejandro, Ugo Panizza, and Monica Yañez. 2007. "Bank Ownership and Performance: Does Politics Matter?" *Journal of Banking and Finance* 31: 219–41.

Miyajima, Ken, and Ilhyock Shim. 2014. "Asset Managers in Emerging Market Economies." *BIS Quarterly Review* (September): 19–34.

Myers, Stewart C. 1977. "Determinants of Corporate Borrowing." *Journal of Financial Economics* 5: 147–75.

Myers, Stewart C., and Nicholas S. Majluf. 1984. "Corporate Financing and Investment Decisions When Firms Have Information That Investors Do Not Have." *Journal of Financial Economics* 13 (2): 187–221.

Neftci, Salih N., and Michelle Yuan, Menager-Xu, eds. 2007. *China's Financial Markets: An Insider's Guide to How the Markets Work*. London: Elsevier Academic Press.

OECD (Organisation for Economic Co-operation and Development). 2008. "Emerging Public and Sovereign Fund Investors in Africa's Infrastructure: Challenges and Perspectives." Paris: OECD, Paris.

———. 2013a. "Annual Survey of Large Pension Funds and Public Pension Reserve Funds." Report on Pension Funds' Long-term Investments. OECD, Paris.

———. 2013b. "Design and Delivery of Defined Contribution (DC) Pension Schemes: Policy Challenges and Recommendations." Report Presented at Cass Business School, London. OECD, Paris.

———. 2013c. "The Role of Banks, Equity Markets and Institutional Investors in Long-Term Financing for Growth and Development." Report for G-20 Leaders. OECD, Paris.

———. 2014a. "Are Institutional Investors the Answer for Long-Term Development Financing?" In *Development Co-operation Report 2014: Mobilising Resources for Sustainable Development,* 79–89. Paris: OECD.

———. 2014b. *Pension Markets in Focus*. Paris: OECD.

Opazo, Luis, Claudio Raddatz, and Sergio Schmukler. 2015. "Institutional Investors and Long-Term Investment: Evidence from Chile." *Word Bank Economic Review* 29 (2).

Paligorova, Teodora, and João Santos. 2014. "Rollover Risk and the Maturity Transformation Function of Banks." Working Paper 2014-8, Bank of Canada, Ottawa.

Park, Haelim, Claudia Ruiz-Ortega, and Thierry Tressel. 2015. "Determinants of Long- vs Short-Term Bank Credit in EU Countries." World Bank, Washington, DC.

Park, Joonkyu. 2012. "Brazil's Capital Market: Current Status and Issues for Further Development." IMF Working Paper 12/224, International Monetary Fund, Washington, DC.

Patnaik, Ila, and Ajay Shah. 2011. "India's Financial Globalization." NIPFP Working Paper 2011–79, National Institute of Public Finance and Policy, New Delhi.

Pedraza, Alvaro. Forthcoming. "Strategic Interactions and Portfolio Choice in Money Management: Theory and Evidence." *Journal of Money Credit and Banking.*

Poschke, Markus. 2011. "The Firm Size Distribution across Countries and Skill-Biased Change in Entrepreneurial Technology." IZA Discussion Paper 7991, Institute for the Study of Labor, Bonn.

Qian, Jun, and Philip E. Strahan. 2007. "How Laws and Institutions Shape Financial Contracts: The Case of Bank Loans." *Journal of Finance* 62 (6): 2803–34.

Raddatz, Claudio. 2010. "When the Rivers Run Dry: Liquidity and the Use of Wholesale Funds in the Transmission of the U.S. Subprime Crisis." Policy Research Working Paper 5203, World Bank, Washington, DC.

Raddatz, Claudio, and Sergio Schmukler. 2012. "On the International Transmission of Shocks: Micro-Evidence from Mutual Fund Portfolios." *Journal of International Economics* 88 (2): 357–74.

———. 2013. "Deconstructing Herding: Evidence from Pension Fund Investment Behavior." *Journal of Financial Services Research* 43 (1): 99–126.

Raddatz, Claudio, Sergio Schmukler, and Tomas Williams. 2014. "International Asset Allocation: The Benchmark Effect." Policy Research Working Paper 6866, World Bank, Washington, DC.

Rajan, Raghuram. 1992. "Insiders and Outsiders: The Choice between Informed and Arm's-Length Debt." *Journal of Finance* 47 (4): 1367–400.

———. 2010. *Fault Lines: How Hidden Fractures Still Threaten the Global Economy.* Princeton, NJ: Princeton University Press.

Randle, Tony, and Heinz Rudolph. 2014. "Pension Risk and Risk-Based Supervision in Defined Contribution Pension Funds." Policy Research Working Paper 6813, World Bank, Washington, DC.

Ranjan, Priya. 1999. "An Economic Analysis of Child Labor." *Economics Letters* 64 (1): 99–105.

———. 2001. "Credit Constraints and the Phenomenon of Child Labor." *Journal of Development Economics* 64 (1): 81–102.

Rey, Patrick, and Joseph Stiglitz. 1993. "Short-Term Contracts as a Monitoring Device." NBER Working Papers 4514, National Bureau of Economic Research, Cambridge, MA.

Roberts, Michael, and Amir Sufi. 2009. "Renegotiation of Financial Contracts: Evidence from Private Credit Agreements." *Journal of Financial Economics* 93: 159–84.

Rocha, Roberto De Rezende, and Heinz Rudolph. 2010. "A Summary and Update of Developing Annuities Markets: The Experience of Chile." Policy Research Working Paper 5325, World Bank, Washington, DC.

Rodrik, Dani, and Andres Velasco. 2000. "Short-Term Capital Flows." In *Annual World Bank Conference on Development Economics 1999*, edited by B. Pleskovic, and J. Stiglitz, 59–90. Washington, DC: World Bank.

Rohde, Lars, and Chresten Dengsoe. 2010. "Higher Pensions and Less Risk: Innovation at Denmark's ATP Pension Plan." *Rotman International Journal of Pension Management* 3 (2): 22–29.

Rudolph, Heinz. 2009. "State Financial Institutions: Mandates, Governance and Beyond." Policy Research Working Paper 5141, World Bank, Washington, DC.

———. 2014. "The Role of Savings in the Provision of Retirement Income." In *The Inverting Pyramid: Pensions Systems Facing Demographic Challenges in Europe and Central Asia,* edited by A. Schwarz and O. Arias, 115–56. Washington, DC: World Bank.

Rutherford, Stuart. 2000. *The Poor and Their Money*. New Delhi: Oxford University Press.

Santos, Joao, and Andrew Winton. 2008. "Bank Loans, Bonds, and Information Monopolies across the Business Cycle." *Journal of Finance* 63 (3): 1315–59.

Sapienza, Paola. 2004. "The Effects of Government Ownership on Bank Lending." *Journal of Financial Economics* 72: 357–84.

Schiantarelli, Fabio, and Alessandro Sembenelli. 1997. "The Maturity Structure of Debt: Determinants and Effects on Firms' Performance, Evidence from the United Kingdom and Italy." Policy Research Working Paper 1699, World Bank, Washintgon, DC.

Schiantarelli, Fabio, and Vivek Srivastava. 1997. "Debt Maturity and Firm Performance: A Panel Study of Indian Companies." Policy Research Working Paper 1724, World Bank, Washington, DC.

Schmidt-Hebbel, Klaus. 1998. "Does Pension Reform Really Spur Productivity, Saving, and Growth?" Working Paper 33, Central Bank of Chile, Santiago.

———. 2012. "Fiscal Policy for Commodity Exporting Countries: Chile's Experience." Working Paper 415, Instituto de Economía, Santiago, Chile.

Schmukler, Sergio, and Esteban Vesperoni. 2006. "Financial Globalization and Debt Maturity in Emerging Economies." *Journal of Development Economics* 79 (1): 183–207.

Scholes, Myron. 2000. "Crisis and Risk Management." *American Economic Review* 90 (2): 17–21.

Scott, David. 2007. "Strengthening the Governance and Performance of State-Owned Financial Institutions." Policy Research Working Paper 4321, World Bank, Washington, DC.

Shah, Ajay, Susan Thomas, and Michael Gorham. 2008. *India's Financial Markets: An Insider's Guide to How the Markets Work*. Oxford, UK: Elsevier.

Shin, Hyun Song. 2013. "The Second Phase of Global Liquidity and Its Impact on Emerging Economies." Princeton University, Princeton, NJ.

Shleifer, Andrei, and Robert Vishny. 2010. "Unstable Banking." *Journal of Financial Economics* 97 (3): 306–18.

Siegfried, Nikolaus, Emilia Simeonova, and Cristina Vespro. 2007. "Choice of Currency in Bond Issuance and the International Role of Currencies." ECB Working Paper 814, European Central Bank, Frankfurt.

Simon, Herbert A., and Charles P. Bonini. 1958. "The Size Distribution of Business Firms." *American Economic Review* 48 (4) 607–17.

Siraj, Khalid. 1983. "Report of the Task Force on Portfolio Problems on Development Finance Companies." World Bank, Washington, DC.

Sorenson, Olav, and Toby E. Stuart. 2001. "Syndication Networks and the Spatial Distribution of Venture Capital Investments." *American Journal of Sociology* 106 (6): 1546–88.

Standard & Poor's. 2014. "Islamic Finance Outlook 2015." Standard and Poor's Ratings Services, McGraw Hill Financial, New York.

Stango, Victor, and Jonathan Zinman. 2009. "Exponential Growth Bias and Household Finance." *Journal of Finance* 64 (6): 2807–49.

Stewart, Fiona. 2014. "The Use of Outcome-Based Benchmarks: Proving Incentives for Long-Term Investment by Pension Funds." Policy Research Working Paper 6885, World Bank, Washington, DC.

Stiglitz, Joseph, and Andrew Weiss. 1981. "Credit Rationing in Markets with Imperfect Information." *American Economic Review* 71 (3): 393–410.

Stohs, Mark Hoven, and David C. Mauer. 1996. "The Determinants of Corporate Debt Maturity Structure." *Journal of Business* 69 (3): 279–312.

Tasić, Nikola, and Neven Valev. 2008. "The Maturity Structure of Bank Credit: Determinants and Effects on Economic Growth." Andrew Young School of Policy Studies Research Paper Series 08-12, Georgia State University, Atlanta.

———. 2010. "The Provision of Long-Term Financing in the Transition Economies." *Journal of Comparative Economics* 38 (2): 160–72.

Taussig, Markus, and Andrew Delios. 2014. "Unbundling the Effects of Institutions on Firm Resources: The Contingent Value of Being Local in Emerging Economies Private Equity." *Strategic Management Journal.* doi: 10.1002/smj.2312.

Thaler, Richard H., and Shlomo Benartzi. 2004. "Save More Tomorrow™: Using Behavioral Economics to Increase Employee Saving." *Journal of Political Economy* 112 (S1): S164–87.

Tirole, Jean. 2003. "Inefficient Foreign Borrowing: A Dual- and Common-Agency Perspective." *American Economic Review* 93 (5): 1678–702.

Titman, Sheridan, and Roberto Wessels. 1988. "The Determinants of Capital Structure Choice." *Journal of Finance* (43): 1–19.

Turkisch, Edouard. 2011. "Sovereign Wealth Funds as Investors in Africa: Opportunities and Barriers." OECD Working Paper 303, Organisation for Economic Co-operation and Development, Paris.

Turner, Philip. 2014. "The Global Long-Term Interest Rates, Financial Risks and Policy Choices in EMEs." BIS Working Paper 441, Bank for International Settlements, Basel.

Turnovsky, Stephen. 1996. "Fiscal Policy, Adjustment Costs, and Endogenous Growth." *Oxford Economic Papers* 48: 361–81.

Tybout, James. 2000. "Manufacturing Firms in Developing Countries: How Well Do They Do, and Why?" *Journal of Economic Literature* 38: 11–44.

United Nations Task Team on the Post-2015 UN Development Agenda. 2013. *Financing for Sustainable Development in the Global Partnership beyond 2015.* New York: United Nations.

Vazquez, Francisco, and Pablo Federico. 2012. "Bank Funding Structures and Risk: Evidence from the Global Financial Crisis." IMF Working Paper 12/29, International Monetary Fund, Washington, DC.

Vermoesen, Veronique, Marc Deloof, and Eddy Laveren. 2013. "Long-Term Debt Maturity and Financing Constraints of SMEs during the Global Financial Crisis." *Small Business Economics* 41: 433–48.

Visaria, Sujata. 2009. "Legal Reform and Loan Repayment: The Microeconomic Impact of Debt Recovery Tribunals in India." *American Economic Journal: Applied Economics* 1 (3): 59–81.

Vittas, Dimitri, Gregorio Impavido, and Ronan O'Connor. 2008. "Upgrading the Investment Policy Framework of Public Pension Funds." Policy Research Working Paper 4499, World Bank, Washington, DC.

Wang, Shing-Yi. 2012. "Credit Constraints, Job Mobility, and Entrepreneurship: Evidence from a Property Reform in China." *Review of Economics and Statistics* 94 (2): 532–51.

Warnock, Veronica, and Francis Warnock. 2008. "Markets and Housing Finance." *Journal of Housing Economics* 17: 239–51.

WEF (World Economic Forum). 2008. *Globalization of Alternative Investments: Working Papers.* Vol. 1, *The Global Economic Impact of Private Equity Report 2008.* New York: WEF.

———. 2010. *Globalization of Alternative Investments: Working Papers.* Vol. 3, of *The Global*

Economic Impact of Private Equity Report 2010. New York: WEF.

World Bank. 1989. "Report of the Task Force on Financial Sector Operations." Financial Sector Development Department, World Bank, Washington, D.C.

———. 2007. "Developing the Domestic Government Debt Market—from Diagnostic to Reform Implementation." World Bank, Washington, DC.

———. 2011. *Financial Access and Stability: A Roadmap for the Middle East and North Africa*. Washington, DC: World Bank.

———. 2013a. *Global Financial Development Report 2013: Rethinking the Role of the State in Finance*. Washington, DC: World Bank.

———. 2013b. *World Development Report 2014: Risk and Opportunity—Managing Risk for Development*. Washington, DC: World Bank.

———. 2013c. "Long-Term Investment Financing for Growth and Development: Umbrella Paper." Report for G-20 Finance Ministers and Central Bank Governors, Moscow.

———. 2014. *Global Financial Development Report 2014: Financial Inclusion*. Washington, DC: World Bank.

World Bank Group. 2013. "Financing for Development Post-2015." Report, World Bank, Washington, DC. http://www.worldbank.org/content/dam/Worldbank/document/Poverty%20documents/WB-PREM%20financing-for-development-pub-10-11-13web.pdf.

Wright, Graham, and Leonard K. Mutesasira. 2001. "The Relative Risks to the Savings of Poor People." *Small Enterprise Development* 12 (3): 33–45.

Wright, Jonathan H. 2011. "Term Premia and Inflation Uncertainty: Empirical Evidence from an International Panel Dataset." *American Economic Review* 101 (4): 1514–34.

Yaari, Menahem E. 1965. "Uncertain Lifetime, Life Insurance, and the Theory of the Consumer." *Review of Economic Studies* 32 (2): 137–50.

Yorulmazer, Tanju. 2008. "Liquidity, Bank Runs and Bailouts: Spillover Effects during the Northern Rock Episode." *Journal of Financial Services Research* 37 (2–3): 83–98.

Zervos, Sara. 2004. "The Transactions Costs of Primary Market Issuance: The Case of Brazil, Chile, and Mexico." Policy Research Working Paper 3424, World Bank, Washington, DC.

Zimmerman, Frederick J., and Michael R. Carter. 2003. "Asset Smoothing, Consumption Smoothing and the Reproduction of Inequality under Risk and Subsistence Constraints." *Journal of Development Economics* 71 (2): 233–60.